古代那些事儿

王兴明 著

团结出版社
UNITY PRESS

© 团结出版社，2024 年

图书在版编目（ＣＩＰ）数据

古代文人那些事儿 / 王兴明著 . —北京：团结出
版社，2024. 10. —ISBN 978-7-5234-1196-4

Ⅰ . K825.4-49

中国国家版本馆 CIP 数据核字第 20241PD874 号

责任编辑：郭　强
封面设计：书香力扬

出　　版：团结出版社
　　　　　（北京市东城区东皇城根南街 84 号　邮编：100006）
电　　话：（010）65228880　65244790
网　　址：http://www.tjpress.com
E-mail：zb65244790@vip.163.com
经　　销：全国新华书店
印　　装：四川科德彩色数码科技有限公司

开　　本：170mm×250mm　16 开
印　　张：20　　　　　　　　　字　数：296 千字
版　　次：2024 年 10 月　第 1 版　　印　次：2025 年 1 月　第 1 次印刷

书　　号：978-7-5234-1196-4
定　　价：88.00 元

序一

李正冬

　　应该说，我与王兴明校长认识的时间并不长，仅仅只有一年时间。在这短短的时间内，我拜读了许多由"三眼教育"公众号发出的他的原创文章，有社会热点、道德风尚、学校教育、名人逸事、古代文化等。一篇篇结构严谨、手法娴熟、行云流水、一气呵成的作品，不由得吸引了我的阅读兴趣。一位从事教育管理的师者，竟然有这么好的写作功底，令我感到十分惊喜。

　　一个月前，兴明校长将他刚刚写就的《古代文人那些事儿》新书手稿送来，并邀我为他这本书写一篇序言，抱着交流与学习的想法，我欣然接受了他的邀约。

　　从翻阅这一摞厚厚的书稿来看，这本书的创作任务，需要作者博览群书、阅尽华章，尤其是需要作者去付出艰辛劳动，包括占用大量的时间去收集素材、缜密构思，如此方能完成。常言道："一分耕耘，一分收获。"但凡是有所成就的作家，无一不是在著书立说之前，都要经历下一番苦役，做好充分准备，把即将着手打磨的"材料"，忖量得十分细致、考虑得十分周全，才可做到有的放矢。恰似奥地利作家帕维尔·克奥特所说的那样："在动笔时必须要弄清楚写什么，我写作是为了什么？"通过阅读这本书稿，我发现：不论是在素材积累、作品谋篇，还是在写作手法、文章内容等方面，兴明校长就是具有这样风格的作家。

众所周知，咱们大中国有着五千年灿烂辉煌的历史，哪朝哪代皆有文人墨客，皆有琴棋书画，皆有雏凤清声，皆有才子佳人等。也因为朝代不同、背景各异，特别是受文化熏陶、环境影响，古代文人所展示出的自己的胸怀、操守、情趣、风雅，亦各不相同、各有千秋。在这些诸多文化人当中，有盖世奇才的，有满腹经纶的，有风华绝代的，有气度超脱的，有孤芳自赏的，有晦迹韬光的，有冯骥弹铗的，等等。客观地说，古代文人的名声流芳百世、闻名遐迩、如雷贯耳的确实有不少，可以用数不胜数来形容，但他们当年究竟如何在衣不蔽体、食不果腹、寄人篱下、居无定所的困顿之下，仍然澄心静坐，或听琴玩鹤，或煮酒煎茶，或弈棋益智，或驰骋文坛，或挥毫泼墨，或寄情于山水之间等背后的故事，当下的人们却鲜为人知。让更多的读者，特别是青少年读者了解和掌握古代文人不为人知的一面，这是作者下大功夫挖掘、整理、创作本书的初衷。

细细数来，兴明校长的《古代文人那些事儿》，分为 5 大章节，即：文化、文人、文章、文旅、文字，共由 72 篇文章组成，约有 30 万字，可谓潇潇洒洒、洋洋大观。

打开这本集子的第一个章节，犹如让读者迎面进入了一个时序宽阔、异象纷呈的远古时代，荒芜中伴随着繁华，寂静里夹杂着喧嚣。其笔墨所到之处，既有两相离别的愁绪，又有无语凝噎的守望；既有把酒言欢的豪饮，又有借酒消愁的惆怅；既有军旅情结的志向，又有将士铿锵的誓言；既有多行善举的胆识，又有行侠仗义的勇气……把古代文化那些事儿叙述得十分纯粹、十分质朴，仿佛给人以"洁白如玉薄若纸，透明如镜能照面"之感。

古代，虽然离今天很久远，但人与人的情感世界大致相同，古人也有自己的情怀、情思，也有自己的拿捏、取舍，也有自己的爱恨、情仇，也有自己的担当、作为。在"文人"这一章节里，作者创作了多篇古代名人旧事，譬如：当年，汪伦耍了一个小心思，投其所好结识了李白，留下了一介平民成功"追星"的佳话；柳宗元、刘禹锡同年同榜登科，二人年少成名，友谊维系了一辈子；范仲淹一生贫寒，却凭借执着的信念，奋发苦读，不改其志，因而成就其在多个领域的地位，堪称人生逆袭的典范；北宋著名的政治家、文学家苏轼，他一生中与三个重要人物走得很近，一位是他的侍妾王朝云，一位是他的至亲苏辙，还有一位是云门宗僧佛印，其中对朝云做了详细的描述；抗元名臣、民族英雄文天祥，因仗义执言，几度沉浮，被元军俘虏后，多番拒绝招降，在狱中写下了"人生自古谁无死，留取丹心照汗青"的诗句，之后从容就义。再譬如：在"文章"这一章节当中，作者从不同视角、不同维度，创作了十多篇文言文读后感，如《周敦颐，出淤泥而不染》《桃花源，安放文人灵魂的处所》《天涯伯乐何处寻》《满井，北国江南》《将来，你会感谢现在拼搏的自己》《雪夜寻访湖心亭》等。在本书中，类似以上的追溯，或是写实，或是抒情，或是感悟，小切口，大场景，比比皆是。这些都是作家高昂充沛的主体情致的展现，亦是其精神流连的所在，进而形成整体风格的特征。

古人云："学贵乎成，既成矣，将以行之也。"一个作家写自己所熟悉的行业，写自己所熟知的人和事，这是最有智商的选择。对于兴明校长来说，写古代文人的那些事儿，看似与他的本职工作毫不相干，其实不然。他从教 38 年来，仅从小学、初中、高中课本教学中读到的古诗词、文言文、言情小说等，就不计其数。喜爱读书的他，更从多方面积累了大量的"第一手资料"。正如著名作家迟子建所说："作家要善于取材，更要善于掌握'火候'。这个火候，需要作家有全面素养，比如看待历史的广度、看待现实的深度、对美的追求等，当然，更重要的是一个作家精神上的孤寂，他们对待艺术独立的姿态，这样能使每一次的出发都是独特的。"于此，再经过兴明校长自己的精心构思，创作出这样一本新书，那就是情理之中的事了。

不难想象，许许多多陈年往事，哪怕是几千年前在岁月深处沉睡的，一旦受到一些有心人的"打扰"，固化的人与事就很有可能活起来，甚而透过历史，穿越时光，呈现在读者的眼前。

在讲究质感的年代，慢工出细活。等到这本新书出版时，当你打开这本厚厚的新书，相信你会在不经意间放慢手脚，书中的人和事、景和物，将会吸引你专注的目光。

阅读一本好书，引人顿悟，启迪智慧。翻开一本好书，酷似走进一个全新的世界！

是为序。

（李正东，江苏省作家协会会员，江苏省杂文学会秘书长，连云港市杂文学会会长，出版过多本书籍）

序二

李艳

　　阳春三月，鲜花吐蕊，放眼望去，处处一片生机勃勃、万物竞发的景象。此时，我的书桌上放着一本厚厚的书稿，那是几天前东海晶都学校王兴明校长寄给我的《古代文人那些事儿》稿样，嘱我写几句序。

　　原以为浏览一遍，发点感慨而已，哪知开卷一读，竟爱不释手。王兴明潜入中国几千年的历史长河，苦心搜集整理古代文人的各种史料、文化甚至逸事等，上至春秋时期为母遗羹的孝子颍考叔，下至近代的女中豪杰秋瑾，文中涉猎人物众多，史料详明。读后让人不仅了解了"古代文人那些事儿"，而且学到了很多鲜为人知的文人方面的知识，这对于读者来说，简直是福祉。

　　写文章就是表达思想、阐述道理。宋代周敦颐在《通书·文辞》中说"文所以载道也"，如果仅是文字的堆砌，为了码格子而写作，就不会给读者获益之处。从王兴明的文稿中可以看出他的"用心良苦"，文化、文人、文章、文旅、文字，章章都离不开读书人永远都绕不开的"文"。有人说，每个人的文章，都应当有一个"自己"在里面，别人会很容易在字里行间发现那个"自己"。我从王兴明的文章中就能发现那个执着于"文学"道路上的苦行者、坚守于教书育人岗位上的匠心人。作为连云港市

"五一劳动奖章"获得者，王兴明笔耕不辍，在各种报刊发表文章 100 余篇，其中个人公众号"三眼教育"广受关注。教育是文化传播的重要途径，文学是文化传播的重要载体，王兴明的此书成稿之时恰是文化多元的年代，一个教育者，一个热爱文学、热衷于文化传播的人，借自己的手、眼、心，甄选、撷取出来的优秀的文字，功业不可谓不大。

写作人都知道，每个人都可以写，但要写好不容易。写文章，要有恭敬之心、虔诚之意，把阅读的人当作朋友，写出能让读者共鸣的文字，让读者受益的文字，这是写作者最大的欢愉。王兴明做到了这一点，他徜徉于文学的道路上，传承着优秀的中华传统文化，做着教育界传播优秀文化的先行者，他曾说的一句话"身在教育，心系天下"，就是他此书初心的最好印证。

《文心雕龙》中说"义贵圆通，辞忌枝碎"，写作贵在通俗易懂、人情练达，观此书，语言简明，文笔干净利落，思路清晰可辨。我想，在这个季节里，能遇到这样的好书，可遇而不可求，愿王兴明的写作从此春暖花开！

（李艳，东海县教育工委委员，主持编写过多部教育书籍）

目录
CONTENTS

文　化

文　章

文 旅

文　字

01

Chapter

文化

中华文化连绵五千年不绝，滋养了一代又一代圣贤先哲，他们的"先天下之忧而忧，后天下之乐而乐"的担当、他们的"为天地立心，为生民立命，为往圣继绝学，为万世开太平"的使命、他们的"见善思不及，见不善如探汤"的警醒，"盛年不重来，一日难再晨"的惜时，都值得我们诸辈后生传承学习。

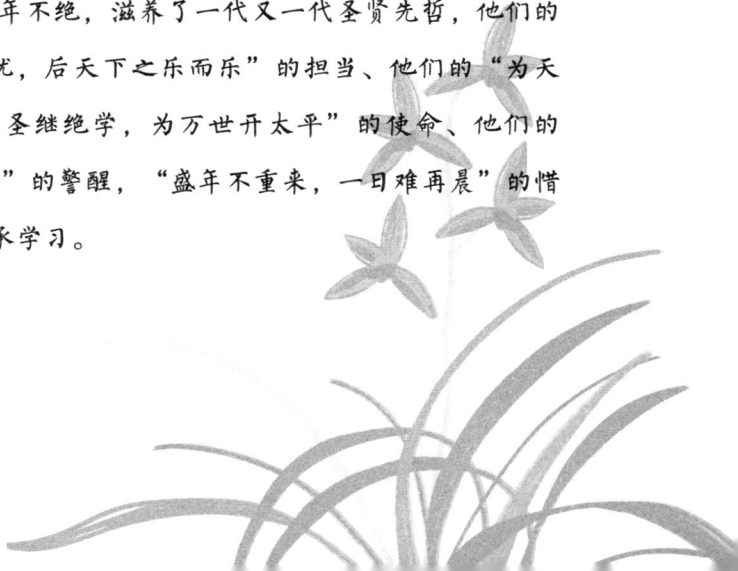

别离，也可以是多姿多彩的

"黯然销魂者，唯别而已矣。"是南北朝时期文学家江淹关于离愁别绪发出的感慨。江郎通过对戍人、富豪、侠客、游宦、道士、情人别离的描写，生动具体地反映出齐梁时代社会动乱的侧影。

别离，是人生的常态，也是古人总要遭遇的内容。一般来说，伤离伤别也是人们的普遍情感，常人难免脱俗。但人生境遇不同，思想境界不同，对别离的态度也是大不一样的。

豪别：海内存知己，天涯若比邻

王勃是唐朝最靓的仔，似一颗流星划过天际，照亮了近 2000 年的文学夜空。他年少成名，少年得志，有神童之誉，尤其是那篇去交趾（现在越南境内）省亲路上写的《滕王阁序》，更为他赢得大名，"落霞与孤鹜齐飞，秋水共长天一色"的名句更是写秋景的天花板。就连唐高宗在看了此篇文章之后，都准备赦免他，可惜他在回程渡海时惊溺而亡，空留人们一声声叹息。

大约乾封元年至总章元年（666 年—668 年），王勃正在京城长安沛王府任修撰之职，豪气满怀、积极向上，对未来仕途之路有无限种想法。他整天活动于京城长安的朋友圈中，喝喝小酒，交交朋友，他绝对是一个人人追捧的"大 V"。他有一个姓杜的好友，任少府之职，将要到蜀州去上任。作为圈中好友，王勃自然要设宴为他送行，可惜杜少府因为要离别，而且是要去遥远的四川，就是那个"蜀道之难，难于上青天"的蜀地，心情极其不佳，心里想的是"此去经年，不知何时相聚"的惆怅。王勃看出了他的心思，于是大笔一挥，给他来了首千古绝唱《送杜少府之任蜀州》，勉励朋友"海内存知己，天涯若比邻"。经此一说，杜少府应该是任督二脉被打开，一下子豁然开朗，高高兴兴地去上班了。

酒别：劝君更尽一杯酒，西出阳关无故人

"诗中有画，画中有诗"，说的就是唐朝的王维。王维是唐朝著名诗人，不过他的人生经历跟一般文人稍有不同，他是一位"隐士"，诗中自有一股禅意。王维才华早显，与比其小一岁的弟弟王缙幼年均聪敏过人。十五岁时去京城应试，他能写一手好诗，工于书画，而且还有音乐天赋，所以少年王维一至京城便立即火爆京城王公贵族的朋友圈。唐玄宗开元十九年（731 年），王维状元及第，任太乐丞，因伶人舞黄狮子受累，贬为济州司仓参军。开元二十三年（735 年），张九龄执政，拔擢王维为右拾遗。开元二十四年（736 年），王维被调任监察御史，后奉命出塞，担任凉州河西节度判官。

安史之乱以后，王维大难不死，隐居在陕西蓝田山辋川别墅。当时的社会，各种民族冲突加剧，唐王朝不断受到来自西面吐蕃和北方突厥的侵扰。当王维在渭城送别友人元二时，临近分别，他再三劝酒，依依不舍。王维考虑到了战争将对他们的未来产生深远的影响，这一别也许就是永别。"劝君更尽一杯酒，西出阳关无故人。"这两句既道出了他对友人的惜别之情，也揉进了他对当时社会环境下前途未明的隐忧。并且，出了"阳关"，面对的将是文化迥异、习俗不同的"胡天"世界，再也碰不到"故人"，更见不到像"我"这样的老朋友了。读此诗句，我们似乎感受到诗中涌动着一股生离死别的悲壮之气。

话别：莫愁前路无知己，天下谁人不识君

开元年间，七绝圣手王昌龄、军旅名家高适，还有王之涣到一酒楼喝酒，单喝酒觉得不够热闹，便开始"赌诗"，召乐伶出来唱诗，居多

文化

者为赢。乐伶们开始唱了，于是他们三个洗耳恭听。先唱"寒雨连江夜入吴"，王昌龄赶紧用手在墙壁上画了一下。另一个乐伶开口便是"开箧泪沾臆"，这回轮到高适快活了，又赶紧在墙壁上画了一杠。乐伶们唱了前两个的，其中王昌龄还一连唱了两首，王之涣颇不服气，因为王之涣其时已经成名已久。再仔细听时，席间最漂亮的一位乐伶，就是头牌美女开口唱道："黄河远上白云间……"正是他那首流传甚广的《凉州词》。王之涣拊掌大笑："田舍奴，吾岂妄哉？潦倒乐官所唱皆下里巴人之词耳，岂阳春白雪之曲？"这三个人笑闹不已，惊得姑娘们来问，得知刚才所唱之词作者就在眼前，赶紧延请他入席共饮，据说三人又被拉着喝了一天酒。

天宝六年（747 年），军旅名家高适很不得志，到处浪游，常处于贫贱的境遇之中。在睢阳，他遇到了久别重逢的董大，董大即著名的琴师董庭兰，他们经过短暂的聚会之后，又要各奔东西。此时，他们两人虽都处在困顿不达的境遇之中，贫贱相交自有深沉的感慨，高适却以开朗的胸襟、豪迈的语调把临别赠言说得激昂慷慨、鼓舞人心。"千里黄云白日曛，北风吹雁雪纷纷。"这两句以其内心之真，写别离心绪，故能深挚；以胸襟之阔，叙眼前景色，故能悲壮。"莫愁前路无知己，天下谁人不识君。"这两句是对朋友的劝慰：此去你不要担心遇不到知己，天下哪个不知道你董庭兰啊！话说得多么响亮、多么有力，于慰藉中充满着信心和力量，激励朋友抖擞精神去奋斗、去拼搏。因为是知音，说话才朴质而豪爽。又因其沦落，才以希望为慰藉。诗人在即将分手之际，全然不写千丝万缕的离愁别绪，而是满怀激情地鼓励友人踏上征途，迎接未来。诗之所以卓绝，是因为高适"多胸臆语，兼有气骨""以气质自高"，因而能为志士增色，为游子拭泪。如果不是诗人内心的郁积喷薄而出，怎能把临别赠语说得如此体贴入微，如此坚定不移，也就不能使此朴素无华之语言，铸造出这等冰清玉洁、醇厚动人的诗情。

泪别：执手相看泪眼，竟无语凝噎

在词的发展史上，柳永是一个怎么也绕不过去的人物。柳永是第一位对宋词进行全面革新的词人，也是两宋词坛上创用词调最多的词人。柳永大力创作慢词，将敷陈其事的赋法移植于词，同时充分运用俚词俗语，以世俗的意象、淋漓尽致的铺叙、平淡无华的白描等独特的艺术个性，对宋词的发展产生了深远影响，是婉约派代表人物。柳永还是一个屡试不第的落魄才子，他流连于市井勾栏，沉醉于听歌买笑的浪漫生活之中，创作了大量的词作。相传，曾有人向北宋仁宗推荐柳永，仁宗回复"且去填词"。自此柳永终身不得志，遂出入娼馆酒楼，自号"奉圣旨填词柳三变"。

在宋都汴京，柳永因作词忤仁宗，屡试不第，所以心中失意忧愤，频繁地与歌妓交往，为教坊乐工和歌妓填词，供她们在酒肆歌楼里演唱，不至于长年累月唱一首"老歌"，所以柳永常常会得到她们的经济资助，他也因此可以流连于坊曲，不至于有太多的衣食之虞。在长期的朝夕相处中，柳永收获了很多红颜知己，还有不少知心爱人。现在，他就要离开都城了，离开自己熟悉的"秦楼楚馆"，离开自己的心爱之人，那心情"怎一个愁字了得"。于是，在一个萧瑟凄冷的秋天，在一个汴京城外的长亭，在一个雨后阴冷的黄昏，"执手相看泪眼，竟无语凝噎"就不难理解了。一对情人，紧紧握着手，泪眼相对，谁也说不出一句话来。这两句词把彼此悲痛、眷恋而又无可奈何的心情，写得淋漓尽致。一对情人伤心失魄之状，跃然纸上。

现代社会，由于生活节奏的加快、人们活动范围的变广，离别，往往是不期而至。但因为音讯的发达、交通的便捷，今人离别已没有太多古人的那般凄恻、伤感。现在大家虽有难舍，但无须怅然；虽有遗憾，也无须悲观。因为相逢的希望还在，而且相见更加方便、容易。

相逢两依依

虽说别离是人世间的无奈，但没有别离又哪来相聚呢？古人在诗句中留下了无数相聚的镜头，让人荡气回肠、百感交集。但我感觉最让人动容的还是那些心事重重、缠绵悱恻的相逢，没有一点久别重逢的喜悦，大家感受到的分明是比离别更多的无奈和忧伤。

落魄之逢：最是江南好风景，落花时节又逢君

杜甫，被后世尊称为"诗圣"，是因为我们在杜诗中看到了他悲天悯人的情怀。他生活在大唐由盛而衰的社会大变革中，他青年时代虽有"致君尧舜上"的雄心，但残酷的现实让他一生食不果腹、颠沛流离。他虽然"床头屋漏无干处，雨脚如麻未断绝"，但仍然要"安得广厦千万间，大庇天下寒士俱欢颜"；虽然是"万里悲秋常作客，百年多病独登台"，但一旦"闻官军收河南河北"，就开始"即从巴峡穿巫峡，便下襄阳向洛阳"。杜甫的一生，是和大唐同呼吸共命运的一生。

公元 770 年，杜甫来到长沙，漂泊到江南一带，和流落在此的宫廷歌唱家李龟年重逢。李龟年是开元初年的著名歌手，常在贵族豪门歌唱。杜甫少年时才华卓著，常出入于岐王李范和秘书监崔涤的门庭，得以欣赏李龟年的歌唱艺术。岐王，唐玄宗的弟弟、唐睿宗（李旦）的儿子，以好学爱才著称，雅善音律。崔涤，是中书令崔湜的弟弟，经常出入皇宫，是唐玄宗的宠臣，曾任秘书监，在同族弟兄辈中排行第九，故称崔九。他们乱世重逢，杜甫回忆起在岐王和崔九的府第频繁相见和听歌的情景，感慨万

千，于是写下了一首诗，诗歌首先追忆昔日与李龟年的高堂交游，寄寓诗人对开元初年鼎盛的眷怀；接着就是感慨时事："最是江南好风景，落花时节又逢君。"国事凋零，人事沧桑，家国都是江河日下，不堪回首。"落花时节"一语双关，既是即景书事，也是有意无意之间的寄兴。从"落花"中，读者一定会联想起世运的衰颓、社会的动乱和诗人的衰病漂泊。

萍水之逢：同是天涯沦落人，相逢何必曾相识

"长安米贵，白居不易"的故事想必大家都知道。白居易在诗名未盛之前，"初至京，以诗谒著作顾况"。顾况看到"白居易"三字，即讽刺说，长安生活水平高，白居易没有才华，白住在长安蹭吃蹭喝不容易。之后，顾况乃披卷，首篇曰："离离原上草，一岁一枯荣。野火烧不尽，春风吹又生。"顾况在看到白居易所写"野火烧不尽，春风吹又生"后，便改口："道得个语，居即易矣。"意思就是说，凭你所写的诗，完全可以在长安城内立足，生存。

顾况这个文坛大腕可谓"慧眼识珠"，白居易确实在唐朝的诗坛上大放异彩，和李白、杜甫并称。假如没有白居易，中唐的诗坛将黯然失色许多，换句话说，是白居易撑起了中唐的诗歌大旗。

唐宪宗元和十年（815年），因反对王叔文改革，白居易被贬为九江郡司马。第二年秋季的一天，他在湓浦口为朋友送行，夜里听到船上有人弹琵琶。听那声音，铮铮铿铿有京都流行的声韵。探问这个人，原来是长安的歌女，曾经向穆、曹两位琵琶大师学艺，后来年纪大了，红颜褪尽，嫁给商人为妻。于是白居易命人摆酒叫她畅快地再弹几曲。她弹完后，有些闷闷不乐的样子，自己说起了少年时欢乐之事，而今漂泊沉沦，形容憔悴，在江湖之间辗转流浪。闻听此言，白居易也想起了自己的人生之事：离京两年，任职一隅，不得其志，随遇而安。于是对着琵琶女发出了千古一叹："同是天涯沦落人，相逢何必曾相识。"这诗句既感慨了自己贬官的身世之苦，又抒发了与琵琶女的同病相怜之情。诗人和琵琶女都是从繁华的京城沦落到这偏僻之野，诗人的同情中饱含了叹息自己的不幸，那些琵琶声中也诉说着诗人的心中不平。此句感情浓厚，落千古失落者之泪，也为千古失落者触发了一见倾心之机。

情人之逢：金风玉露一相逢，便胜却人间无数

牛郎织女是中国古代著名的民间爱情故事，也是我国四大民间传说之一，从牵牛星、织女星的星名衍化而来。传说古代天帝的孙女织女擅长织布，每天给天空织彩霞。她讨厌这枯燥的生活，就偷偷下到凡间，私自嫁给河西的牛郎，过上男耕女织的生活。此事惹怒了天帝，把织女捉回天宫，责令他们分离，只允许他们每年的农历七月七日在鹊桥上见面一次。最终，他们坚贞的爱情感动了喜鹊，无数喜鹊飞来，用身体搭成一道跨越天河的喜鹊桥，让牛郎织女在天河上相会。

牛郎织女的故事影响广泛，《古诗十九首》就有此故事的反映：

迢迢牵牛星，皎皎河汉女。

纤纤擢素手，札札弄机杼。

终日不成章，泣涕零如雨。

河汉清且浅，相去复几许？

盈盈一水间，脉脉不得语。

后来，这个故事又发展成为七夕节、乞巧节。每到过节时，古代女性会向着天上的织女星和牛郎星许愿，希望自己能有智慧的头脑、灵巧的双手与美好的姻缘。

一年一次的鹊桥相会，在文人的笔下又是什么样子呢？宋人秦观在《鹊桥仙》再现了这一场景：

纤云弄巧，飞星传恨，银汉迢迢暗度。金风玉露一相逢，便胜却人间无数。　　柔情似水，佳期如梦，忍顾鹊桥归路。两情若是久长时，又岂在朝朝暮暮。

"金风玉露一相逢，便胜却人间无数！"这一期待已久的相逢，这一跨越万里的重聚，这一美好短暂的时刻，抵得上人间千遍万遍的相会——金风玉露之夜，一对久别的情侣在碧落银河之畔相会了。

相会就意味着相别，对于牛郎织女更是如此。只不过他们相聚的时间更短，相别的时间更长。在有情人看来，一夕佳期竟然像梦幻一般倏然而逝，才相见又要分离，怎不令人心碎！他们相会时的心情一定非常复杂

吧！但天命难违，只能和爱人走向分别的归路。好在词人忽又空际转身，爆发出高亢的音响："两情若是久长时，又岂在朝朝暮暮。"既是在抚慰牛郎织女，也是在抚慰天下别离的有情之人。

生死之逢：相顾无言，惟有泪千行

苏轼是诗词大家，但他实在不能算是人生赢家，一生屡遭贬谪，人们说，他不是在被贬就是在被贬的路上。在家庭生活方面，他更是不幸，中年丧妻，结发妻子王弗在陪伴他十一年后撒手而去，留下了孤独的苏轼。王弗出生于诗书之家，从小家教严格，性格内向文静，在很多方面给苏轼以帮助。王弗时常提醒坦直豪爽又缺乏城府的苏轼为人处世，东坡身边有了王弗这位知己内助，生活幸福无比。

王弗去世后，苏轼一直难以忘怀，尤其是妻子提醒他的话，不时在耳边回响。就在王弗死后的第十年之际，苏东坡调任密州（今山东诸城）的孤独失意日子里，在梦中，诗人又依稀见到了阔别多年的恩爱妻子，于是，便写下了这首感天动地，催人泪下的悼亡词：

十年生死两茫茫，不思量，自难忘。千里孤坟，无处话凄凉。纵使相逢应不识，尘满面，鬓如霜。　　夜来幽梦忽还乡，小轩窗，正梳妆。相顾无言，惟有泪千行。料得年年肠断处，明月夜，短松冈。

"相逢"却不能"相识"，该是人世间多大的痛楚啊，没有此经历是无法感同身受的。为什么"应不识"？因为"尘满面，鬓如霜"。生活给了苏轼太多的苦难，也给了苏轼太多的折磨，这些苦难和折磨在苏轼身上留下了太多的痕迹。苏轼想，要是不失去你，或许自己就没有这么多的人生挫折了吧！如此想来，更是增加了对亡妻的思念："夜来幽梦忽还乡，小轩窗，正梳妆。"昨夜我在梦中又回到了家乡，在小屋窗口，看到你正在打扮梳妆。我们相看无言，唯有泪流千行。

台湾诗人席慕蓉说，相逢是缘，相聚是缘，相散也是缘，不同的只是缘深或缘浅。若是相逢有太多的无奈、太多的凄楚、太多的不舍、太多的眼泪，那只能说明缘分太深，或许需要来生再聚了。

文化

科举——古代文人的几家欢乐几家愁

"朝为田舍郎，暮登天子堂。"有这样翻天覆地人生变化的只有科举。

"万般皆下品，惟有读书高。"教导天下学子好好看书的也是科举。

"十年寒窗无人问，一朝成名天下知。"讲的还是科举。

"春风得意马蹄疾，一朝看尽长安花。"有这样快乐心情的也只有科举。

古代的科举考试，是天下士子改变命运的独木桥，也是寒门子弟实现阶层递升的唯一通道。但是，就是这个科举考试，让天下文人爱恨交加，有的人兀兀穷年，尽其一生，到头来两手空空；有的人则少年得志，驰骋考场，年纪轻轻就披红挂绿，爆得大名。

蒲松龄：不是在科考，就在科考路上

蒲松龄以一部《聊斋志异》著称于世，作品被翻译成二十多种文字。他写《聊斋志异》纯属业余创作，当时写小说难登大雅之堂，也没有稿费贴补家用，小说写成后没有资金，更难以刊刻出版。他生前只见到部分文稿在坊间传抄，逝世五十多年后，于乾隆三十一年（1766 年）才有人出资将书稿全部付梓行世，其后逐渐传播流行。

蒲松龄这位著名小说家，一开始的远大志向并不在此。他的志向是入仕做官，并且为了实现这个目标，竟穷其一生精力，研究八股文章、诗赋、策论，志在金榜题名，走上仕途，改变命运，光宗耀祖。顺治十五年

（1658 年），十九岁的蒲松龄应童子试，锋芒毕露，一发不可收拾，连中三元，考取县、府、道三个第一，考取秀才，名震一时。

然而，顺治十七年（1660 年）、康熙二年（1663 年）、康熙十一年（1672 年）、康熙十四年（1675 年）、康熙二十九年（1690 年）、康熙四十一年（1702 年），蒲松龄至少六次参加乡试，均落败。从二十一岁考到六十三岁，蒲松龄接连折戟，从热血青年熬成花甲老汉。他既对科举考试废寝忘食，苦苦追求，又对科考的艰辛挫折充满怨恨愤怒。他直到七十岁时，才被援例补上一个贡生。贡生是举人的副榜，是名誉上的一种安慰。授予"候补儒学训导"也是虚衔，有资格，无实职，没有薪水，他还得继续过他的穷日子。他对科举考试，爱恨交加，充满矛盾，不能自拔。可见当时文人既皓首穷经、屡败屡试，又沮丧愤怒、愁肠纠结的两面人生。要问蒲松龄一生在做什么，套用一句时髦的话说，他不是在科考，就是在科考的路上。

范仲淹：实现寒门弟子逆袭

范仲淹，北宋名臣。其幼年家贫，孤儿寡母，正常饭食都不能提供，于是，便有"划粥而食"的故事流传。范仲淹本来出生在一个官宦世家，但是他的父亲在他两岁时因病而亡，他的母亲谢氏一个人带着孩子，孤苦无依，就改嫁到了一个姓朱的家庭，范仲淹改名为朱说。范仲淹四岁的时候跟随继父搬迁到长山，在醴泉寺苦读。当时，他的继父家里也非常贫穷，他就用小米煮粥，煮好了并不吃，放到第二天，等小米粥凝固了，就用刀把粥分成四份，早上吃两块，晚上吃两块，过着清贫的生活。

终于，在大中祥符八年（1015 年），范仲淹成功由"寒儒"进士，开启了自己的仕途生涯的大门。在官场上，范仲淹常常情绪激动且直言不讳地谈论天下之事，丝毫不顾自身的安危，于是受人谗言而遭到贬官。范仲淹也并不气馁，反而更加严苛地磨炼自己，要求自己厉行节俭。他吃东西从不多吃肉，妻子儿女的衣服和食物也仅仅在于自给自足罢了。他还常常将"先天下之忧而忧，后天下之乐而乐"这句话挂在嘴边，以此勉励自己。

范仲淹为政期间政绩卓越，文学成就十分突出。那句流传甚广的"先天下之忧而忧，后天下之乐而乐"便是他的人生写照。他常常将治理天下作为己任，并一直为此十分努力。范仲淹读书时非常刻苦，常常读到深夜。当他感到昏沉疲倦时，就用凉水洗脸，让自己保持清醒。他甚至常常因为要读书连饭都顾不上去吃，于是就一边喝粥一边读书。数年寒窗苦读后，范仲淹已博通儒家经典，而他那兼济天下的抱负也从未动摇。

范仲淹虽几遭贬官，但他无论在朝主政、出帅戍边，均系国之安危、时之众望于一身。并且他的成绩不仅是在政治上，更是在思想上，他所倡导的"先忧后乐"的思想和仁人志士节操，为儒家思想中的进取思想设立了一个新的标杆。历代的文人墨客对范仲淹都有着极高的评价，清朝著名政治家纪昀就评价范仲淹道："行求无愧于圣贤，学求有济于天下，古之所谓大儒者，有体有用，不过如此。"

苏家：创造科考神话的一门三进士

最早被传诵的一门三进士是宋朝的苏家父子——苏洵、苏轼和苏辙。苏洵是父亲，苏轼和苏辙是两兄弟。他们三人均位列唐宋八大家，都以文采出众而著名。传说苏洵在二十七岁那年还是一事无成，有一天，他看到前人一篇刻苦攻读、珍惜时间的文章后，深受触动，他觉得这篇文章是专门为自己写的，联想到自己的文章水平，所以他开始发奋读书，并且不断走访师友，见识和文采都在不断增长，连带着自己的两个儿子也是文采飞扬。

后来在嘉祐初年，苏家父子三人进京赶考，三人一举全部高中进士，轰动京城。他们的文章也被大家争相传诵，后世就合称他们为"三苏"，他们也是最早的一门三进士。

苏轼的科举之路颇有戏剧性，宋仁宗嘉祐初年，苏轼参加科考，当时的主考官是文坛领袖欧阳修，小试官则是诗坛宿将梅尧臣，二人都是当时的一代文豪，并且还在搞诗文革新。当他们看到苏轼那清新洒脱的文风时，皆被其震住了。特别是苏轼写的那篇《论为政的宽与简》更是让欧阳修爱不释手。

当时科举考试所采取的是"盲审"制度，即考生答完卷之后，是不能直接交给考官审批的，因为担心会认出字迹来，从而徇私舞弊。所以在考完试之后，先交给负责誊抄的考官誊抄一遍，然后再交给负责批阅的考官批阅。有趣的是，当欧阳修看到苏轼的这篇文章后，误以为是自己的弟子曾巩写的，为了避嫌，于是只给了个第二名。就这样，原本可以得第一的苏轼，最后却只得了个亚军。

唐伯虎：考场躺枪流连青楼

明朝江南四大才子之一的唐伯虎，后人关于他的故事有很多演绎，大多属于花边新闻，其实，在那些花花绿绿的背后，我们不难发现，唐伯虎是一个名副其实的才子，而且自幼聪明。

唐爸爸为了培养唐伯虎、挖掘他的潜力，不惜花重金为他聘请名师。后来唐伯虎的书画一度名声震天，他也被时人誉为江南四大才子之首。他更在二十九岁夺得乡试榜首，主考官看了他的卷子之后连连称奇，大加赞赏肯定。由这样的人生开端来看，他必定会前途无量，可是唐伯虎却在不久之后莫名其妙地卷入了一场科场舞弊的案子，最终入狱并被罚终身不得参加科举考试。

弘治十八年（1505 年），他在去参加会试的路上遇到个考生，这个人叫徐经。徐经是江阴人，是当地的富豪，与唐伯虎是同科的举人。他听闻唐伯虎的才名，对他很是敬佩，便邀请唐伯虎结伴而行，并且承担了唐伯虎路上的所有开销。这一来二去两人就成了形影不离的朋友。进京之后，徐经带着唐伯虎四处结交权贵，这其中就有当年考试的主考官程敏政。在程敏政家中，三人相谈甚欢，对于徐经和唐伯虎来说，任礼部侍郎、朝廷正三品大员的程敏政无疑是一个不错的靠山。而程敏政也听闻唐伯虎江南才子的名声，认定他今后一定会飞黄腾达，于是收唐伯虎为自己的门生。

考试结束之后，两人闲来无事。一天晚上，他们到酒楼买醉。唐伯虎举杯看着月亮，坚定地说道："我一定会高中的。"这是一句很正常的话，但是被"有心人"听了。因为这场考试的试题出得非常冷僻，很多人都考得非常差，最终只有唐伯虎和徐经脱颖而出。后来就传出"会试"有人作弊，朝廷立即派人开始调查，第一个要调查的肯定是考得最好的人。很快就查到了徐经的身上，由于唐伯虎"酒后吐真言"，最终唐伯虎也被连坐了。

在这之后，朝廷认为他"虽然作弊，但是确有才华"，于是派他去当一个兵吏。唐伯虎知道后大感侮辱，愤而辞职回到家乡，发誓此生不再参加科考。至此，唐伯虎对仕途心灰意冷，寄情于山水之间，成就了更为精彩的自己。

科举，让有的人金榜题名；科举，也让有的人名落孙山。科举，让得意者衣锦还乡，荣归故里；科举，让失意者隐姓埋名，浪迹天涯。科举，真是让人欢喜让人忧，更是几家欢乐几家愁。

幕僚——古代文人的半官场生活

幕僚是指在古代将军幕府中的参谋、书记等，后泛指文武官署中的佐助人员。由于设于幄幕中，所以又叫"幕府"，而统帅左右的僚属，也因之被称为"幕僚""幕职"。幕僚种类繁多，有相当于近代参谋长、统帅司令部工作的"长史"；有参议军机，帮助指挥军事行动的"参军"；有类似近代副官、秘书的管理文书及各类档案的"主簿""记室"等等。

幕府，是古代的一种特殊军事政治机构，它不同于一般的县、府、州等衙门，在用人方面有相当的自主权，所以，它就成了特殊文人的栖息所，有的幕府还成了文人晋升的便捷通道。

在幕府中一直游走的李商隐

李商隐，字义山，号玉溪（谿）生、樊南生，唐代著名诗人，祖籍河内（今河南省焦作市）沁阳，出生于郑州荥阳。他擅长诗歌写作，其骈文文学价值也很高，是晚唐最出色的诗人之一，和杜牧合称"小李杜"，与温庭筠合称为"温李"，其诗构思新奇，风格秾丽，尤其是一些爱情诗和无题诗写得缠绵悱恻，优美动人，广为传诵。

要说古代著名文人中谁在幕府待的时间最长，恐怕非李商隐莫属。太和三年（829年），他受聘于当时的天平军节度使令狐楚，开启了他的幕府生活。在进士及第后，他应泾原节度使王茂元的聘请，去泾州（今甘肃泾县北部）做了王的幕僚。王茂元对李商隐的才华非常欣赏，甚至将女儿嫁给了他。大中元年（847年），桂管观察使郑亚邀请他前往广西桂林任职时，他几乎没有犹豫。三月，李商隐告别家人，随郑亚出发，经过两个月左右的行程，来到距京城大约五千里以外的南方。在桂林不到一年，郑亚被贬官为循州刺史，李商隐也随之失业。大中三年九月，李商隐得到武宁军节度使卢弘止的邀请，前往徐州任职。卢弘止是一位有能力的官员，对李商隐也非常欣赏。如果他的仕途顺利，李商隐可能还有最后一次机会。然而不巧的是，李商隐追随卢弘止仅仅一年多，后者就于大中五年春天病故。这样，李商隐不得不再次另谋生路。大中五年秋天，被任命为西川节度使的柳仲郢向李商隐发出了邀请，希望他能随自己去西南边境的四川任职。李商隐接受了参军的职位，他在简单地安排了家里的事情之后，于十一月入川赴职。他在四川的梓州幕府生活了四年，大部分时间都郁郁寡欢。他曾一度对佛教产生了很大的兴趣，与当地的僧人交往，并捐钱刊印佛经，甚至想过出家为僧。梓幕生活是李商隐宦游生涯中最平淡稳定的时期，他已经再也无心无力去追求仕途的成功了。

李商隐一生中大部分时间都游走在幕府，身为幕僚的经历比正式任职于朝廷的时间更长，可谓仕途非常坎坷，这与他的一桩所谓的政治婚姻有关。因为和王茂元的女儿结婚，他无意之中陷入了晚唐时期最重要的政治旋涡中——牛李党争。他的老丈人王茂元属于李党，而他的恩公令狐楚又属于牛党，这就让李商隐处于左右为难的夹缝之中，这层关系让他的一生倍受打击，终日郁郁寡欢，在四十五岁的中年时期就去世了。

入幕，解决了杜甫的生活困顿

幕府，虽不如正式官场那么风光，但跟着有权有势者混，最起码温饱是不成问题的。像安史之乱之后的杜甫，生活无着，他在秦州时，一度沦落到负薪拾橡栗以自给的程度，只好入蜀投入严武的幕府。

严武第一次入蜀时，就邀请过杜甫入幕府，但被杜甫婉拒，"懒性从来水竹居""幽栖真钓锦江鱼"。杜甫第一次来成都，并非来投靠严武，而他再次回成都，则摆明了是由于严武归来。因此，严武再入蜀后，邀请杜甫，杜甫便不好拒绝。亦有学者认为杜甫之所以加入严武幕府，是由于代宗继位后，杜甫萌发了重新参政的想法。而成为严武的下属后，疏散的田园生活便结束了，杜甫又成了昔日华州任上整日处理文书的小官吏。

广德二年（764年）三月，杜甫入严武幕府。严武上书，表奏杜甫为节度使参谋、校检工部员外郎，赐绯衣、鱼袋。世人由此称杜甫为杜工部。节度使参谋归节度使管理、任命、给俸，校检工部员外郎属于荣誉官职，不是真的去工部做事，属于从六品上。唐制，五品以上赐绯衣、鱼袋。故对杜甫赐绯衣、鱼袋属于恩上加恩。严武为杜甫奏请官职，一方面是出于私交愿意提携杜甫，另一方面也是由于彼时的幕府风气——各节度使为了笼络人才，竞相为属下加官。朝廷不耗费任何资费，授予这类空职，也算给了顺水人情。

尽管"加官晋爵"，杜甫的幕府生活却并不顺畅。当年秋天，杜甫即生悔意，"胡为来幕下，只合在舟中"。与同事多有不协，"平地专欹倒，分曹失异同"；每日上班多辛劳，"晓入朱扉启，昏归画角终"；不自在，"束缚酬知己，蹉跎效小忠"；感觉如鸟入樊笼，"信然龟触网，直作鸟窥笼"，思念江湖山薮。这些原因之外，恐怕还有杜甫与严武本身的矛盾。日日相处的上下级关系，毕竟不似先前饮酒聚会赋诗的朋友容易相处，再加上二人皆个性天然，难免会有龃龉，但也未出大错——《新唐书》转引《云溪友议》内容，说杜甫醉酒后登床斥责严武："严挺之乃有此儿。"严武欲杀杜甫被其母制止。

幕府，成就了岑参的军旅情结

北风卷地白草折，胡天八月即飞雪。

忽如一夜春风来，千树万树梨花开。

岑参的这首歌行体诗歌《白雪歌送武判官归京》想必大家都耳熟能详。

岑家是望族，曾因"一门三宰相"而显赫于世，到了岑参这一辈，已经是显赫家族的末端了。岑参的曾祖父岑文本，乃太宗时代曾做过宰相的显宦，因其圣眷优渥，死后敕命"陪葬昭陵"，实可谓备极哀荣；他的伯祖父岑长倩，在高宗朝亦为宰相，后因皇嗣之事开罪于武则天，竟遭酷吏来俊臣缉拿，斩首于市，其嫡亲五子皆被赐死，惨绝人寰。若干年后，岑参的堂伯父岑羲也升任为中书舍人、同中书门下三品，身居揆要之职，但其结果也是被卷入血腥暴戾的宫廷斗争中，唐玄宗即位之初，即因太平公主事败而受到牵连，最后被满门抄斩……总之，像这样一个家世显赫、荣耀与灾祸旋踵而至的家族，无论是在当时，还是在事后，都势必会成为世人所关注的重点对象。

怀揣着振兴家族的理想，岑参在外云游寻找机会，他 N 次到过长安，三十岁终于进士及第。但是，他在人生仕途上没有什么起色。于是，天宝八年（749 年），三十四岁的岑参满腔热血，决定出塞任职。岑参身为安西节度使高仙芝的文秘，每天写写临战文、誓师文，并未受到重用。高仙芝的贪婪、残忍、粗鄙，也令岑参不屑。高仙芝出征时，见不到岑参的献诗；高仙芝升官时，也见不到岑参的贺诗。在边塞待了两年左右，岑参毫无建树，回京述职。

天宝十三载（754 年），岑参快四十岁了，心里渴望建功立业复兴家族的小火苗又燃烧起来，他要求再度出塞。这一次，他变了！岑参担任了节度判官，作为地方长官的僚属，辅理政事，权力、地位啥的比第一次高很多。雄赳赳气昂昂，岑参又一次踏入西北大漠。到达北庭后，叛军整日入侵唐朝领土，将士们枕戈待旦。此时，岑参的边塞诗创作达到巅峰，正式加入"边塞诗四大天王"组合（高适、岑参、王昌龄、王之涣）。遗憾的是，"北风卷地白草折""瀚海阑干百丈冰"的艰苦，"一身虏云外，万里朝天西"的孤独，都不曾为岑参换来理想的荣光。

唐代士人学子都怀有报国立功的志向，比如诗人王昌龄，他长期在边境地区担任幕职。其《从军行》诗云："黄沙百战穿金甲，不破楼兰终不还。"就表达了这种远大的志向。高适在《塞上曲》一诗中写道："万里不惜死，一朝得成功。"表达出为了建功立业不惜牺牲生命的情操。出于建功立业的情结，在报国无门的情况下，大批士人甘愿赴边塞入幕，以便为国效劳。

幕僚，唐代士子晋升的快速通道

大唐盛世，国家综合国力世界独步，盛世下的子民也是超级自信，建功立业、获取功名成了好多文人的追求，但入仕为官的道路比较狭窄，主要有门荫、科举、行伍等。门荫制度主要针对的是贵族官僚子弟，普通布衣之士无法问津，剩下的就只有科举一途了。

唐代科举看似公平公正，实则弊端很多，主考官一般都是"照客对汤"，没有名人举荐或者不与达官贵人沾亲带故就很难考中，即使考中了也只能说明你具有做官的资格。由于国家官员编制有限，所以尽管录取了大量人才，但大都不能马上获得官职，这种情况在唐后期愈加严重。于是政府就设计了一个待选的制度，规定进士及第者待三选，明经及第者待七选，童子科待十一选，一选为一年。待选时间满后，才能赴京参加吏部主持的铨选考试，然后获得官职。由于僧多粥少，很多参选者不能获得官职。唐朝一任官为三至四年，任满后又要再次待选，除非官居五品以上，才可以不再参加铨选，而是由宰相或皇帝直接任命。

科举考试的偶然性很大，这从杜甫、孟浩然、温庭筠这样高才的命运可见一斑，致使一批有才之士得不到任用，这对社会和国家来说，都是一个不小的损失。而文人另辟蹊径，转投幕府。因此幕府辟署制的存在，对国家与社会都是十分有利的。

科举落第者或者及第者投靠幕府，还受当时社会风气的影响。军政大员以接收文人做幕僚为耀，尤其是那些在社会上颇有名气的诗人。因此，或收到邀请，或主动递投名状，这些文人进入幕府后，也大多和主人相处甚欢，应答融洽。这些幕僚为主人动员造势，处理杂务；将军为文人保送军功，让他们快速升职。大家是两全其美，各得其所。

幕僚，作为特殊时期的一种政治存在，到当今社会得到了长足的发展。现在政府的政策研究所，或者说智囊团，实际上都脱胎于古代的幕府制度。他们为国家领导人或政治家提供决策性意见和建议，意见包括政治、经济、军事、外交等各个方面。这些团体有的是官方的，有的是由领导人邀请组织的，有的是民间性的研究机构，在政策的制定或者企业的发展方向等方面发挥了重要的作用。

2022. 8. 5

文化

酒——古代文人的另一知己

"酒可陶情适性，兼能解闷消愁。三杯五盏乐悠悠，痛饮翻能损寿。谨厚化成凶险，精明变作昏流。禹疏仪狄岂无由？狂药使人多咎。"明人冯梦龙在《醒世恒言》的一首《西江月》中这样写道。

自古以来，酒就是一把双刃剑。少饮则舒筋活血，祛风通络；多饮则伤及元气，百害无益。可是酒对于中国文学却是有益无害。不必说"李白斗酒诗百篇，长安市上酒家眠"的李太白，不必说"何以解忧，唯有杜康"的曹孟德，也不必说"昨夜雨疏风骤，浓睡不消残酒"的李易安，就是这一杯杯美酒，成就了诗人，也成就了一个个美丽的故事。

闺阁之酒：东篱把酒黄昏后，有暗香盈袖

李清照，我国历史上著名的女文学家，自幼博通诗书，晓韵律，以诗、词、散文著称，而其中词是最有成就的。其前期多写悠闲生活，清新俊秀；后期多悲叹身世，苍凉沉郁，凄咽悲楚。李清照的酒不是在祝贺节日、生日、升官发财的场景下才饮用的，而是在各种快乐尽兴、亲友团聚、感物抒情、离别解愁、言志等一些场景下自然而然出现的，看不到特意的准备。酒，成了她诗词中一种独特的文化。

"东篱把酒黄昏后，有暗香盈袖。"这是李清照《醉花阴》中的词句，这首词是作者早期和丈夫赵明诚分别之后所写，它通过悲秋伤别来抒写词人的寂寞与相思情怀。古人在农历九月九日这天，有赏菊饮酒的习俗。唐代诗人孟浩然《过故人庄》中就有"待到重阳日，还来就菊花"之

句，而王维《九月九日忆山东兄弟》也有"独在异乡为异客，每逢佳节倍思亲"之句。宋时，此风不衰。所以重九这天，词人照样要"东篱把酒"直饮到"黄昏后"，菊花的幽香盛满了衣袖。

古人对重阳节十分重视。这天亲友团聚，相携登高，佩茱萸，饮菊酒。"佳节又重阳"显示了李清照的弦外之音，暗示当此佳节良辰，丈夫不在身边，"遍插茱萸少一人"，叫她怎不"每逢佳节倍思亲"呢！"佳节又重阳"，一个"又"字，是有很浓的感情色彩的，突出地表达了她的伤感情绪。"玉枕纱厨，半夜凉初透。"丈夫不在家，玉枕孤眠，帐内独寝，又会有什么感触？"半夜凉初透"，不只是时令转凉，而是别有一番凄凉滋味。

丰收之酒：莫笑农家腊酒浑，丰年留客足鸡豚

陆游是我国南宋诗人，生于公元 1125 年，是浙江绍兴人。陆游一生不辍笔耕，诗、词、文均具有很高成就。他不仅聪明而且非常勤奋，在十二岁的时候就可以写诗文了，在二十八岁时赴临安考试，陆游考第一，秦桧的孙子秦埙也同时参加了考试，秦埙考第二，考得没有陆游好。秦桧知道此事很不快乐，竟要降罪主考官，还利用手中的权力将陆游除名了，可怜的陆游直到秦桧死后才出来做官。

陆游的一生非常坎坷。他生活的那个年代，战火纷飞。北方的少数民族政权金国，经常攻打中原。当时的宋朝丧失了大量国土，被迫向南迁移，人民生活在水深火热之中。少年时代的陆游就不得不随着家人逃难，饱尝流离失所的痛苦。他从小受到父亲爱国思想的熏陶，很早就养成了忧国忧民的品格。

《游山西村》这首别开生面的诗篇，作于宋孝宗乾道三年（1167 年）初春。当时陆游正罢官闲居在家。一年前，陆游因在隆兴二年（1164 年）积极支持抗金将帅张浚北伐，符离战败后，他遭到朝廷中主和投降派的排挤打击，以"力说张浚用兵"的罪名，从隆兴府（今江西南昌市）通判任上罢官归里。陆游回到家乡的心情是相当复杂的，苦闷和激愤的感情交织在一起，然而他并不心灰意冷。《游山西村》生动地描绘了优美的农村风

光及丰收的年景，诗中充溢着浓郁的生活气息，展现了农民热情好客的纯朴品行。诗人陶醉于山野风光和农村的人情里，表达了对田园生活的喜爱和恋恋不舍的感情。其中"山重水复疑无路，柳暗花明又一村"蕴含哲理，至今被人传诵。

得意之酒：人生得意须尽欢，莫使金樽空对月

俗人酒喝多了，能睡，能吐，能哭，能笑，能骂人，说废话，发酒疯。李白喝多了，却能"斗酒百篇"万人传颂，把自己喝成酒中仙。这种境界，只有李白这种有大才的人才能达到。有才气真好！酒，就成了他表现才气的催化剂。我们说不出李白的豪情壮志，说不出他的逍遥自在，他看破红尘，生亦何欢，死亦何苦。一代诗仙，深刻地写出自己的豪情壮志，用酒来抒发自己心中之情。

谪仙李白的《将进酒》给人一种豪情壮志的感觉，他激励我们奋发向上，不要气馁，只要努力就一定会有好的结果。天下没有无用之人，这首诗不知激发了多少人的上进之心：何需苦叹时运之不济，命运掌握在自己手中，只要自己努力拼搏，就会发现自己存在的价值。

《将进酒》是诗人天宝年间离开京城后所作。李白周游梁、宋，与友人岑勋、元丹丘相会时写下了这首诗。他当时在政治上接连受到打击，很不得志，内心上感到极度的愤慨，常常借酒消愁，以减轻胸中的积郁。但从这首诗中，我们也看不出多少李白的落魄失意，感受到的却是李白蔑视功名富贵的傲岸精神。

胜利之酒：白日放歌须纵酒，青春作伴好还乡

诗圣杜甫生活在唐朝由胜转衰的历史时期，其诗多涉笔社会动荡、政治黑暗、人民疾苦，他的诗记录了唐代安史之乱后的历史巨变，被诗家推崇为"诗史"。

唐代宗广德元年，唐朝的军队在衡水大败敌军，将洛阳与附近的几处失地收回。第二年，史思明的儿子史朝义兵败自缢，其部将田承嗣、李怀

仙等相继投降，至此，持续八年之久的安史之乱宣告结束。杜甫是一个爱国爱民而又饱经丧乱的诗人，当时正流落在四川，听闻这个大快人心的消息后，欣喜若狂，挥笔写下这生平第一首快诗。全诗情感奔放，痛快淋漓地抒发了诗人忽闻胜利消息之后的惊喜之情。

杜甫在这首诗下自注："余田园在东京。"诗的主题是抒写忽闻叛乱已平的捷报，急于奔回老家的喜悦。"剑外忽传收蓟北"，起势迅猛，恰切地表现了捷报的突然。诗人多年漂泊"剑外"备尝艰苦，想回故乡而不可能，就是由于"蓟北"未收，安史之乱未平。如今"忽传收蓟北"，惊喜的洪流，一下子冲开了郁积已久的情感闸门，令诗人心中涛翻浪涌。此时五十二岁的杜甫归心似箭，在晴朗的日子里放声高歌，痛饮胜利美酒，趁着明媚的春光与妻儿一同返回家乡。

革命之酒：不惜千金买宝刀，貂裘换酒也堪豪

秋瑾是近代史上一位奇女子，浙江绍兴人，字卿，号竞雄，别署鉴湖女侠。她击剑，舞刀，豪饮，赋诗，尽显巾帼豪气。她本出身书香名门，却不愿做娇花弱柳，为探求救国救民的途径于1904年变卖掉自己的全部首饰衣物东去日本留学。她说："人生处世，当匡济艰危，以吐抱负，宁能米盐琐屑终其身乎？"在日本，她以高价购得一柄宝刀，并学习击剑和射击技术。

她于1905年从日本回国，走访好友吴芝瑛，以所购宝刀相示，纵情豪饮，酒酣耳热，拔刀起舞。她不吝惜千两黄金去购买锋利的宝刀，愿意用名贵的貂裘去换酒喝，暗示诗人意欲投身反帝反封建的斗争，甚至不惜流血牺牲，表现了诗人性格的豪爽以及大无畏的革命精神。

秋瑾是我国近代杰出的民主革命家、妇女解放运动的先驱，她积极参加反对清朝封建统治的革命活动，并加入同盟会，创办《白话报》，提倡男女平权。1905年，从日本回国后宣传革命，在上海组织锐进学社，创办《中国女报》，宣传妇女解放，倡导民主革命。1907年，组织光复会，与徐锡麟分头准备皖浙两省起义，后在安庆举义失败，事发后被捕，坚贞不屈，就义于绍兴轩亭口。就义前顺笔写成"秋风秋雨愁煞人"七字，成为

举世传诵的绝命之言。

　　曾经看过一部书《我有故事，你有酒吗》，是关东野客写的，似乎是说酒和故事不能两全。对于过去的文人来说，他们既有故事，也有酒。故事是文人自己生活的样态，酒则是他们生活的点缀。遥知湖上一樽酒，能忆天涯万里人。文人与酒结下了不解之缘。三五好友，有故事有酒，畅谈人生百态，笑看滚滚红尘！

2022. 7. 21

古代文人的军旅情结

文人和武人似乎是矛盾的，文人的武器是纸笔，武人的武器是刀枪，就连他们相遇在一起，也有所谓的"秀才遇见兵，有理说不清"之说。但在古代，许多文人却有太多的军旅情结，他们要么驰骋沙场，要么深入军营边疆，为自己的心中梦想鼓与呼。

投笔从戎：男儿何不带吴钩，收取关山五十州

李贺，字长吉，汉族，唐代河南福昌人，家居昌谷，后世称李昌谷，是唐宗室郑王李亮后裔，有"诗鬼"之称，是与"诗圣"杜甫、"诗仙"李白、"诗佛"王维齐名的唐代著名诗人，著有《昌谷集》。李贺是中唐的浪漫主义诗人，与李白、李商隐并称为唐代三李，有"太白仙才，长吉鬼才"之说。李贺是继屈原、李白之后，中国文学史上又一位颇享盛誉的浪漫主义诗人。李贺长期的抑郁感伤，焦思苦吟的生活方式，使他二十七岁英年早逝。

就是这样一位杰出的诗坛"鬼才"，在他二十岁到京城长安参加进士考试时，因父亲名为晋肃，与进士同音，就以冒犯父名被取消考试资格。

李贺的这首诗歌是《南园》组诗十三首中的第五首，是李贺应进士试受挫、回昌谷闲居时吟成。"男儿何不带吴钩"，诗人起笔反问，也是自问，含有"国家兴亡，匹夫有责"的豪情。起句峻急，紧连次句"收取关山五十州"，犹如悬流飞瀑，从高处跌落而下，显得气势磅礴。"带吴钩"指从军的行动，身佩军刀奔赴疆场，那气概多么豪迈！"收复关山"是从

军的目的，山河破碎，民不聊生，诗人怎甘蛰居乡间，无所作为呢？因而他向往投笔从戎、建功立业、报效国家的军旅生活。

许身报国：愿得此身长报国，何须生入玉门关

戴叔伦（约732年—约789年），唐代诗人，字幼公（一作次公），润州金坛（今属江苏省常州市金坛区）人，年轻时师从萧颖士，曾任新城令、东阳令、抚州刺史、容管经略使，晚年上表自请为道士。其诗多表现隐逸生活和闲适情调。

这首《塞上曲二首（其二）》："汉家旌帜满阴山，不遣胡儿匹马还。愿得此身长报国，何须生入玉门关。"表现的主题和他一贯的风格可谓截然不同，一副壮志豪情的样子：我巍巍大唐的猎猎旌旗在阴山飘扬，突厥胡人胆敢来犯定叫他有来无还。作为子民我愿以此身终生报效国家，大丈夫建功立业何须活着返回家园。

"生入玉门关"原本是定远侯班超的句子。班超，东汉时期著名军事家、外交家，出使西域三十多年，老时思归乡里，上书言"臣不敢望到九泉郡，但愿生入玉门关"。班超身处西域，远在他乡，为国家民族鞠躬尽瘁，老而思乡求返，本无可咎。但以戴叔纶之见，班超的爱国主义还是不够彻底——他不应提出"生入玉门关"，也无须提出"生入玉门关"，安心报国就是了。

视死如归：黄金百战穿金甲，不破楼兰终不还

王昌龄（698年—756年），字少伯，河东晋阳（今山西太原）人，盛唐著名边塞诗人，被后人誉为"七绝圣手"。早年贫贱，困于农耕，而立之年，始中进士。初任秘书省校书郎，又中博学宏辞，授汜水尉，因事被贬岭南。与李白、高适、王维、王之涣、岑参等交厚。开元末返长安，改授江宁丞。被谤谪龙标尉。安史之乱后，为刺史闾丘晓所杀。其诗以七绝见长，尤以登第之前赴西北边塞所作"边塞诗"最为著名，有"诗家夫子王江宁"之誉。

王昌龄曾几次到过边塞，对边塞风光和戍边将士的生活有深刻的了解和体会。他的边塞诗生动描绘了边塞风光，歌颂了将士们奋勇杀敌、以身报国的爱国主义精神，充满着积极昂扬的情调，从而博得了很多人特别是戍边战士的喜爱，王昌龄本人也得到将士们的尊重和爱戴。在当时，戍边将士中，几乎没有人不知道为他们歌唱的王昌龄，王昌龄的边塞诗许多将士都能背诵。

"黄沙百战穿金甲，不破楼兰终不还。"这两句由情景交融的环境描写转为直接抒情。"黄沙百战穿金甲"极言戍边时间之漫长，战事之频繁，战斗之艰苦，敌军之强悍，边地之荒凉。"百战"是比较抽象的，冠以"黄沙"二字，就突出了西北战场的特征，"百战"而至"穿金甲"，可以想见战斗之艰苦激烈，也可想见这漫长的时间中有一系列"白骨掩蓬蒿"式的壮烈牺牲。但是，金甲尽管磨穿，将士的报国壮志却并没有消磨，而是在大漠风沙的磨炼中变得更加坚定。"不破楼兰终不还"，就是身经百战的将士豪壮的誓言。前句把战斗之艰苦、战事之频繁越写得突出，后句便越显得铿锵有力、掷地有声。

死不瞑目：王师北定中原日，家祭无忘告乃翁

陆游，字务观，号放翁，汉族，越州山阴（今浙江绍兴）人，尚书右丞陆佃之孙，南宋文学家、史学家、爱国诗人。陆游生逢北宋灭亡之际，少年时即深受家庭爱国思想的熏陶。宋高宗时，参加礼部考试，因受宰臣秦桧排斥而仕途不畅。孝宗时赐进士出身。中年入蜀，投身军旅生活。陆游一生创作不辍，今存诗歌九千多首，内容极为丰富。著有《剑南诗稿》《渭南文集》《南唐书》《老学庵笔记》等。

陆游是南宋著名的爱国诗人，毕生从事抗金和收复失地的正义事业。虽然屡遭投降派排挤、打击，但爱国热情始终有增无减，先后创作了《示儿》《十一月四日风雨大作》《秋夜将晓出篱门迎凉有感》《诉衷情》《书愤》《关山月》《长歌行》等诗歌。《示儿》诗是诗人临终前写给儿子的遗嘱，表达了诗人至死念念不忘"北定中原"、统一祖国的深挚强烈的爱国激情。

死后原知万事空，但悲不见九州同。

王师北定中原日，家祭无忘告乃翁。

这首诗用笔曲折，情真意切地表达了诗人临终时复杂的思想情绪，既有对抗金大业未就的无穷遗恨，也有对神圣事业必成的坚定信念。全诗有悲的成分，但基调是激昂的。诗的语言浑然天成，没有丝毫雕琢，全是真情的自然流露，但比着意雕琢的诗更美、更感人。

"位卑未敢忘忧国。"古代文人颇有"达则兼济天下，穷则独善其身"之志，他们"处江湖之远则忧其君，居庙堂之高则忧其民"，对国家统一、民族兴亡有着强烈的社会责任感，在今天这个百年未有的大变局中，在中华民族伟大复兴的路上，这种精神、这份情怀是值得所有人铭记的。

2022. 8. 3

青楼——古代文人的名利场

我们这里说青楼，首先要更正一下大家的认知，青楼不是妓院，歌妓也不是妓女。所以，文人流连青楼，也不是我们现在意义上的沉迷温柔之乡，更不是思想腐化、道德败坏了。

近来有学者研究发现，"青楼"最早是指帝王居住的场所。据《南齐书东昏侯纪》载："齐武帝兴光楼，上施清漆，谓之青楼。"清代袁牧根据这段记载，在《随园诗话》中说："齐武帝于兴光楼上施清漆，谓之青楼……今以妓院为青楼，实是误也。"由此可见，青楼原先是帝王之居。在汉魏时期，"青楼"一词应是褒义，其原意为"清漆粉饰之楼"，仅仅是比较华丽的屋宇，有时甚至作为豪门之家的代称。正因为此，三国时期曹植有诗曰："青楼临大路，高门结重关。"唐骆宾王也曾有"大道青楼十二重"的诗句，这些都是称誉帝王所住宫廷楼阁之富丽华贵。

在文学典籍中，青楼总是和文人有着千丝万缕的关系。在四万多首《全唐诗》中，就收录有二十一名青楼女子近两百首作品，还有两千多首是描写青楼女子的爱恨情仇的。文人为什么青睐"青楼"这样一个是非之地呢？因为青楼是他们的名利场，要平步青云、遗世留名，青楼就是他们的"终南捷径"，就是他们的人生跳板。

青楼——文人灵感的发源地

青楼，可谓曼妙女子的"集中营"。青楼里的女子都是有来路的，有的是老板花钱买来的，他们选择长相可人、聪明伶俐的女孩进行培养，以期成为摇钱树，还有一部分是那些权贵世家的落难女子，她们受过很好的教育，有一定的艺术细胞，因为主人犯事，她们受到牵连，最后被没收为奴，沦落到青楼为官妓。

文人为什么要走进青楼、流连戏场？因为这地方有故事。不仅是青楼女子本身就是故事，而且青楼女子接触了太多的公子王孙、文人墨客，她们的头脑中同样有故事。当文人才思枯竭的时候，他们就到青楼转一转，不仅能够放松一下身心，还能与某位才女来个偶遇，在推杯换盏或者欣赏歌舞的时候，说不定一下子就会才思泉涌、灵感爆发，一首新作也就从此诞生了。

为什么青楼会激发文人的写作灵感呢？这与青楼这个特殊的场所有很大关系。大多数青楼女子都会点诗文，有的还能唱能跳，并且她们还没有世俗女子的害羞与拘谨，她们有的是能让文人放下封建礼教束缚的手段与方法。人在极度放松的情况下往往会有奇思妙想，在非常宽松的环境里也会放飞自我。

青楼——文人社交的朋友圈

青楼是文人墨客以文会友、结识同道的最佳场所。因为文人大多爱逛青楼，所以青楼自然而然地就成了文人墨客流连最多的地方，形成了形形色色的文学圈子，类似于西方的文学沙龙。

三五同道之人，一边赏歌品酒，一边分享文学作品，大家晒晒自己的诗文，其他文友畅所欲言，相互品评。因为都是文学好友，圈内人士，大家说话会更坦诚些，没有奉承之句，也没有拍马之言，这对于提高写作水平还是大有帮助的。

同时，青楼这种文人墨客云聚的地方，也是结交同道的好去处。三杯五盏淡酒下肚，文人之间的距离感就没有了，也许刚刚相识的人瞬间就成了朋友，那些文坛师徒说不定就成了兄弟。大家或吟诵旧作，或现场口占，相互指点，相互切磋，一次青楼聚会最后一不小心就成了"文坛盛会"。当然若有好事者再组织一场诗词大赛，赢者饮酒，大家兴致或许更高，脾气相投者便会找到知音，变成同道好友。像这样的社交场合哪个文人不想参加呢？唐代的高适、岑参、王昌龄、王之涣，本来生活的地方相离十万八千里，就是因为参加青楼偶遇成了好友，后来被称为"边塞四诗人"。

青楼——文人词作的广告商

古代没有什么文学出版社，也没有什么自媒体、微信圈，生前作品的传播主要靠朋友间宣传，大款作家也许能刊印一下，除此以外，青楼就是文人墨客作品传唱，提高自身影响力的场所，是古代文人最大的朋友圈。

文人一首作品问世，要想把自己的作品迅速传播出去，那就赶快走进青楼，寻找一位知己为自己"代言"，为作品传唱。这是一举两得的事情。歌妓需要新的诗词来更新自己的"节目单"，不能整天就唱那几首旧曲，唱久了把老顾客都唱跑了，所以她们也喜欢文人把新创作的诗词交给她们"推广"。

北宋著名词人、婉约派代表人物柳永，其之所以传世的作品比较多、名气比较大，并不仅仅是他的作品水准高，更在于他以青楼为家，日日与歌妓厮混，与歌妓们交情较深，歌妓们乐于传唱他的作品。

《旗亭画壁》载，王昌龄、高适、王之涣三人到青楼会宴，席间一众歌妓前来助兴，第一人唱的是王昌龄的诗，第二人唱的是高适的诗，第三人唱的还是王昌龄的诗，两人大为高兴和得意，王之涣面子就挂不住了，直到第四个才艺最好的歌妓唱了王之涣的诗，王之涣才高兴地与两人一醉方休。就连苏轼自己也承认，一旦有得意的作品，也得花钱请有名歌妓帮忙传唱，可见青楼歌妓对于文人的重要性。

青楼——文人失意灵魂的安放所

文人什么时间喜欢逛青楼呢？有新作问世时去，高兴得意时去，失魂落魄时更去。柳永，跟千千万万个中国人一样，都是想通过知识改变命运，通过科举走上仕途。他从小就熟读四书五经，小神童一个，七岁就能出口成章。父母都把希望寄托在他身上，希望他金榜题名，光宗耀祖。正当柳永踌躇满志，希望能金榜高中的时候，北宋真宗皇帝却不喜欢他的词风，"属辞浮靡"，对柳永词严厉谴责，柳永初试落第。

柳永愤慨之下作《鹤冲天·黄金榜上》，发泄对科举的牢骚和不满：

黄金榜上，偶失龙头望。明代暂遗贤，如何向。未遂风云便，争不恣游狂荡。何须论得丧？才子词人，自是白衣卿相。　　烟花巷陌，依约丹青屏障。幸有意中人，堪寻访。且恁偎红倚翠，风流事，平生畅。青春都一饷。忍把浮名，换了浅斟低唱！

柳永做梦也没有想到，因为这首词他一炮而红，也因为这首词，阻碍了他仕途的发展。词人把自己称作"明代暂遗贤"，这是颇有讽刺意味的。宋仁宗朝号称清明盛世，却不能做到"野无遗贤"，这个自相矛盾的现象就是他所要嘲讽的。我们好好想想，这柳永讽刺北宋当朝明君还能有好下场？

"忍把浮名，换了浅斟低唱！"及皇帝临轩放榜，就把他删掉了，考得再好也不行，曰："且去浅斟低唱，何要浮名！"宋仁宗故意将其黜落，于是柳永便自称"奉旨填词柳三变"，长期流连于坊曲之间，每日沉迷于秦楼楚馆，整天与歌妓们莺歌燕舞，好不快活。只有在歌妓们中间，柳永才能找到真正的自我，才能真正体现自己存在的价值。

青楼既成就了文人，也成就了歌妓，并且由此形成了独特的青楼文化，成为中华传统文化中的一道风景。我们今人谈古代文人，青楼是绕不开的地方，因为青楼也许是他们的发迹地，也许是他们的温柔乡。

2022. 8. 4

古代文人的郡望

"郡望"一词，是"郡"与"望"的合称。"郡"是行政区划，"望"是名门望族，"郡望"连用，即表示某一地域或范围内的名门大族，古称郡中为众人所仰望的贵显家族，唐朝时河南郡的名门望族有丘和家族。如彭城刘氏、弘农杨氏、清河张氏、太原王氏、陇西李氏、吴兴姚氏、高阳许氏等均是地望的代表性姓氏。

韩愈为什么自称"韩昌黎"

韩愈，字退之，唐朝著名文学家、政治家、思想家、哲学家、教育家，贞元进士，官至吏部侍郎，为"唐宋八大家"之首，是古文运动的倡导者。

韩愈原本出生在河南孟州，韩愈墓位于孟县城西六公里韩庄村北半岭坡上，始建于唐敬宗宝历元年（825年）。墓地处丘陵地带，墓冢高十余米，冢前建有祠堂，计有飨堂三间、门房三间。祠内共有石碑十三通，记载有韩愈生平事迹等。墓前院内有古柏两株，相传为唐代栽植，有清乾隆年间孟县知县仇汝瑚碑记"唐柏双奇"，左株高5丈，围1.2丈；右株高4丈，围1.1丈。1986年11月，韩愈墓被公布为河南省文物保护单位。

从这些资料来看，韩愈应该是板上钉钉的河南人，按照古代文人的习惯称呼，他应该自称"韩孟州"，但韩愈却自称"韩昌黎"，可能是因为韩氏一族在河北昌黎是望族，所以他就傍大腿，把自己的籍贯搬过去了。

但据有关史料和昌黎县韩家林《韩氏家谱》记载，韩愈祖籍便是昌黎。建于昌黎县碣石五峰山凭斗峰半山腰平台上的韩文公祠，祭祀的就是韩愈。李大钊曾住在韩文公祠附近，在此受到中国传统文化的熏陶。

据新华社报道：由人民教育出版社出版的最新版本高中语文教科书吸收了学术界的最新研究成果，确定韩愈祖籍为河北省昌黎县韩家营。至此，长期争论不休的韩愈祖籍问题有了定论。对于韩愈的祖籍，历来说法不一，一种认为他是河北昌黎人，另一种认为他是河南孟县人，还有一种认为他是辽宁义县人。

其实，对韩愈的祖籍史书多有记载。《旧唐书》记载韩愈为昌黎人；明代先后两个版本的《昌黎县志》均视韩愈为"乡贤"，并有韩文公本传。几年前，明代和清代两个版本的《韩氏家谱》相继在秦皇岛市昌黎县荒佃庄镇韩家营被发现，经过民俗专家和韩氏家族后人的研究，终于正本清源，确定韩愈祖籍为河北省秦皇岛市昌黎县。

"赵郡苏轼"何许人

众所周知，一代大文豪苏轼的老家是四川眉山，甚至往他祖上数十辈，都是四川眉山人，那他为什么会经常在他的文章中署名赵郡苏轼呢？比如苏轼在《亡妻王氏墓志铭》里说："治平二年五月丁亥，赵郡苏轼之妻王氏，卒于京师。"甚至他的好友也会以赵郡苏轼相称，如他的好友曾巩就曾在《赠黎安二生序》中说："赵郡苏轼，余之同年友也。"事实上，不仅仅是苏轼，连他的老爹苏洵和弟弟苏辙也经常在他们的作品署名中加上"赵郡"二字，要说起这个事儿的起因，还要从苏轼的老爹苏洵苏老泉说起。

"一门三父子""三苏""唐宋八大家"，苏氏三父子这些耳熟能详的称谓我们早已了然于胸，甚至苏氏父子成名之时，还有谚语说："苏文生，吃菜根；苏文熟，吃羊肉。"意思是说精通熟读三苏的文章，就能登科及第，享尽荣华富贵；要是读不懂三苏的文章，那就只能"吃菜根"了。可见三苏的文章不仅仅是现在，在当时也是极受世人重视的。

然而，直到二十七岁，苏洵还是个不好读书之人，之所以苏洵有这么大的转变，还要感谢他的亲二哥——苏涣。苏涣为了激励弟弟好好学习，天天向上，就安排苏洵查查苏家的族谱。苏洵首先查到了他的十世祖苏味道的名字。他仔细地研读了一下这苏味道的事迹，不禁大为汗颜，觉得自己有点愧对祖先。

苏味道有四个儿子，其余三个儿子都"子随父业"做了官，只有老二苏份在苏味道死了以后，在眉山娶妻生子，繁衍后代。四川眉山的苏洵兄弟也就是这个苏份的后人。苏味道的老家在河北赵郡，也就是说苏洵是河北赵郡人。

苏洵兴致大增，继续往前查，就查到了东汉的苏章。苏洵继续往上查，又查到了西汉年间的苏建父子。苏建有三个儿子，长子叫苏嘉，幼子叫苏贤，都在朝廷做官，而二儿子就是大名鼎鼎的牧羊北海十九载的苏武。苏洵再往上查，又查到了先秦的苏秦等苏氏先贤。

正是因为查家谱、收集资料的过程，让苏洵找到了家族的归属感，对于祖籍赵郡栾城，苏洵更是念念不忘，因此他在其文章、诗词、书画上经常署名"赵郡苏洵"。

而他的两个儿子也在随同老爹学习的过程中，耳濡目染，便经常以"赵郡苏轼""赵郡苏辙"的署名标记在他们的作品当中。

天下王氏"三槐堂"

前一段时间网络上有报道"王者归来"，据统计，现在中国人口最多的大姓就是王氏，人数接近一亿人，人口占比7.25%。但众所周知，王姓来源非常复杂，或者说并不纯正，掺杂着众多的"旁门外姓"，有的是赐姓，有的是封姓，还有偷偷"归化"的。但要问王氏后人祖籍在哪里，十有八九都说山西"三槐堂"。

"三槐堂"对于王氏族人来说，就是革命圣地延安。"三槐堂"一语出自宋朝尚书兵部侍郎知制诰王佑。

王佑，以文学见长。五代时先仕晋，后及汉、周，北宋建国后，宋太祖赵匡胤拜其为监察御史，颇得赏识，官职不断升迁。后举家迁来京城，落户开封。

宋开宝二年（969年），有人密告魏州节度使符彦卿谋叛。魏州即大名（大名县亦名魏县），宋太祖乃派王佑权知大名府。那个时候，莘县一带归属大名府，宋太祖要王佑衣锦还乡，许以"便宜"行事，并以赵普（一说王溥）相位相许，真实用心在于除符，王佑自是心知肚明。但王佑至大名接任后，明察暗访，却查无实据，数月无闻。宋太祖乃驿召面问，王佑直言禀报，符彦卿无谋叛事实，并以自己全家百口性命担保，甚至直谏太祖吸取晋、汉（五代）皇帝因猜忌而滥杀无辜的教训。太祖听后很不以为然，乃把王佑改派知襄州。如此一来，王佑升迁宰相的许诺当然是落空了。

王佑赴襄州任前，在其宅院内手植槐树三棵，曰："吾子孙必有为三公者。"以我们今人的思想揣度王佑当时的心情，很可能对自己当不成宰相有点生气说的气话："别看我不能位列三公，我的子孙一定有能担任宰相，位列三公的。"当然，也可以认为王佑这句话是他的自信或远见。但他以三槐比拟三公确是无疑的。

后来的事实果不出其所料，他的儿子王旦在宋真宗时做了宰相，使他的预言变成了现实。三槐堂不仅成了王佑一支的堂号，而且成为整个王氏大家族中很重要的一个分支。

河东裴氏多宰相

历史上出宰相最多的家族，兴盛八百多年，出了五十九位宰相和大将军，是哪个家族呢？是河东裴氏。裴氏家族是山西的大家族，位于黄河之东，"河东裴氏"闻名于世，是中古时代的世家大族。

中国古代王侯将相大家族无数，但很少有裴氏家族这般源远流长的家族。这个家族，自秦汉兴起，至五代唐末，绵延两千年，兴盛八百年，可谓古来少有。唐朝时期，是裴氏家族的顶峰时期，就出了十七位宰相。宋代欧阳修在《新唐书·宰相世系表》中，将河东裴氏列在了第一位。在历代正史中，立传的裴氏家族人物大约有一百零五人。用史书上的话说，这叫"自秦汉以来，历六朝而兴，至隋唐而盛极，五代以后，余芳而存"。

裴氏家族第一位崛起人物，是裴潜，也是正史之中第一个立传的裴氏族人。裴潜的名字虽听起来比较晦气，谐音"赔钱"，但他却是一个了不得人物。《三国志》记载，裴潜曾做曹操的军事参谋，才智卓越，曹魏立国后，官至尚书令，封清阳亭侯，是裴氏家族的第一个宰相。

有了一个好的开端，这个家族在之后八百年间，就像开了挂一样。裴潜的儿子裴秀、侄子裴楷并列为晋朝的公侯宰相，之后孙子、侄孙也都当上宰相。"祖孙三代，五人入相"，只用了不到五十年的时间。

在历史上，裴氏家族这般兴旺八百年的氏族，可谓绝无仅有。在明末时期，顾炎武就曾到裴柏村考察，总结出三个原因：联姻、世袭、自强。这般总结其实是符合一般大氏族的，很多氏族都是这样，但唯有裴氏家族能够这般延续，其实还有着更深层次的原因。在河东裴氏的"重教务学、崇文尚武、德业并举、廉洁自律"十六字家训里，或许能找到答案。

郡望作为古代重要的社会规范，在凝聚人心、团结家族中发挥过重要的作用。即使在今天，人们寻根问祖、编制家谱时都自然而然地想到了郡望，并竭其所能来确定自己真正的根脉。随着时代的发展，"姓氏郡望"已经被赋予了新的内涵，在增强中华民族凝聚力方面必将做出新的贡献。

2022. 9. 24

古代文人的坐骑

现代人的坐骑代表着一个人的身份地位，像美国总统的空军一号，富豪们的私人订制，以及明星们的法拉利、兰博基尼，中产阶级的宝马、奔驰等。而在古代，坐骑大多与地位无关，只与圈子、身份有联系，什么样的坐骑就表明了什么样的性格和思想。

马致远：一匹瘦马走天涯

枯藤老树昏鸦，小桥流水人家，古道西风瘦马。夕阳西下，断肠人在天涯。

这是元朝著名戏曲家马致远的一首小令，名为《天净沙·秋思》，是用越调《天净沙》吟唱的。与马致远同时代的文人周德清在《中原音韵》中赞誉这支曲子为"秋思之祖"。

马致远（约 1251 年—约 1321 年），字千里，晚号东篱，大都（今北京）人，原籍河北省东光县马祠堂村，著名戏曲家、杂剧家、散曲家，被后人誉为"马神仙"，还有"曲状元"之称，与关汉卿、郑光祖、白朴并称"元曲四大家"。从他的散曲作品中可以知道，他年轻时热衷功名，有"佐国心，拿云手"的政治抱负，但一直没能实现，仕途坎坷，在经过了二十年漂泊生涯之后，他看透了人生的荣辱，遂有退隐林泉的念头，晚年隐居田园，过着"林间友""世外客"的闲适生活，以衔杯击缶自娱。马致远所作杂剧今知有三十种，《汉宫秋》是其代表作，散曲一百一十多首，有辑本《东篱乐府》。

据说，马致远原名视远，元初在家乡就以好学聪明而小有名气，为开拓自己的前程，欲离家远行。临行前，他来到县城铁佛寺参拜铁佛。东光的铁佛在远近颇具盛名，当时香火兴盛，寺里僧众甚多，尤其长老学问很高。拜罢铁佛后，马致远求见长老，说："吾名视远，有心求学，无奈家贫无人指教，求长老赐名，促学业！"长老见他气宇不俗，便与他长谈起来，并教诲说："非淡泊无以明志，非宁静无以致远。你生于东篱，志在千里，来日定成材成器，但须牢记，才为民所有，不图富贵。"马致远仕途奔波数载却壮志难酬，让他欣慰的是他闲暇时创作的杂剧、散曲却声名日盛。

马致远的"秋思"小令选择了枯藤、老树等最富有特征性的秋景，在这首小曲中，呈现出这样一幅秋景：时已深秋，一位远离故乡的"断肠人"还在天涯漂泊。他骑着瘦马，冒着西风，在荒凉的古道上奔波，不知哪里是他的归宿。

那纠缠着枯藤的老树上，已经有乌鸦栖息。又到黄昏时候了，一条溪水从小桥下流过，桥那边出现了人家，然而那不是他的家。看到小桥流水人家，他想起自己的家，也很想回家，却怎么能回得了呢？过了小桥，叩开那家的门，要求借宿也被拒绝，因为那不是客店！

于是他继续骑着瘦马，冒着西风，忍着饥饿，在那荒凉的古道上颠簸。太阳已经落山了，他仍然步履不停，仍然在天涯漂泊，一如自己的人生。

后人为了纪念马致远，于河北省东光县普照寺院内建有纪念馆。朱红色的大门两侧，黑色的高高门柱上贴着由中国楹联学会理事、省楹联学会副会长朱惠民撰写的对联："七百年面目全非不复存古道西风瘦马；十万里江山大变尚容有小桥流水人家。"对联把马致远的代表作巧妙地融入，七百年前的风景仿佛依然在目，七百年的时光恍若一瞬。

贾岛：毛驴背上细推敲

据说唐朝有个诗人，一天，他骑在驴上，边走边思索，终于在头脑里构成两句诗："鸟宿池边树，僧推月下门。"可又觉得"推"可以换成

"敲"字，但又决定不下来。究竟用哪个好呢？贾岛抬起手来，一边做"推"和"敲"的姿势，一边继续琢磨往前走着。不巧，冲撞了当时身为京兆尹的韩愈。

这人就是贾岛。贾岛（779 年—843 年），字阆仙（一作浪仙），唐朝河北道幽州范阳（今河北涿州）人，自号"碣石山人"，唐代诗人，人称"诗奴"，早年出家为僧，法号无本。据说在洛阳的时候因当时有命令禁止和尚午后外出，贾岛作诗发牢骚，被韩愈发现才华，并成为"苦吟诗人"。贾岛后来受教于韩愈，并还俗参加科举，但累举不中，唐文宗的时候被排挤，贬做遂州长江县（今遂宁市大英县）主簿，故称"贾长江"，有《长江集》。贾岛一生穷愁，苦吟作诗，其诗多写荒凉枯寂之境，长于五律，重词句锤炼。贾岛与孟郊齐名，后人以"郊寒岛瘦"喻其诗之风格。

贾岛，一个骑驴的诗人。骑驴，是因为爱好，还是因为缺钱，还是个性夸张的意趣？这不得而知。他平生没写多少首诗，却碰到很多倒霉的事。尽管如此，他的诗仍旧写得很别致，让人感觉他活得不憋屈。他寻人总是不遇："松下问童子，言师采药去。只在此山中，云深不知处。"寻不到没关系，却有了另一番人生境地。寻到了不一定有惊喜，寻不到倒成就了古今诗意："闻说到扬州，吹箫有旧游。人来多不见，莫是上迷楼。"是真的找不到朋友，还是专门要写不遇？看来"寻隐者不遇"，应该映射着官场不遇的自己。人家骑士诗人，都是马刀皮靴。人家诗仙李白，骑鹿："且放白鹿青崖间，须行即骑访名山。"人家李贺，骑马："龙脊贴连钱，银蹄白踏烟。"贾岛倒好，天天骑驴。驴瘦毛长，独行倔强。但写诗，倒是很用力。为了一个"推"和"敲"，居然撞到了大官的仪仗队。"闲居少邻并，草径入荒园。鸟宿池边树，僧敲月下门。"贾岛骑驴撞到了韩愈，所幸领导水平高，不但没被怪罪，反而留下了文坛佳句。还是骑驴好，便于琢磨，长于推敲。

不管人生多么不给力，不管写诗多么费心计，但贾岛："一日不作诗，心源如废井。笔砚为辘轳，吟咏作縻绠。"爱，就是煎熬，坚持，还真是胜利。从此，诗坛有了个苦吟派；从此，苦吟诗人便有了禅意；从此，想要写好诗的人，都开始了骑毛驴。

刘伶：鹿车载酒醉竹林

刘伶可谓古人中饮酒最为出名的了，也是女人眼中最不要脸的饮酒人。刘伶自称为醉侯，每天都是喝醉的状态。刘伶出行的时候，经常乘坐一个鹿车，车上带着酒，让一个仆人拿着锄头跟着他。他说："死便掘地以埋。土木形骸，遨游一生。"有一次，他喝醉后在屋子里裸奔，有人嘲笑他，他说："天地是我的衣服，屋子是我的内裤，你怎么钻我内裤里面了？"

因为喝酒太过于损伤身体，他的妻子便把酒藏起来不让他喝。他求他的妻子，他的妻子倒了酒、砸了酒器，哭着跟他说："你喝酒实在太过分了，不是养生的办法啊，你一定得戒了酒！"刘伶回答说："好吧，我无法自己戒酒，得在神面前许下誓言呀！你帮我准备一下祭神的酒肉吧。"他妻子说："就照你说的办。"于是准备了酒肉，摆在神位前，让刘伶拜神发誓。只见刘伶说："天生刘伶，以酒为名，一饮一斛，五斗解酲。妇人之言，慎不可听。"于是又喝得酩酊大醉。刘伶便成为千古以来酒的代言人，市面上还专门有一种酒，以"刘伶醉"为商标。

在刘伶的同时代，有阮籍、嵇康、山涛、王戎、向秀、阮咸六人，与刘伶经常聚集在洛阳城外的竹林里饮酒作乐，时人称他们为竹林七贤。这几个人喝酒自然也不分伯仲。有一件很有意思的事，阮咸有一次跟他阮氏宗族的家人在一起喝酒，为图畅快，不用杯子装酒，用一个大瓮装，众人围着一起喝，他们喝得正痛快的时候，一群猪跑过来与之共饮，他们也不排斥，与群猪一同畅饮，场面极为和谐。

竹林七贤在当时被世人看作是第一流的名士。在他们之后，成为名士有一个重要的标准，就是要能喝酒。此后东晋人王恭讲"名士不必须奇才，但使常得无事，痛饮酒，熟读《离骚》，便可成名士"。可见，竹林七贤之后，饮酒成为一种社会风尚。

刘伶做过建威参军，后来因为在考核当中得到的评价很低，官也当不成了，他也不在乎，接茬儿开心快活，喝他的酒，最后落得个寿终正寝，活了七十九岁，高寿了。过量饮酒有害健康，这个没错，古人也知道，否则刘伶的妻子也不会逼他戒酒。但是刘伶性格好，一切都不介意，自得其乐，心胸豁达，看得开。这种状态下，酒是很好的朋友，如果借酒浇愁，无法排解，那酒对身体就是伤害了，关键看的是人。

关于刘伶的坐骑鹿车，古人有这样的考证，《后汉书·鲍宣妻传》："与宣共挽鹿车，归乡里。"又《后汉书·赵熹传》："载以鹿车，身自推之。"李贤注引《风俗通》云："俗说鹿车窄小，才容一鹿。"由此可知，鹿车就是一种人力小推车，车身十分窄小，仅有能容下一只鹿的地方，故名鹿车。

老子：出关归隐大青牛

老子姓李名耳，又名李聃，曾在东周做"守藏室之史"，就是收藏馆馆长，里边藏有"三皇五帝之书"等极为重要的史料、珍宝。只是老子生不逢时，周景王去世后，王室起了内讧，王子朝做了叛贼，从收藏室中偷走了很多典籍宝物逃到了楚国。老子是馆长，又是楚国人，岂有不受牵连的道理。他只能逃出都城洛阳，西出函谷关。

有史料记载，老子西出函谷关，被关令尹喜扣押，强而著书，留下了中国思想史上的巨著五千言《道德经》。而后他就骑着一头大青牛，继续西行，没了消息。

《道德经》以"道"解释宇宙万物的演变，以为"道生一，一生二，二生三，三生万物"，"道"乃"夫莫之命（命令）而常自然"，因而"人法地，地法天，天法道，道法自然"。"道"为客观自然规律，同时又具有"独立不改，周行而不殆"的永恒意义。《老子》书中有着朴素的唯物主义的观点。此外，《老子》书中包括大量朴素辩证法观点，如一切事物均具有正反两面，"反者道之动"，并能由对立而转化，"正复为奇，善复为妖""祸兮福之所倚，福兮祸之所伏"。此外，书中也有大量的民本思想："天之道，损有余而补不足，人之道则不然，损不足以奉有余。""民之饥，以其上食税之多。""民之轻死，以其上求生之厚。""民不畏死，奈何以死惧之？"其学说对中国哲学发展具有深刻影响。

关于老子的去处，很多考古学家和历史学家至今没有得出很确切的结论。有人说老子出散关，经流沙奔印度去了，并说老子到印度传教，教出了释迦牟尼这样的大弟子。

历史上有"孔子问礼"这个故事。这件事在《庄子》《韩非子》《吕氏春秋》《礼记·曾子问》中都有记载。这说明老子归隐应该是东归。因为老子的故乡位于今天的河南省鹿邑县，离孔子所在的曲阜不远，方便他们探讨哲学问题。

乘青牛之说，当有神仙家附会的因素。牛、马都是当时用于牵车的牲畜，神仙家为什么要说老子乘牛车而不是乘马车出关呢？其中不无寓意。牛是一种性情温和、柔顺服从的动物，且有忍辱负重、坚忍不拔的特点。

老子出关一直被人们津津乐道地传说着，演绎着。老子出关中的"紫气东来"也成了中国文化中的一个基因，帝王之家将"紫气"当作祥瑞。生子时若紫气满室，古人认为此子必定前途无量，百姓之家也把"紫气"当作吉祥的象征。有趣的是老子骑坐的"青牛"也成了道教文化中的一个著名的意象，青牛后来成了神仙道士的坐骑。到后来，"青牛"也成了老子的代名词，老子又被称为"青牛师""青牛翁"等。

回溯历史的长河，我们发现坐骑在古人眼中不仅仅是一种交通工具，还带着古人鲜明的精神坐标。坐骑体现了人格修养，表明了生活态度。我们从古人的坐骑中窥见了他们的思想性格，也读懂了他们的人生哲学。

2022. 10. 5

文化

从同门、同窗、同年说起

　　很久很久以前，读书的人很少，共用一方砚台，同坐一张长椅，由一位先生教学，同学就被称为"同砚席"；后来，多了几个学生，要多坐几张椅子，但房子不大，老师学生都要从同一个门里出入，就称之为"同门"；再后来，房子大了些、亮了些，可就那么一个窗户，学生们要挤到窗下一起读书、共同沐浴阳光，就又被称为"同窗"。不管是同门还是同窗，他们的最终目的是参加科举考试，博取功名，于是就有了"同年"。

　　科举，是古代读书人晋升的快捷通道，前前后后、兴兴衰衰，达一千三百余年。在这漫长的岁月里，考出了一批又一批童生、秀才、举人、进士，也演绎了一个又一个科举故事。

科举由来

　　中国科举制度最早起源于隋代。隋朝统一全国后，隋文帝为了适应封建经济和政治关系的发展变化，适应封建统治阶级参与政权的要求，加强中央集权，于是把选拔官吏的权力收归中央，用科举制代替九品中正制。隋炀帝于大业二年（606年）开设进士科，用考试的办法来选取进士。"进士"一词初见于《礼记·王制》篇，其本义为可以进受爵禄之义。当时主要考时务策，就是有关当时国家政治生活方面的政治论文，叫试策。这种分科取士，以试策取士的办法，在当时虽是草创时期，并不形成制度，但把读书、应考和做官三者紧密结合起来，揭开了中国人才选举史上新的一页。唐玄宗时礼部尚书沈既济对这个历史性的变化有过中肯的评价："前代选用，皆州郡察举……至于齐隋，不胜其弊……是以置州府之权而归于吏部。自隋罢外选，招天下之人，聚于京师，春还秋住，乌聚云合。"

科举常识

两晋时，朝廷已对所举孝廉、秀才采取考试录用的方法。隋文帝即位后，废除魏晋时期由世家大族垄断的九品中正制，于开皇七年（587 年）设志行修谨、清平于济两科。炀帝大业二年（606 年）设"进士科"，以试策取士。唐因隋制，分常举和制举两种，武则天时创殿试和武举。殿试的产生排除了一些通过钱财来考入进士的人，是完善科举制的一项重大措施。唐玄宗时，诗赋成为主要的考试内容。

隋朝灭亡后，唐朝的帝王承袭了隋朝传下来的人才选拔制度，并做了进一步的完善。由此，科举制度逐渐完备起来。在唐代，考试的科目分常科和制科两类，每年分期举行的称常科，由皇帝下诏临时举行的称制科。

常科的科目有秀才、明经、进士、俊士、明法、明字、明算等五十多种，其中明法、明算、明字等科不为人重视；俊士等科不经常举行；秀才一科，在唐初要求很高，后来渐废。所以，明经、进士两科便成为唐代常科的主要科目。唐高宗以后进士科尤为时人所重。唐朝许多宰相是进士出身。常科的考生有两个来源，一个是生徒，一个是乡贡。由京师及州县学馆出身，而送往尚书省受试者叫生徒；不由学馆而先经州县考试，及第后再送尚书省应试者叫乡贡。由乡贡入京应试者通称举人。州县考试称为解试，尚书省的考试通称省试或礼部试。礼部试都在春季举行，故又称春闱，闱就是考场的意思。

明经、进士两科，最初都只是试策，考试的内容为经义或时务。后来两种考试的科目虽有变化，但基本精神是进士重诗赋，明经重帖经、墨义。所谓帖经，就是将经书任揭一页，将左右两边蒙上，中间只开一行，再用纸帖盖三字，令试者填充。墨义是对经文的字句作简单的笔试。帖经与墨义，只要熟读经传和注释就可中试，诗赋则需要具有文学才能。进士科得第很难，所以当时流传有"三十老明经，五十少进士"的说法。

明清的科举考试分为四个级别，最低的一级叫院试，由府、州、县的长官监考，考试通过后为秀才；然后是乡试，这是省一级的考试，考中的就成了举人；再高一级的是会试，由礼部主持，考取的叫贡士；如果能考过这一关，就有资格参加最高一级的考试，也就是殿试。殿试又叫廷试，由皇上亲自主持。凡能通过殿试的，最起码也能捞个进士。如果哪位有幸考中了第一名状元，不仅能得到高官厚禄，还可以名扬天下。不过，他们的名利地位都是从八股文里抠出来的，至于有没有真才实学，可就不一定了。

科举故事

要说科举故事最多的地方，当属《儒林外史》。《儒林外史》是科举故事的集大成者，但遗憾的是本书的作者吴敬梓一生却与科举"绝缘"。他生长在累代科甲的家族中，一生时间大半消磨在南京和扬州两地，官僚豪绅、膏粱子弟、举业中人、名士、清客，他是司空见惯了的。他在这些"上层人士"的生活中愤慨地看到官僚的徇私舞弊、豪绅的武断乡曲、膏粱子弟的平庸昏聩、举业中人的利欲熏心、名士的附庸风雅和清客的招摇撞骗。加上他个人生活由富而贫，那批"上层人士"的翻云覆雨的嘴脸，就很容易察觉到。吴敬梓看透了这种黑暗的政治和腐朽的社会风气，所以他反对八股文，反对科举制，不愿参加博学鸿词科的考试，憎恶士子们醉心制艺、热衷功名利禄的习尚。

吴敬梓的父亲吴霖起留下了二万多两银钱的巨额遗产，可是吴敬梓"素不习治生，性富豪上""倾酒歌呼，穷日夜""生性豁达，急朋友之急""乡里传为子弟戒"。三十三岁不名一文的吴敬梓移家南京时，他在族人眼中已是"传为子弟戒"的"败家子"。到了"白门三日雨，灶冷囊无钱"的地步，他仍拒不参加博学鸿词科考试，仍好交友，"四方文酒之士，推为盟主"。

吴敬梓晚年生活困顿，要靠卖文和朋友接济度日，"囊无一钱守，腹作千雷鸣"，以至以书易米。每年一到冬天，气温苦寒，他便与朋友在晚上到城外绕行，歌吟啸呼，称之为"暖足"。乾隆十九年（1754 年），吴敬梓五十四岁那一年，到江苏扬州访友痛饮，十月二十八日（1754 年 12

月11日），与自北京南下的王又曾在舟中痛饮消寒。归来之后，酒酣耳热，痰涌气促，救治不及，顷刻辞世。

一代文学大师就这样在一个寒夜悄无声息地结束了自己的一生，只有幼子在身边，还是朋友帮忙料理了后事，其时，吴敬梓一贫如洗，"可怜犹剩典衣钱"。他抗争过，呐喊过，讽刺过，麻醉自己，然而都不能逃脱那时代，那个时代像个围墙牢牢地将他围住，不能动弹，或许天堂才是他的归宿。

《履国丛话》记有一则故事：有一名叫胡希吕的朝廷视学在南京巡视考务，核对"相貌图"时，把上面"微须"的"微"字误解为"无"字，所以，凡是脸上有"微须"的考生都被他审定为"人、图不符"，一律赶出考场。这样一来，可急坏了那些有"微须"的考生，他们很不服气，就斗胆与胡视学争辩起来。胡视学仍固执己见，大声怒斥考生："汝等读书断文，竟不知'微'字与'无'字乃同一解也！真是无知之极！"其中一个"微须"考生听后，哈哈大笑，反驳道："按照先生的高论，当年孔子微服外出讲学就是没有穿衣服去的啦！当今乾隆皇上微服南巡该是光着身子离开京城的！"胡视学无言以对，十分尴尬，无可奈何，只得让那些"微须"考生重新进入考场。

还有一个考场监考的故事。科考舞弊，由来已久。既然读书为做官，做官能拿厚禄，还能从"小民"那里刮钱，一些人就不顾廉耻去以身试法。雍正五年（1727年），参加科考一千一百人中，雇人替考或被视学发现而自动退出考场者近九百人。考试后雍正皇帝亲自接见所有参考学子，最后只有两百余人参加接见。为了严肃考场纪律，历朝历代都要处理一批违纪违规的学子和官员。清朝对科考舞弊处理就极为严酷，仅顺治十四年（1657年）顺天府科考舞弊案，就有七位考官被砍了脑袋。清朝为防止科考舞弊，还派兵持刀枪严把考场，使得考场酷似战场。

主考官"妙评"考卷，妙趣横生。前清时期，为显示对人才的重视，曾经规定童生考试每县至少要取三名。某县地处偏僻，文化教育十分落后，有一年该县恰恰只有三人报考，待主考官把试卷收上来一看，不禁目瞪口呆。原来一位考生抄了试题，只写了"且夫"二字；另一位考生只抄了试题，只字未写；第三位考生干脆连试题也没抄一字。为了交差，主考官只得大笔一挥，把抄了试题并写了"且夫"二字的那位考生取为第一名，批道："但观'且夫'二字，必定满腹珠玑。"把抄了试题的那位考生取为第二名，批道："誊写毫无差错，足见其才可造。"把交了白卷的那位考生取为第三名，批道："不轻落墨，可见其行事慎重。"

明开"捐监"之例。明朝景泰元年（1450年），边疆打仗，经费紧缺，为筹集军费，便开生员纳马纳粟入监之先例。这在我国历史上是出售监生学籍的开始。明代的姚夔指出："捐监例开，使天下以货为贤，士风日陋。"到了清朝，更是大开捐监之门，一些人连生员也不是，竟可以捐称"俊秀"，也可以先捐监而后捐官。这是由国家公开卖官的开始。乾隆三十九年（1774年），直隶仅开捐六个月，捐监者居然有19017人。但清朝在大开捐监之门的同时，也尽力保持一个正途班子，从未卖过进士。举人仅道光年间卖过三个。捐监者即使考试成绩合格，仍不能算作正途，在使用上要有所区别。从这方面看，也算是对科考选吏的一个补救措施。

科举考试是一种开放考试，吸收了不少寒士进入政权，有益于扩大和巩固封建统治的政治基础，改变了封建社会前期豪门士族把持朝政的局面；广大庶族地主通过科举入仕做官，给封建政权注入了生机与活力；选拔官吏从此有了文化知识水平的客观依据，有利于形成高素质的文官队伍；读书、考试、做官三者联系，把权、位与学识结合起来，营造了中华民族尊师重教的传统和刻苦勤奋读书的氛围；促进了文学的繁荣，如唐以诗赋取士，促进了唐诗繁荣。

明清实行的八股取士，也有明显的弊端，从内容到形式都严重束缚读书人，使得许多知识分子不讲求实际学问，束缚了知识分子的思想；八股取士所带来的脱离实际的学风，对学术文化的发展产生了极为消极的影响；清末科举制度严重阻碍了科学文化的发展，是导致近代中国自然科学落后的重要原因之一；科举制度不利于知识创新，更不利于创新人才的培养。

2022. 8. 26

古代文人眼中的金钱观

钱被古代许多文人称为"阿堵物"，这个名词的专利权应该属于六朝时的夷甫。他是当时士大夫阶层中清高得无以复加的代表，对钱十分不齿，视之为俗不可耐的东西，无论在怎样的场合，如何避无可避，都绝口不提个"钱"字。"其妻故将铜钱堆放床前，夷甫晨起，呼婢举却'阿堵物'（搬走这个东西），仍不言。"

钱这个东西，自古以来很多人常把它挂在嘴边。有人说金钱万能，视之为至亲至爱之物，对它爱之入骨；有人则说是金钱万恶，对钱恨得咬牙切齿。那些古代大腕对钱又是什么态度呢？

陶渊明：不为五斗米折腰

《晋书·陶潜传》载：

以亲老家贫，起为州祭酒，不堪吏职，少日自解归。州召主簿，不就，躬耕自资，遂抱羸疾。复为镇军、建威参军，谓亲朋曰："聊欲弦歌，以为三径之资可乎？"执事者闻之，以为彭泽令。在县，公田悉令种秫谷，曰："令吾常醉于酒足矣。"妻子固请种粳。乃使一顷五十亩种秫，五十亩种粳。素简贵，不私事上官。郡遣督邮至，县吏白应束带见之，潜叹曰："吾不能为五斗米折腰，拳拳事乡里小人邪！"义熙二年，解印去县，乃赋《归去来兮辞》。

陶渊明，又名陶潜，是东晋著名的诗人、辞赋家和散文家。他出生在一个没落的官僚家庭中。他的曾祖父是东晋著名的大将军陶侃，但到他这代，陶家已经败落，生活贫困。尽管如此，从小陶渊明还是受到了良好的家庭教育。他博览群书，养成不爱慕虚荣、不贪富贵的高洁性格。

义熙元年（405 年），陶渊明在朋友的劝说下，出任彭泽县令。到任八十一天，碰到浔阳郡派遣督邮来检查公务，浔阳郡的督邮刘云，以凶狠贪婪闻名远近，每年两次以巡视为名向所辖县索要贿赂，每次都是满载而归，否则就对下属栽赃陷害。县吏说："我们应当穿戴整齐、备好礼品、恭恭敬敬地去迎接督邮。"陶渊明叹道："我岂能为五斗米向乡里小儿折腰。"意思是：我怎能为了县令的五斗薪俸，就低声下气去向这些小人贿赂献殷勤？陶渊明不为五斗米折腰的典故由此而来。

于是，陶渊明在出任彭泽令八十多天后，就离开衙门，收拾行装，返回家乡，从此过起隐居生活。对于官场，他丝毫没有眷恋之心，反而有一种重获自由的怡然自得。他每天饮酒写诗，过着世外桃源一样的清闲生活。

吕不韦：一字千金

战国末期，大商人吕不韦做了一笔中外历史上最大的投机生意。他不惜散尽千金，把在赵国做人质的秦国王子异人立为秦国国君。异人当了秦王之后，为报答吕不韦的恩德，封吕不韦为丞相。一个商人摇身一变，成为一人之下、万人之上的显赫人物，成了进退百官的权威，朝中的大小官员嘴上不说，心里却很不服气。吕不韦也知道他的政治资历太浅，人们可能在私下议论，他觉得提高声望是让人们服气的最好办法。但怎样才能迅速提高呢？他一时竟想不出什么好办法来。吕不韦为这件事大伤脑筋，召集门客进行商议。

有的门客建议吕不韦统兵出征，灭掉几个国家，立下赫赫战功，以此来树立威信。有人立即反对说："这办法有百害无一利，即使把仗打胜了，回来也升不了官，因为没有比丞相还高的职务了。重要的是战争风险大大，谁也没有必胜的把握，万一战争失利，结果会适得其反。"他接着问其他人："还有别的好办法吗？"

有人说："我们知道孔子的名声很好，那是因为他写了部叫《春秋》

的书；孙武能当上吴国的大将，是因为吴王先看了他写的《孙子兵法》。我们为什么不能写部书，既能扬名当世，又能垂范后代呢？"于是，三千食客就成了他现成的写作班子。而对食客们来说，参与著书既是对主子的一种报偿，又是施展才智的机会，何乐而不为？就这样，凭借群体的智慧，吕不韦组织编纂出了《吕氏春秋》。

《吕氏春秋》分"八览""六论""十二纪"三个部分，共计二十多万字。吕不韦自以为这部书包罗天地万物古今之事，故得意地取名为《吕氏春秋》。

后来，为了让《吕氏春秋》扩大社会影响，吕不韦想出一个高招："布《吕氏春秋》于咸阳市门，悬千金其上，延诸侯游士宾客有能增减一字者予千金。"消息传开，人们纷纷前来咸阳门"观看"《吕氏春秋》，试图能"增损一字"。不过，最终也没有人能拿走那千金。

《吕氏春秋》果真完美得不能"增损一字"？当然不是。东汉文之秀说得对："时人非不能也，盖惮相国畏其势耳。"原来是人们慑于吕不韦的权势，谁也没有敢去改动一字。后来人们由此引出了"一字千金"的成语。

子贡：拒领赏金

钱是好东西，但就是有人对它不感冒，孔子弟子子贡就是其中一个，而且还差点因为好心办了坏事。

春秋时期，诸侯争霸，因为战乱，鲁国的许多子民在他国沦落为奴隶。鲁国毕竟是个仁义之国，国家就出台了一项政策：凡是见到鲁国人在他国当奴隶的，将鲁国人赎回来，在鲁国便可拿到赏金。

子贡便赎回了一位鲁国人，却没有接受赏金。子贡把这件事情告诉孔子，却遭到孔子的批评。

子贡为什么拒领赏金呢？他可能觉得他是孔子的弟子，做一件好事却去领赏金，是一种不体面的事情，会被别人误解自己做好事就是为了那个赏金。还有，因为他是孔子的弟子，做事吃点亏是正常的，以此彰显师傅的美德。另外，还有一种可能，他赎回奴隶是举手之劳，自己认为不需要

文化

去领赏金。

孔子曰："赐失之矣。自今以往，鲁人不赎人矣。取其金则无损于行，不取其金则不复赎人矣。"

翻译过来就是：子贡，你错了！向鲁国领取补偿金，不会损伤到你的品行；但不领取补偿金，鲁国就没有人再去赎回自己遇难的同胞了。

因为子贡不领取赏金的行为，如果有人再去赎回鲁国人，而领取赏金，就显得不够仁义，但不领取赏金，自己又白白贴钱，实在不划算。因此子贡这样的行为，可能会造成鲁国人不会再赎回自己的同胞，会让一些本有可能被赎回国家的鲁国人继续留在他国做奴隶。由此可见，子贡这算是好心办了坏事。原以为自己不领赏金是一件好事，却没有想到造成坏的结果。

古代文人深受儒家思想熏陶，一般人在生活中都耻于谈钱，说起钱就称呼"孔方兄"，还说铜臭味。但在日常生活中，没有钱又是万万不能的，否则只能貂裘换酒、长剑当歌了。

2022. 10. 4

从荤菜说起

网上有一个段子，说鸡蛋到底是荤菜还是素菜？大家争论不休，最后基本统一了意见，就是要看母鸡跟谁生活，假如它跟公鸡生活，这个蛋就应该属于荤菜，因为它是一个待孵化的小生命；假如没有跟公鸡生活在一起，它就是素菜。

关于荤菜，再唠叨几句。古人的荤菜跟今人的荤菜内涵不同，从"荤"字的字形就可以看出，它是"草字头"，应该跟植物有关系。荤菜，在古代宗教中指的是一些食用后会影响性情、欲望的植物，主要有五种蔬菜，合称"五荤"，如葱、蒜、韭、薤、兴渠之属。在道家中，也有"五荤"，为韭、蒜、芸薹、胡荽、薤。《本草纲目》中则记载为："炼形家以小蒜、大蒜、韭、芸薹、胡荽为五荤。"

确实，古代的"荤"是与肉没有关系的，而我们今人说的"荤"在古代叫作"腥"。"腥"字，从肉从星，左形右声。从汉字构造常识可以知道，它才是指我们通常说的肉类。

这种语义发生变化或转移的现象，在汉语言的演化过程中屡见不鲜，稍微探究一下，会发现很多不为大多数人知的秘密。

"其臭如兰"一词，在我们今天看来有点不可思议。兰，自古以来就深受中国人喜爱，并逐渐被赋予独特的文化内涵，成为灵魂高洁、形象脱俗的象征，在古代，兰和梅、竹、菊并称"四君子"，为诗人、画家及士大夫阶层所推崇，在诗、词、画作品中颇多见。

既然"兰"如此美好，如此高洁，怎么和"臭"联系到一起呢？原来"其臭如兰"的"臭"不是"臭味"，而是指"味道"，是说一个东西的味道像兰花那样芬芳典雅。

"卿本佳人，奈何做贼？"意思是本为志向高节或理想远大的人，后来自甘堕落成为人民的罪人。在当今，"贼"是小错，要是在古代，做"贼"那是要灭族的。贼，《说文解字》说，从戈、从贝。《说文》："贼，败也。"《左传·文公十八年》："毁则为贼（破坏法是贼）。"引申指作乱叛国危害百姓的人。

今人的"盗"，是指强盗，是指那些杀人越货、危害官府的人，跟古代的"贼"相似。今天的"贼"是指偷取财物的人，意思跟古代的"盗"意思相近。"盗"和"贼"古今正好逆转，一个意思逐渐加重，一个意思逐渐减轻。

"衣冠禽兽"让你颠倒认知。在古代，能够达到"衣冠禽兽"级别的，一定是人们羡慕嫉妒恨的对象。因为普通人的衣冠上是没有资格绣"禽兽"的，只有达到一定级别的官员才可以大大方方地在官服上绣以飞"禽"走"兽"，来显示文武官员的等级。

现代说起"衣冠禽兽"，常用来指道德败坏的人。说他们徒有人的外表，行为却如同禽兽。其实，这个成语的原意并非如此。"衣冠"作为权力的象征，历来受到统治阶级的重视，这种等级制度，从明朝就已经开始了。据明、清两史的《舆服志》记载，文官绣禽、武官绣兽，而且等级森严，不得逾越。"衣冠"上的"禽兽"与文武官员的品级一一对应。文官从一品至九品为：鹤、锦鸡、孔雀、雁、白鹇、鹭鸶、鸂鶒（xī chì）、鹌鹑、练雀。武官从一品至九品为：麒麟、狮、豹、虎、熊、彪、犀牛、海马。

本来，"衣冠禽兽"是褒义词，是当官的代名词。但是明朝中晚期，官场腐败，文官爱钱，武将怕死，欺压百姓，无恶不作。于是，"衣冠禽兽"就演变成为非作歹、如同牲畜的贬义词。

"空穴来风"也很有意思。最初的意思是说事情的发生不是没有依据的。此典出自战国楚国宋玉《风赋》："臣闻于师，枳句来巢，空穴来风。"楚国人宋玉是屈原的学生，也是当时著名的文学家。有一次，他陪楚顷襄王到兰台游玩，这时飒飒地吹来一阵风，顷襄王披着衣襟，感觉十分凉快，说道："这阵风真凉快呀！这是我和老百姓们共有的呀！"宋玉痛恨顷襄王淫乐无道，把他的老师屈原放逐到湘北去，便借了"风"的话题来讽刺他。说道："这风是大王你独有的呀，老百姓哪里能和你共有呢？"顷襄王觉得风的吹拂是不分贵贱的，现在听宋玉说风是他独有的，感到很奇怪，就叫宋玉说说原因。宋玉说："听我老师屈原说过：积树弯曲了，就有鸟在上面做巢；空的洞穴会生出风来，因为它各有凭借，风气自然就不同了……"宋玉用讽刺的口吻，把风划分开来。他说："在皇宫里那些清静的地方风是清凉的，那里的风属于贵族；老百姓居住在低矮潮湿的陋巷里，即使有风吹来，也是夹杂着许多泥沙和秽臭的，那里的风属于老百姓……"

不过现在人们说起成语"空穴来风"，都认为是指事情完全没有根据。现代汉语词典把这两种意思都编了进来，所以这两种意思都对，不过现代人更侧重于第二种意思。

时代在变，语言环境也在变，词语意思发生变化乃理所当然，就像我们今天出现的好多网络新词一样。现代人穿越到古代，会用错好多词语，闹出好多笑话，古人要是穿越到今天也会有很多词语让他不知所云。所以，对于这一语言现象，我们只能学习之，适应之。

2022. 10. 14

文化

张潮笔下的"义"

　　《虞初新志》，短篇小说集，清初张潮编辑。张潮，字山来，新安人。小说以"虞初"命名，始见于班固《汉书·艺文志》所载《虞初周说》，张衡《西京赋》称"小说九百，本自虞初"。虞初旧释人名，但明人搜集《续齐谐记》和唐人小说八篇，刻为一书，命名《虞初志》。清初张潮的《虞初新志》是收集明末清初人的文章，汇为一编，共二十卷。《虞初新志》中所收集的篇章与以前各家选本有所不同，其中大抵真人真事，不尽是子虚乌有。作品用小品文的笔调，写不平凡的人物故事，引人入胜。

　　《虞初新志》中以"义"为题的小说有不少。"义"，原指"宜"，即行为适合于"礼"。孔子以"义"作为评判人们的思想、行为的道德原则。"义（谊）者，人所宜也。"据段玉裁注《说文·言部》：谊、义，古今字，周时作"谊"，汉时作"义"，皆今之"仁义"字也。"义"有君子义与小人义，君子义大我，小人义小我。大我，为大众、为社会也；小我，撮伙偏党也，今所谓"哥们义气"是也。"义"是古代儒家"五常"仁、义、礼、智、信中的重要内容，古人非常推崇"仁义"道德以及"义举"言行。

　　在《义牛传》中，这头公牛天生就是一头好牛，"力而有德"，不使奸，不偷嘴，对主人忠心耿耿，在希年小的时候不畏猛虎，奋勇向前，救了希年的命。后来，在希年父子含冤去世之后，吴家告状无门，鸣冤无人，这时候这头牯牛勇敢地站了出来，担负起了为吴家复仇的重任。它发挥神力，义闯王佛生家，顶死父子三人，撞伤那些溜须的宾客，甚至还吓死了贪官县令。

《义虎传》则向我们传递了另一个信息，世间万物是有因果报应的。老虎出于"虎性"救了樵夫一命，并且与其和谐相处了一个月，成了很好的朋友，创造了一段"人虎情未了"佳话。在樵夫担心路途安全的情况下，老虎又送了樵夫一程，并许下西亭再会的诺言。后来，樵夫"约会"迟到，导致老虎被猎人捕获。樵夫勇敢走上县衙大堂，向县官秉明实情，县官了解了事情原委，当场释放了老虎，樵夫也践诺守信，送了老虎自养的肥猪。

《义犬传》表达了这样的价值观：人活在世间要多行善事。商人路遇少年，少年挑着一条狗，狗向商人求救，商人赎狗放生。不料少年见财起意，杀了商人。少年回家，狗狗尾随，后到县衙告状鸣冤，结果狗狗不仅报了案，协助衙役抓捕了少年，而且还起了赃，最终使得商人的财富回到了家里。

我非常欣赏《义猴传》，这是一出"你养我小，我养你老"的传奇，谱写了"人猴情未了"的跨界佳话。故事发生在吴越间，一乞丐养猴一只，常在街头杂耍，他们同食、同住、同风雨，共寒暑，相依为命，情同父子。后乞丐年老体病，不能上街，这时猴子担当起了"养家"的重任，等到乞丐去世，猴子又扮演了孝子的角色，为他送终守墓。更让人动容的是，守墓时间结束，猴子居然以身赴火而死。

古人的义，有的是肝胆相照，行侠仗义，如义牛；有的是不畏艰难，知恩必报，如义犬；有的是天性使然，"人心"未灭，如义虎；有的是不离不弃，生死相随，如义猴。在这大千世界，牲畜尚能如此，有人却在世间蝇营狗苟、男盗女娼，实在令我们汗颜！

2021. 8. 11

文
化

张潮笔下的"孝"

　　百善孝为先。在儒家思想中，人们非常重视孝道，为了传播这种孝道，古人还编有二十四孝图，有图有真相，还有故事。在清人张潮编写的《虞初新志》中，对这种中华传统道德也进行了重点的刻画。

　　在这部笔记小说中，以孝为题的文章一共七篇，分别为《鬼孝子传》《吴孝子传》《孝贼传》《孝犬传》《哑孝子传》《孝丐传》《闵孝子传》，写的对象不一而足，有的是神乎其神的鬼怪精灵，有的是非人类的动物，还有职业不怎么体面的盗贼、乞丐，也有天生残疾、身残志坚的哑巴，他们从各个角度诠释了百善之首——孝道的内涵与本质。

　　最让人感动的是《鬼孝子传》。生时，鬼孝子以"孺慕之孝以养其母"，六七岁就担当起养家的重任；死后，为了使母亲"全生平之节"，不仅托梦劝告，而且许诺今后以一己之力奉养母亲。他不仅作法让未婚妻双倍退还聘资，而且以鬼之力替人挑担，让"所获钱谷，归半于其母"。由于鬼孝子的暗中相助，他的母亲得以"自给至老"。

　　《孝贼传》篇幅短小，仅仅一百余字，把一个特殊职业的孝行表现得淋漓尽致。这个孝贼，"不详其姓名"，也就是说不知道他的名姓，因为家里贫穷养活不了母亲，遂"落草为贼"，他有时被官府捕获，因为"目的"善良，所以差役也就没有跟他计较什么。在母亲死后，他无钱葬母，于是"发扬"了他一贯的风格——偷。他邀请同党，把寺庙中的"老阇黎"灌醉，然后抬走了寄存在此处的棺材，把母亲下葬了。最后，窃贼的孝行得到了赦免，从此以后，孝贼金盆洗手，不再做贼。

　　《孝哑子传》的哑子，天生残疾，"喑且挛"，但性至孝。他依靠打工养活父母，出门归家必然面见打招呼。后来，地方发生灾情，他失去了工作，只有乞讨为生。他宁肯吃野草、啃树皮，也要把食物节省下来给父母吃。作为乞丐，他虽乞讨食物，但对于意外所得的金钱，却是"拾金不昧"，体现了"丐亦有道"。在实在没有失主认领的情况下，他用钱买猪饲养，以至于能够为父母"治衣棺"。尤其让人感佩的是，当地知州孙侯在任上去世，平时"交游无一至"，哑子居然能"独拜灵輀，徒跣送百里乃返"。

《闵孝子传》最为令人动容，我认为那些卧冰求鲤、哭竹生笋、尝粪忧心、割股疗亲都不及闵孝子的剖心活父。闵孝子虽为一田夫，但实为至孝，在父亲年高病重之时，不顾族人相劝"为父治具"，而是暗地寻找偏方为父治病。不久，父亲果然痊愈，创造了"死"而复生的传奇。但治病的药方始终是个谜，直到闵孝子病倒，众人才知缘故，原来是闵孝子"引刀刺胸，出心，割若许，纳饮中以进父亲"。这番操作似乎得到神灵的帮助，割心时，创口随即长好；即使在医治闵孝子"缺心病"时，也是陡然"创痕俱失所在矣"。真是孝感天地，神鬼相助，既成就了闵孝子的孝行，而且又让他得以善终。

在当今社会，"孝"似乎失传了。常闻"一人能养众小，众小不能养一老"之事，"儿女住高楼，父母宿危房"也是常事；还有儿女赡养老人一月一换，兄弟之间更有为月大月小而发生争执。古代物质生活相对贫乏，孝子们居然一人能独养父母，而今，物质生活极大丰富，居然出现弃养、敷养的现象，真应该让这些不肖子孙穿越回去，好好受一番教育，改造好再回来。

2021. 8. 14

张潮笔下的"侠"

　　"柔情侠骨、行侠仗义、丹心侠骨、轻财任侠、游侠骑士、行侠好义"写不尽古人的侠肝义胆。《侠凤奇缘》《七侠五义》《七剑十三侠》《江湖奇侠传》《蜀山剑侠》也道不清古代侠客的侠骨柔情。侠，本义为武艺高强，讲义气，见义勇为，能扶弱抑强、舍己助人的品行。侠，也常常作名词用，在古代常常就是英雄的化身。侠在古代常和义结合，俗称"侠义"，这是对一个人不错的评价。

　　楚留香、十三妹、武松、郭靖等侠客，在民间有广阔的市场，他们的故事大家耳熟能详；朱家、荆轲、高渐离、鲁仲连、虬髯客诸义士，在史书上占有一席之地，深得人们崇敬与爱戴。《虞初新志》也有类似的侠义之士，他们的故事也值得我们慢慢一品。

　　《大铁锤传》中的大铁锤，不知何许人，健啖，貌甚寝，携一大铁锤，重达四五十斤，饮食拱揖都不离手，属于"形影相随"系列。他行动敏捷，来去无影，言讫不见。大铁锤崇侠仗义，初识宋将军，在了解其人"不足用"之后毅然离去，宋将军追问原因，大铁锤道出实情：是为了不影响他。原来大铁锤曾夺取响马之物，有时还杀人，他们想拉大铁锤入伙当"领导"，大铁锤又不愿意，最终结下梁子。大铁锤快意恩仇，既不想牵连别人，也不想让别人成为累赘。在和众仇家决斗时，将宋将军藏于空堡里，他以一当百，从容挥锤，犹如神助，转眼间击杀三十多人，一声"吾去矣"，只见烟尘滚滚，不复见人。

　　《秦淮健儿传》中的健儿，则是一个"能伸能屈"的"小丈夫"，他貌魁梧，色黝异，生数月便不乳，与大人同饮啜，周岁父母双亡，是个苦孩子。他从小善拳击，还好打群架，不喜读书，偶尔还偷鸡摸狗，不是个好孩子；后参军，酒酣斗，毙僚友，不得不逃，隐姓埋名，终成市中恶少盟主，还曾叹息生不逢时，不得与拔山举鼎之雄一较胜负。偶尔的一次经历，一个白衣少年给健儿狠狠地上了一课，健儿在往瓜州扬州贩卖私货时，故意露富，并有意显摆，夸下海口："遇万万敌，遇千千敌。计人而敌，斯下矣。"在与书生偕行时，腰中短刀被书生折钩复原，大惊失色，后胯下之马被斩，不得不顿首乞命，主动递上腰间盘缠，健儿深感"无颜见江东父老"，遂结庐在外。事情到此还未结束，一日，白面书生来到健儿结庐之地，归还健儿先前三十金，还给了三十金的"利息"。自是健儿彻底改头换面：绝不与人较力，人殴之则袖手不报。

《剑侠传》中的剑侠则是一女子，"可三十余，高髻如宫妆，髻上加毡笠，锦衣弓鞋，结束为急装，腰剑，骑黑卫，极神骏"。别人问"何人"，她回曰："不知何许人。""将往何处？"她慢应："去处去。"一副云游四海、不知所踪的架势。剑侠所住的尼庵，是过往客商的保险库，在江湖上名声在外。不料一个红帩头男子不识好歹，想打破此规矩，在剑侠的地盘上抢劫。结果，剑侠不多时不仅取回"官封如故"的千金，还把红帩头的人头顺便带回来了。剑侠所做的另一件事，就有点英国罗宾汉的侠盗风格了。某中丞巡抚上江，搜刮数千银两押送京师，途宿古庙中，结果无故被盗，经追查，系剑侠所为。中丞本想让押送差吏赔偿损失，但差吏带回的一纸书信让中丞大惊失色，豁其赔偿。剑侠对过往客商分毫不取，还给予特别保护，对贪官污吏的不义之财，则是毫不客气，她就是中国的罗宾汉。

《虞初新志》中关于"侠"的文章还不止这些，那些侠客的义行也还有很多，大家不妨一读。

2021.8.28

古代文人的交友之道

古人因为地理条件和交通工具的影响，朋友圈受到一定的限制，不像我们现代人"朋友遍天下"。但古人相对今人来说，还是非常重情重义的，不管是管鲍之交，还是义结金兰，那几乎都是可以以命相托的。下面就让我们走进古人的朋友圈，看看他们那些广为人知的交友之道。

忘年交

忘年交通常是指不拘岁数、不拘辈分的交往，他们友情及交情深厚，思想和观点相似。在相处的过程中，他们往往忘记了年龄差距，更谈不上什么代沟。

《南史·何逊传》载："逊字仲言，八岁能赋诗，弱冠，州举秀才。南乡范云见其对策，大相称赏，因结忘年交。"何逊字仲言，八岁就能作诗，二十岁时，州中将其选为秀才。南乡人范云看见何逊对皇上策问的回答，大加赞赏，因而与他结为忘年交。范云对关系亲近的人说："近来我观察文人，质朴的过于柔弱，华丽的又失于庸俗，那种能够清而不浊，适合古今标准的，可以在何逊身上看到。"沈约曾经对何逊说："我每次读您的诗，一日三遍，还是放不下。"何逊就是这样受到名流人士的称赞。

张岱《夜航船》"朋友"一章，载张铿事："张铿有重名，陆贽年十八，往见，语三日，奇之，称为忘年之交。"意思是：张铿名气很大，十八岁的陆贽前去拜访他，两人密切交谈了三天，张铿认为陆贽有奇才，与其交好，二人被称为"忘年交"。

刎颈交

刎颈之交是指生死与共的朋友，我们一般人都是从《廉颇蔺相如列传》中了解这个词语的意思的：

> 廉颇闻之，肉袒负荆，因宾客至蔺相如门谢罪。曰："鄙贱之人，不知将军宽之至此也。"

> 卒相与欢，为刎颈之交。

意思是说，廉颇听说了这些话，就脱去上衣，露出上身，背着荆鞭，由宾客引领，来到蔺相如的门前请罪，他说："我这个粗野卑贱的人，想不到将军的胸怀如此宽大啊！"二人终于相互交欢和好，成了生死与共的好友。

其实，"刎颈之交"典故最早是出自《东周列国志》中杜伯和左儒的故事。左儒是杜伯的朋友，当初，是杜伯向朝廷举荐了左儒。在朝廷上，周宣王见左儒为杜伯求情，心里很不高兴，他对左儒说："难道你要为了朋友违逆朕吗？你这是把朋友看得比我还重要吗？"面对咄咄逼人的宣王，左儒从容地说："君道友逆，则顺君以诛友；友道君逆，则顺友以违君。"就是说"君是友非，则当逆友而顺君；友是君非，则当违君而顺友"。意思是不买宣王的账，要看谁是对的，谁对我就站在谁那一边。大殿之上，左儒铮铮有声，他说杜伯督查不力，应该负责，但大王不能因为这种虚妄不实的事情，擅杀大臣。如果大王一定要杀杜伯的话，我就陪着他一起死。宣王没有听左儒的，杜伯被斩首。左儒没能救得了朋友，感到很悲愤，回到家中"自刎而死"，全了朋友之情，也全了忠臣之义。

布衣交

布衣交是指不拘身份地位高低的朋友。因布衣一般为平民所服，亦指贫贱之交。西汉·刘向《战国策·齐策三》载："卫君与文布衣交，请具车马皮币，愿君以此从卫君游。"孟尝君对他的门客说："卫国国君跟我是布衣之交，在他还没有显贵的时候，我们的关系就已经很好了。所以您可以带上一些车马礼物，我向卫君推荐您，您今后去投奔卫君吧，他会很好地对待您的，兴许在他那里您会有更大的发展！"后来，就是这个被孟尝君推荐给卫君的人保护了赵国的安宁。

明末的张岱曾经记载了这样一个故事：

李孔修自号抱真子，混迹阛阓，人莫之识。陈献章见之，曰："此非俯首当世人也。"平居冠管宁帽，衣朱深衣，惟攻《周易》。一日，输粮至县，令异其容止，问姓名，不答，第拱手。令叱曰："何物小民，乃拱手耶！"再拱手。令怒，笞之五，竟无言而出。令疑焉。徐得其情，乃大敬礼之。吴延举藩臬于粤，引为布衣交。卒无子，尚书霍韬葬之西樵山。

明朝有一个人叫李孔修，他自号"抱真子"，混迹在人群里，没有人认识他。陈献章看到他，说："这可不是轻易低头的人啊！"李孔修平时戴着管宁帽，穿着朱色衣服，专心攻读《周易》。有一天，李孔修运送粮食到县里，县令对他的相貌举止很好奇，便问他姓名，他不回答，只是对着县令拱手行礼。县令很不满李孔修的拱手礼，大声呵斥。李孔修再次向县令拱手。县令非常生气，让衙役用竹棍打了他五下，他最终没说什么就走了。县令对此很疑惑，慢慢了解了他的情况，于是对他大为敬重。吴延举担任广东布政使，和李孔修是布衣之交。李孔修死后没有儿子，尚书霍韬将他葬在西樵山。

由此可见，布衣交与贵贱无关，与贫富无联，他们看重的是人的品行、修养。正是因为排除了世俗的交友标准，才成就了一段段友谊的佳话。

青云交

青云交，喻指同有高远之志的友谊。南朝梁江淹《袁友人传》云："与余有青云之交，非直衔杯酒而已。"宋胡继宗《书言故事·交情》曰："仕宦相与曰：'有青云交。'"

《全梁文》载：

友人袁炳，字叔明，陈郡阳夏人。其人天下之士，幼有异才，学无不览，文章傲倪清淡出一时，任心观书，不为章句之学。其笃行则信义惠和，意馨如也。常念荫松柏、咏诗书，志气跌宕，不与俗人交。俯眉暂仕，历国常侍员外郎、府功曹、临湘令。粟之入者，悉散以赡亲。其为节也如此，数百年未有此人焉。至乃好妙赏文，独绝于世也。又撰《晋史》，奇功未遂，不幸卒官，春秋二十有八。与余有青云之交，非直衔杯酒而已。嗟乎！斯才也，斯命也，天之报施善人，何如哉！何如哉！

袁炳，字叔明，卒于南朝宋末，江淹为之作《伤友人赋》，又作此传，其《自序》也说"所与神游者，唯陈留袁叔明而已"，可见二人交谊之深笃。江淹赞其性格，高卓不群；赞其学问，突出其任心博览，不拘束于章句训诂之学，文章卓尔不群；言其志向，指出其清峻超脱、不合流俗、不拘常检之概；述其仕履，则强调"俯眉暂仕"，以表明仕宦非其本意，更非他所热衷者。如此写来，袁炳的强烈个性已呼之欲出。而其个性中又有另一方面的特点，即忠信守义、仁惠温和、自处严整（馨如，严整的样子）。其官俸全都散以养亲，便是这一方面特点的一个具体表现。最后又点出袁炳与自己的交往，不仅见于衔杯饮酒等形迹，更是精神交通、志气合契的"青云之交"。青云者，志向高尚、气概不凡之谓。

"人生得一知己足矣，斯世当以同怀视之。"鲁迅先生曾以清人何瓦琴的联句，表达对瞿秋白的知音之情。古人的交友在精而不在多，不像我们现在有的人一天到晚沉迷于朋友圈，流连于酒场饭桌，但真正知心的又有几人。在这一点上，我们真应该多向古人学习，不要把宝贵的时间浪费在廉价的感情上。

2022.11.3

文人的下酒菜

谈到下酒之物，不同的人会有不同的答案。

都市青年会说：我有故事，你有酒吗？

文艺青年或许会说：往事若是下酒，回忆便是一场宿醉……

林清玄：温一壶月光下酒。

而在古代，文人喝酒虽然非常普遍，但几乎没有关于下酒菜的描写，因为他们是不在乎菜的。在他们眼中，什么都可以拿来佐酒，什么都是"下酒菜"。

《汉书》佐酒

老百姓说，花生就酒，越喝越有。

老年人说，白菜豆腐保平安。

苏舜钦，字子美，豪放不羁，好饮酒。在外舅杜祁公家，每夕读书，以饮一斗为率。公使人密觇之，闻子美读《汉书·张良传》，至"良与客狙击秦皇帝，误中副车"，遽抚掌曰："惜乎，击之不中！"遂满饮一大杯。又读，至"良曰：'始臣起下邳；与上会于留，此天以授陛下。'"又抚案曰："君臣相与，其难如此。"复举一大杯。公闻之，大笑曰："有如此下酒物，一斗不足多也。"

据说，宋代苏子美十分爱好喝酒。他住在岳父家中，每天晚上读书总要饮一斗酒（斗，古代盛酒器）。他岳父很奇怪，就去偷偷地看他，只听他在朗读《汉书·张良传》。当读到张良狙击秦始皇，误中副车（指随从侍卫之车），就拍案叫道："真可惜呀！没有打中。"说完就满满喝了一大杯酒。又听他读到张良对汉高祖说"此天以授陛下"时，他又拍案叫道："君臣相遇，竟如此艰难呀。"说完又喝了一大杯酒。他岳父看到这种情景后大笑道："有这样的下酒物，一斗实在不算多也！"

苏舜钦（1008年—1048年），北宋诗人，字子美，开封（今属河南）人，曾祖父由梓州铜山（今四川中江）迁至开封（今属河南）。曾任县令、大理评事、集贤殿校理，监进奏院等职。因支持范仲淹的庆历革新，为守旧派所恨，御史中丞王拱辰让其属官劾奏苏舜钦，劾其在进奏院祭神时，用卖废纸之钱宴请宾客，罢职闲居苏州。后来复起为湖州长史，但不久就病故了。苏舜钦早期诗作，充满激情，感激顿挫而发其郁积，语言明快豪迈，形成他豪犷雄放而超迈横绝的艺术风格；后期寄情山水自然景物的诗作，风格幽独闲放，与前期诗作大相径庭。他与梅尧臣齐名，人称"梅苏"。其诗文集有《苏舜钦集》十六卷。

苏舜钦以《汉书》为下酒物，其豪放、直率、可爱的书生风采跃然纸上，让人真正知道读书之乐，其《汉书》佐酒的故事也传为美谈。

曲水流觞

曲水流觞，是中国古代汉族民间的一种传统习俗，后来发展成为文人墨客诗酒唱酬的一种雅事。夏历的三月上巳日，人们举行祓禊（fú xì）仪式之后，大家坐在河渠两旁，在上游放置酒杯，酒杯顺流而下，停在谁的面前，谁就取杯饮酒，意为除去灾祸不吉。这种传统非常古老，最早可以追溯到西周初年，据南朝梁吴均《续齐谐记》："昔周公卜城洛邑，因流水以泛酒，故逸《诗》云'羽觞随流波'。"

"曲水流觞"被后人广为传颂要归功于晋朝的书圣王羲之，他的一场兰亭名人聚会为"曲水流觞"做了一个很好的广告，在今天，他就是不折不扣的"曲水流觞"非遗代言人。

永和九年（353年）三月初三上巳日，晋代贵族、会稽内史王羲之偕亲朋谢安、孙绰等四十二位全国军政高官，在兰亭修禊后，举行饮酒赋诗的"曲水流觞"活动，引为千古佳话。这一儒风雅俗，一直流传至今。

文化

"此地有崇山峻岭，茂林修竹，又有清流激湍，映带左右。引以为流觞曲水，列坐其次。虽无丝竹管弦之盛，一觞一咏，亦足以畅叙幽情。"

当时，王羲之等在举行修禊祭祀仪式后，在兰亭清溪两旁席地而坐，将盛了酒的觞放在溪中，由上游浮水徐徐而下，经过弯弯曲曲的溪流，觞在谁的面前打转或停下，谁就得即兴赋诗并饮酒。据史载，在这次游戏中，有十一人各成诗两篇，十五人各成诗一篇，十六人作不出诗，各罚酒三觚。王羲之将大家的诗集起来，用蚕茧纸、鼠须笔挥毫作序，乘兴而书，写下了举世闻名的《兰亭集序》，被后人誉为"天下第一行书"，王羲之也因之被人尊为"书圣"。而《兰亭集序》也被称为"禊帖（tiè）"。

大雪就酒

明末遗臣张岱是著名的小品文大家，他在《陶庵梦忆》中记叙了一件趣事《湖心亭看雪》：

崇祯五年十二月，余住西湖。大雪三日，湖中人鸟声俱绝。是日更定矣，余挐一小舟，拥毳衣炉火，独往湖心亭看雪。雾凇沆砀，天与云与山与水，上下一白。湖上影子，惟长堤一痕、湖心亭一点、与余舟一芥、舟中人两三粒而已。

到亭上，有两人铺毡对坐，一童子烧酒炉正沸。见余大喜曰："湖中焉得更有此人！"拉余同饮。余强饮三大白而别。问其姓氏，是金陵人，客此。及下船，舟子喃喃曰："莫说相公痴，更有痴似相公者。"

崇祯五年十二月，我住在西湖边。大雪接连下了多日，湖中游人全无，连飞鸟的声音都消失了。这天初更时分，我撑着一叶小舟，裹着细毛皮衣，围着火炉，独自前往湖心亭看雪。湖面上冰花一片弥漫，天与云与山与水，浑然一体，白茫茫一片。湖上的影子，只有一道长堤的痕迹，一点湖心亭的轮廓，和我的一叶小舟，舟中的两三粒人影罢了。

到了湖心亭上，看见有两人铺好毡子，相对而坐，一个童子正把酒炉里的酒烧得滚沸。他们看见我，非常高兴地说："想不到在湖中还会有您这样有闲情逸致的人！"于是拉着我一同饮酒。我尽力喝了三大杯酒，然后和他们道别。问他们的姓氏，得知他们是金陵人，在此地客居。等到了下船的时候，船夫喃喃地说："不要说相公您痴，还有像相公您一样痴的人啊！"

现代人常说，下雪天，喝酒天。张岱能够在湖心亭"强饮三大白"，不仅仅是因为遇到了"客此"的金陵人，还是由于漫天的大雪引发了他人生渺茫的感慨，为了让自己孤独寂寞的心境和淡淡的愁绪得以释放，就有了大雪就酒、强饮三杯的"豪举"。

歌舞助兴

乐曲当背景佐酒，应当上溯到周朝。《诗经》里云："子有酒食，何不鼓瑟。"据《周礼》介绍，大典大宴用"大雅"乐佐酒，乱用的不行。"小雅"乐，不仅宫廷想用就用，一般贵族们也可用来佐酒。这种"以乐佐饮"的风气，相当于现在喝酒时的卡拉 OK。

有乐便有舞，许多场合舞乐分不开。既然乐能佐酒，舞肯定要后来居上。据史学家考证，商代纣王是以舞佐酒的先驱。理由来自《史记》的一段话："大聚乐戏于沙丘，以酒为池，悬肉为林，使男女裸相逐其间，为长夜之饮。"我同意专家的研究成果，同时也觉得，"裸奔"若视为舞的话，那么从这点推断纣王的淫荡，似乎有些勉强，很有为佐酒而"裸奔"的故意。

唐朝全社会崇尚歌舞升平，皇帝是倡导以舞佐酒的带头人，杨玉环能入驻皇宫并受宠，靠的是绝色，更是舞姿。每当宫里开设酒宴，假如她不上场舞几步，自己憋得难受，皇帝也喝不踏实。妙舞，是道最下酒的妙肴。上行下效，唐朝把"以舞佐酒"之风推向高潮。

乐可以佐酒，舞可以佐酒，歌照样可以佐酒。这是少数民族的专利和强项，我们现在可以从他们的酒场中窥见一斑。随着歌声把盏，绝对是种享受并能下酒。当然汉族的先宗们，以歌佐酒的事例也大有人在。《史记》里讲，汉代宰相曹参府邸后园紧挨某小官吏家，"吏舍日饮歌呼"，打扰了相府随从们的清静。他们准备给小吏上些眼药，便把曹参领进后园现场体察噪音，企图让大领导迁怒小官吏。谁知道，曹参"闻吏醉歌呼"，

文化

非但不发威动怒，"乃反取酒张坐饮，亦歌呼与相应和"，真是太不可思议了。这充分说明，汉代人特别喜欢高歌纵酒，同时高歌能佐酒。

　　古人的下酒菜当然不止这些，舞剑可以佐酒，投壶可以佐酒，月色可以佐酒。《于成龙传》中还有唐诗下酒的情形："夜酒一壶，直钱四文，无下酒物，亦不用箸筷，读唐诗写俚语，痛哭流涕，并不知杯中之为酒为泪也。"

2022. 11. 10

何以解忧，不止杜康

东汉文学家曹孟德在《短歌行》中发表感慨："对酒当歌，人生几何！譬如朝露，去日苦多。慨当以慷，忧思难忘。何以解忧？唯有杜康。"可见酒在一般人心目中有无可替代的作用。像醉鬼刘伶，酒仙李白，酒徒郦食其等。其实，在大多数情况下，人们往往是"抽刀断水水更流，举杯消愁愁更愁"。古代文人在政治失意、官场贬谪时，也不是完全沉迷于酒，他们往往有别样的排遣方式，更见士大夫们的闲情雅致和高尚情操。

何以解忧，与民同乐

欧阳修是北宋时代的文坛领袖，而且是当时的最牛伯乐。他最擅长发掘人才，也最喜欢提拔后生，所以，在他后面有一大帮门生故旧，唐宋八大家中除了唐朝的两位，其他六个名额全部被他、他的同辈以及他的门生所占：欧阳修、王安石、苏东坡、苏辙、苏洵、曾巩。

欧阳修文章写得好，老师也当得好，但"情商"有点低，不怎么适合在官场摸爬滚打，他前前后后被贬过三次。第一次被贬是宋仁宗景祐三年（1036 年）的五月，时年三十岁，贬到夷陵（今湖北宜昌）去做县令；第二次被贬是庆历五年（1045 年）八月，被贬为滁州（今安徽滁县）为知州；第三次被贬是宋英宗治平四年（1067 年）三月，让他知亳州（今安徽亳县）。

也许是文人气质使然，也许是士大夫的精神气节驱使，欧阳修在被贬以后一直都没有沉沦，而是努力在地方"深耕"，为民做事，与民同乐，所以后来又得以复出，当了更大的官职。

庆历五年，受"庆历新政"之祸，欧阳修远放滁州。滁州地僻物丰、民风淳朴。他冬闲修城墙，操练士兵，"时集州兵弓手，阅其习射，以警饥年之盗"，以保一方平安；旱则亲领百姓娱神求雨，以求一方富庶……"越明年，政通人和"，在致梅尧臣的信中，欧阳修得意地说："小邦为政期年，粗若有成，故知古人不惑小官，有以也。"看来欧阳修在滁州不是无所事事，只要我们看看与《醉翁亭记》齐名的《丰乐亭记》就不难发现欧阳修的自得与满足。

在《丰乐亭记》中，欧阳修写道："我担任滁州太守后的第二年夏天，才喝到滁州的泉水，觉得甘甜。向滁州人询问泉水的发源地，我叫人疏通泉水，凿开石头，拓出空地，造了一座亭子，于是我和滁州人在这美景中往来游乐……如今，滁州处在长江、淮河之间，是乘船坐车的商人和四面八方的旅游者不会去到的地方。百姓活着不知道外面的事情，安心耕田穿衣吃饭，欢乐地过日子，一直到死。有谁晓得这是皇帝的功德，让百姓休养生息，滋润化育到一百年的长久呢！我来到这里，喜欢它地方僻静而公事清简，又爱它的风俗安恬闲适。在山谷间找到这样的甘泉之后，于是每天同滁州的人士来游玩，抬头望山，低首听泉。春天采摘幽香的鲜花，夏天在茂密的乔木乘凉，刮风落霜结冰飞雪之时，更鲜明地显露出它的清肃秀美。四时的风光，无一不令人喜爱。那时又庆幸遇到民众为那年谷物的丰收成熟而高兴，乐意与我同游。"

这里我们需要特别注意的是，是民"喜与予游"，而不是我欧阳修喜与民游。它全然没有了我们一般意义上理解那种"与民同乐"的粉饰与做作，更没有高高在上的赏赐与矫情，它是发自百姓与欧阳修内心的自愿与自觉，体现的是官民之间、社会之间的和谐与人性。

何以解忧，寄情山水

说起柳宗元，我们一定会想到他著名的山水笔记散文《永州八记》，这是他在参加王叔文永贞革新失败之后被贬永州的作品。虽然说大唐的官场上缺少了一个锐意改革的官员，但中国古典文学的历史上却多了一个才华横溢的文学家。

柳宗元是正宗的世家公子。他出身的河东柳氏，与河东裴氏、河东薛氏并列为河东三大世家。河东即今天的山西永济，大荧幕上的"河东狮吼"即出自这里。柳宗元生于唐代宗大历八年（773年）的京都长安，遗传了父母家族优秀基因的他四岁便在母亲的教导下启蒙，很快便有所得。大文豪韩愈说他"少精敏，无不通达"，可见其少年时已经颇有才名。

据说少年柳宗元曾在十三岁时代崔敏崔中丞作《为崔中丞贺平李怀光表》，文采斐然，得到了当时的皇帝德宗李适的称赞，一时间声名鹊起于长安。柳宗元的少年英才之名，通过他的好朋友刘禹锡的评价可见一斑："子厚始以童子，有奇名于贞元初。"

贞元九年（793年），二十一岁的柳宗元考取了进士，一举成名。金榜题名的柳宗元先是迎娶了时任京兆尹杨凭的女儿，在经历父丧守孝三年后出任秘书省校书郎，二十六岁又中榜博学鸿词科，二十九岁外放为蓝田尉，三十一岁被调回京城，升任监察御史里行，负责监察百官、巡视郡县、纠正刑狱、肃整朝仪等。

年纪轻轻便身居高位的柳宗元，春风得意之余，并没有忘记他年少时的志向。于是，他与王叔文、王伾等一批同样有志改革朝政、匡扶朝廷的青年才俊走到了一起，在唐顺宗李诵即位后开始了永贞革新。只是这场旨在消除藩镇、加强中央集权、废除宫市、贬斥贪官的改革，触及了太多权贵的利益，遭遇了强烈的反扑，加上改革的支持者顺宗李诵因身体原因退位，新皇登基的唐宪宗李纯又一向与改革集团对立，因此只进行了一百多天便宣告结束。继而便是著名的"二王八司马事件"，改革领袖王叔文被先贬后杀，王伾被贬后病死，而柳宗元则和他的好朋友刘禹锡以及其他六人一起，被外放远州。

被贬永州之后，柳宗元一时难以释怀，他只能把心中的孤苦和忧惧寄托在永州的山山水水之间，借以得到慰藉和超脱，而他也将自身被废弃的才华投射于永州遗落山野的胜景，在一次次的游赏中，他从"始得西山"开始，到钴鉧潭、到钴鉧潭西小丘，再到小石潭、袁家渴、石渠，最后到石涧记、小石城山，每个地方都留下了文人的足迹，柳宗元也为这些偏远荒芜的山水景致留下了倩影。山水安慰了失意者孤寂的心，失意者也为山水扬了名，他们彼此都达成了宽慰和共情。

何以解忧，著书立说

司马迁在《史记·太史公自序》说："此人皆意有所郁结，不得通其道也，故述往事，思来者。"并列举了许多著名的实例："夫诗书隐约者，欲遂其志之思也。昔西伯拘羑里，演《周易》；孔子厄陈蔡，作《春秋》；屈原放逐，著《离骚》；左丘失明，厥有《国语》；孙子膑脚，而论兵法；不韦迁蜀，世传《吕览》；韩非囚秦，《说难》《孤愤》；《诗》三百篇，大抵贤圣发愤之所为作也。"

被鲁迅誉为"史家之绝唱，无韵之离骚"的《史记》是一部伟大的史学著作和文学著作，他把中国的历史向前推演了三千年，这样一部伟大的著作是司马迁的"发愤之作"，他是为了排解心中的忧愤和屈辱而写的。

司马迁出生在一个史学世家，他的父亲司马谈就是一位史官。司马迁小的时候就学习了许多经典，长大后又去游历了大半个中华，增长了史书上面没有的知识。后来，司马迁父亲欲写出一本通史，却因为病危，未能完成自己的意愿，于是，便将遗愿托付给了儿子司马迁，希望司马迁当上太史令以后，可以替自己撰写那部史册。司马迁当上了史官以后，如饥似渴地阅读官中的历史书籍，又考证了古今历史，过了几年后，司马迁动笔开始写书。

就在他准备大干一场的时候，天降大祸。飞将军李广的孙子李陵将军因为一场大战失败，投降于匈奴，汉武帝对此十分生气，司马迁却在朝堂之上为其辩护。汉武帝一怒之下，让他受到了宫刑的处罚。

宫刑在古代是奇耻大辱，污及先人，见笑亲友。司马迁曾在《报任少卿书》中提及此事："遭遇此祸，重为乡党所戮笑，以污辱先人，亦何面目复上父母之丘墓乎，虽累百世，垢弥甚耳，是以肠一日而九回，居则忽忽若有所亡，出则不知其所往，每念斯耻，汗未尝不发背沾衣也。"在狱中，他又备受凌辱，"交手足，受木索，暴肌肤，受榜棰，幽于圜墙之中，当此之时，见狱吏则头抢地，视徒隶则心惕息"。

司马迁本想一死了之，却又想道："人固有一死，或重于泰山，或轻如鸿毛。"他希望完成父亲的遗志，便苟活了起来，动笔撰写史书。后来，汉武帝又下诏放司马迁出来，封其为中书令。司马迁仍辛苦地撰写历史书籍，用了近二十年的时间，终于完成了这部巨著，原名为《太史公书》。

司马迁意有所郁结，心理上受压迫而不得伸展，借著书立说来疏通，这样才能恢复心理平衡，同时也显示了他"穷且益坚"的意志。

在两千多年的封建帝制中，文人心中的块垒应该能够填塞历史的长河，但文人不仅用酒，还用了别样的方式，来疏通心中的不平和郁结，让河流浩浩汤汤，永不停歇。我们今天面对复杂多变的世界、纷繁复杂的矛盾，要换一种角度，多一分思考，一切困难都会迎刃而解，一切问题都会柳暗花明。

2022. 11. 11

文化

古代文人的字号

老舍先生原名舒庆春，字舍予，笔名老舍。他运用拆字法给自己起了一个别出心裁的字和笔名，显得很有雅趣。

文人给自己取字号，在中国有一贯的传统，并且是中国姓名文化的一大特色。这些字号体现了个人的风格，或者说兴趣爱好。

古人字号一般有两种获得途径，一是自取，显示志向；一是赠送，表彰功绩。因此字号具有自由性和可变性，以至于许多文人，有很多别号，一个时期一个样。

体现文人雅趣的字号

古代很多文人以"居士"为号，比如李白号"青莲居士"；白居易自称"香山居士"；苏轼号"东坡居士"；范成大自号"石湖居士"；李清照自号"易安居士"。居士，旧时出家人对在家信道的人的泛称，"居士"在家修行要注意皈依三宝、受持五戒、持斋、修行菩萨六度、居家八法等。一时间有那么多居士出现，这体现了当时佛教的流行。

还有许多文人以"道人"自居，像冯子振号"怪怪道人"；乔吉号"惺惺道人"；任仁发号"明山道人"；吴镇号"梅花道人"；赵孟頫号"雪松道人"。这说明当时崇尚道教。文人都是时尚圈的风向标，流行什么他们就追崇什么，绝对敢立时代潮头。

范仲淹"酷好弹琴，唯有一曲《履霜》，时人故号'范履霜'"。"履霜"一词源自《周易》"坤"卦："履霜坚冰至"，本意是走在霜上知道结冰的时候快要到了，引申为生活的道路并不平坦，警诫自己看到当下的迹象而对未来有所警惕。

具有强烈抒情色彩的字号

宋人郑思肖，宋亡后隐居苏州，自号"所南"，以示不忘宋室；明末清初张岱，明末遗民，被人称为"小品圣手"，他晚年自号"六休居士"，是因为他在国破家亡之后，一心向佛，大彻大悟：人的修行应该内求，即真正修行的应是人的六根（眼、耳、鼻、舌、身、意），不要贪恋外面的六尘（色、声、香、味、触、法），要不被六尘所迷惑，要让六根"休止"。

词人辛弃疾，重视农业，做官时提倡力田，奖励耕战，晚年退居农村，"更从老农以学稼"，自号"稼轩"；爱国诗人陆游，忧世愤俗，被权贵讥为不守礼法，他就自号"放翁"，以抒发对权贵的蔑视；欧阳修晚年自号"六一居士"，是以一万卷书、一千卷金石文、一张琴、一局棋、一壶酒，再加上他本人一老翁来取号，表达了典型的文人情趣；明朝风流才子唐伯虎，自号"六如居士"，"六如"按他自己的说法即人生如幻、如梦、如泡、如影、如露、如电，正好是失意文人消极情绪的抒发；南宋诗人杨万里号"诚斋"，因为抗金名将张浚曾以"正心诚意"勉励过他，光宗皇帝又亲书"诚斋"二字赐之，这样"诚斋"不但表现了他在学习上的"正心诚意"，而且还包含着他对国家的"真心诚意"。

使用人物特定标签为号

王安石籍贯江西临川，人称王临川；康有为，广东南海人，人称康南海；孔融，曾任北海太守，人称孔北海；顾炎武，江苏昆山亭林镇人，人称顾亭林。这些是地域封号。杜甫做过工部侍郎，人称杜工部；贾谊做过长沙太傅，人称贾长沙；王羲之官领右将军，人称王右军；清代民谣"宰相合肥天下瘦"说的是李鸿章（合肥人）；"司农常熟世间芜"说的是翁同龢，常熟人，时任户部尚书。

李白诗歌响落天外、清新飘逸，被誉为"诗仙"。杜甫诗歌沉郁顿挫、浑厚典雅，被誉为"诗圣"。王维"晚年唯好静，万事不关心"，却念念不忘长斋奉佛，诗歌富有禅理，因而被称为"诗佛"。李贺诗歌奇崛冷怪，且多鬼魅意象，所以被称作"诗鬼"。

还有以封爵、谥号为号的，比如蜀汉丞相诸葛亮，封武乡侯；司马光，封温国公；岳飞，谥号武穆。人们便以武侯、温国公、武穆相称。

这些封号一般都是别人赠予的，而且很多都有官方色彩，表达对一个人取得一定成就的尊敬，这也是古代一般文人孜孜以求的。

表达深刻寓意的字号

明朝末年画家朱耷，在明亡时取号"八大山人"。"八大"二字连写，似哭非哭，似笑非笑，寓哭笑不得意，以此寄托自己怀念故国的悲愤之情。明末清初太原著名学者傅山，自号"朱衣道人"。明亡后，他衣朱衣，居土穴中，清廷几次请他赴京应博学鸿词科试，他都拒绝了，坚决不与清廷合作。"朱衣"表面看是红色的，实际上是明朝的象征，因为明朝皇帝姓朱，红是明的意思，寄寓着对明朝的深厚感情。南宋诗人戴复古，自号"石屏山人"，也寓意着一种精神。这从他写的诗中可以看出来。《感遇》诗云："人将作金坞，吾以石为屏。""石"与"金"同样坚硬，"石"虽比不上"金"身价昂贵，但却素朴、古拙，这正是作者人格精神的写照。

古代文人的字号比较复杂，当然不止以上四种，还有以其轶事特征为号的。如李白，人称"谪仙人"。宋代贺铸因写了"一川烟柳、梅子黄时雨"的好词句，人称"贺梅子"。张先因写了"云破月来花弄影""浮萍断处见山影""隔墙送过秋千影"三句带"影"字的好诗，人称"张三影"。

文人字号对于文人自身有"符号"意义，往往折射出一个文人的思想、情操、好恶等，我们要想走进一个文人，不妨从他们的字号入手；我们要想研究一个文人，同样可以从他们的字号入手。

2022. 10. 23

02

Chapter

文人

文人可以说是中华民族的精神脊梁，"路漫漫其修远兮，吾将上下而求索"的屈原让我们看到了对真理的坚守，"但愿人长久，千里共婵娟"的苏轼让我们看到了人生的豁达，"人生自古谁无死，留取丹心照汗青"的文天祥让我们看到了气节，"天下兴亡，匹夫有责"的顾炎武，又让我们看到了爱国和责任。文人是我们的榜样，文人是人生的坐标。

唐宋诗人的男闺蜜

有人说，古代的诗友大都有一种"同性恋"倾向，像"桃花潭水深千尺，不及汪伦送我情"的李白和汪伦，还有"劝君更尽一杯酒，西出阳关无故人"的王维和元二，以及"峰回路转不见君，雪上空留马行处"的岑参和武判官，他们的友情深厚，相知相惜，好得想让人穿越回唐宋，好得让人羡慕嫉妒恨。

粉丝闺蜜——汪伦

有人说，汪伦因为追星而追出了大名，一首"李白乘舟将欲行，忽闻岸上踏歌声。桃花潭水深千尺，不及汪伦送我情"的七言绝句不仅让人知晓了李白，而且还把好友汪伦也带火了，让他一夜之间成了重情重义的"名人"。

汪伦，开元年间在泾县当县令。某天，他听说李白在南陵的叔父家做客。南陵和泾县都位于安徽省东南部，相隔不远。在交通并不发达的古代，这无疑是汪伦离自己偶像最近的一次。他兴奋了，想借此机会和李白来个近距离接触，于是，他耍了个小心思，修书一封，派仆人送到李白下榻的地方，点名要李白亲启。送信的人都觉得莫名其妙——你凭什么觉得李白会搭理你呢？人家又不认识你。没想到李白看过信后，一点没有"天子呼来不上船"的架子，果真马上就来找他了。其实，汪伦的信上就写了两句话："君好游乎？此处有十里桃林。君好饮乎？此处有万家酒店。"李白一生放荡不羁，所爱好的只有这两口：一是喝酒，二是游玩。汪伦就是看到了这两点，便投其所好，把偶像李白吸引到了泾县。

李白来了以后，汪伦就在一家小酒馆招待他，哪有酒店万家啊？于是就问，说好的万家酒店呢？汪伦一本正经地说："我们现在所在的酒店就是'万家酒店'啊，老板姓万。"李白又问，那十里桃花林呢？汪伦指着门前的两棵桃树说："看两棵桃树是桃树，看十里桃林也是看桃树，何必舍近求远呢？"李白一听，一切都明白了，不过他也没有和汪伦计较，反而觉得汪伦这个人挺有意思的，于是真的在泾县游玩了几日。其间，汪伦盛情款待，还在李白将要离开的清晨到桃花潭边踏歌相送，留下了"桃花潭水深千尺，不及汪伦送我情"的佳话。之后，李白还多次经过泾县，每一次都会请汪伦当导游和玩伴，他们真的成了好朋友。

恩公闺蜜——崔明府

"花径不曾缘客扫，蓬门今始为君开。"杜甫在漂泊流离、衣食无着了四年时光之后，在朋友的资助下暂时在成都建了个庇身之所，也就是现在的杜甫草堂。一家老小栖身客处，也还算其乐融融。突然有一天，杜甫大动干戈，打扫花径，打开蓬门。到底是什么样的贵客让诗人如此激动呢？原来是地方父母官崔县令来访。

对于崔明府的到访，杜甫还是蛮高兴的。杜甫母姓崔，因此，这里的崔县令很有可能是他的亲戚，至少是他愿意接受接济的一位友人，因此，他才会说"喜"。对于那些杜甫不得不赔上笑脸接济的官员和贵人，杜甫是"喜"不起来的，在那些人面前，他满怀屈辱却得不到真正的救济，以至于在同谷的时候差点饿死。崔县令来此拜访，想必会给杜甫带来一些物质上的帮助，也许是雪中送炭，也许正好能解燃眉之急。

我们知道，杜甫的一生是颠沛流离的一生。他十年困守长安，各种遭罪，最终只谋得了个仓库管理员的职位。他做了皇帝的亲随左拾遗一年光景，却最终落了个辞官漂泊的结果。加上他在另一个好朋友成都节度使严武幕中的一段仕途经历，杜甫一生从政只有不到两年半的时光，但就是这样一个当官时间非常短的人，他终其一生都在关心自己的国家，真有点"位卑未敢忘忧国"之意。

学生闺蜜——秦观

公元 1079 年，苏轼因乌台诗案下狱。他的好友秦观一听到这个消息，立刻渡江赶到吴兴去问询。苏轼被贬黄州，秦观托人带去书信及自己的诗作，苏轼立即写了回信。后来秦观受苏轼连累，也遭贬斥。两人就在各自的贬地诗书往来，互相劝勉。

秦观是苏门四学士之一，根据历史资料记载，苏轼比秦观大十二岁。苏轼和秦观都是宋代著名的词人、诗人，苏轼的文风属于豪放派，而秦观却被称为婉约派的一代词宗。苏轼名满天下时，秦观还是一位学子，他十分欣赏苏轼的才情和文风，便以弟子身份拜在了苏东坡门下。

苏秦两人虽然是师徒关系，却也是生活中的挚友。熙宁十年（1077年），苏东坡从密州太守移任徐州太守，秦观前往拜谒，师徒二人欢聚了一段时间。嗣后，秦观仿照李白的名句"生不愿封万户侯，但愿一识韩荆州"，写诗向苏东坡致意："生不愿封万户侯，但愿一识苏徐州！"

在《苏轼全集》中，收录了苏东坡写给王安石的两封书信，其中一封书信的篇幅较长，主题却只有一个：向王安石极力推荐秦观，表彰秦观的几大优点："行义修饬，才敏过人，有志于忠义""博综史传，通晓佛书，讲习医药，明练法律"。苏东坡深知王安石的影响力巨大，只要他肯在公开场合夸赞秦观几句，世人就会重视秦观的才华和品德。

正因为苏轼和秦观这种特殊的关系，后人还演绎了一个爱情故事，就是把秦观变成了苏轼的妹夫，才女苏小妹的丈夫。实际上，苏轼只有一个小姐姐，不幸早夭，丈夫是表哥程子才，而秦观的结发妻子叫徐文美，系潭州宁乡主簿徐成甫长女。

同年闺蜜——柳宗元、刘禹锡

唐德宗贞元九年（793 年），长安城里皇榜张开。这次科举共录取了三十二人。这里先科普一下，唐代科举录取率极低，少则几人，多则二三十人（当年已是大年）。那才是真正的千军万马过独木桥，相比现在的中高考，如今的学生们幸福得很哩。考生们都忐忑不安，唯独一人没有凑上前去，他仿佛胸有成竹，加之本身性格较为孤僻又不善言谈，只默默站在了队尾。他就是柳宗元。那一年，他二十一岁。柳宗元祖籍河东（现在的山西运城）。老柳家可不得了，是当时著名的世家大族，从春秋战国时期开始就担任重大官职，与老薛家、老裴家并称"河东三著姓"。官二代算什么，人家柳宗元是官 N+1 代。这时，另一位青年才俊从皇榜前挤出人群，昂首阔步走到众人面前，他振臂高呼："考官们的眼睛没瞎，他们录取了这天底下最有才华的人。"他，就是刘禹锡。那一年，他二十二岁。

古人同榜登科或同一年考中，谓之同年，与年龄无关，柳、刘二人年少成名，当真是"恰同学少年，风华正茂"。他们哪里会想到，此时这一张皇榜凝结了他们一辈子的友谊、一辈子的感情。

贞元十九年（804 年），柳宗元和刘禹锡长安再次相见。他们共同参与了王叔文、王伾领导的永贞革新。可改革仅仅一百多天就失败了，改革派遭到了清算，除了领导者王叔文等先后死去，其他八位小伙伴都被贬到了边远地区当司马，史称"二王八司马事件"。柳宗元先是被贬邵州做刺史，再贬永州做司马。刘禹锡境遇相同，本来说好的做连州刺史，中途皇帝变卦，改贬为朗州司马。二人命运一样，官职也一样。

又是一个十年。唐宪宗元和十年（815 年），柳宗元和刘禹锡接到回京诏书，二人一同回到长安。刘禹锡回京正赶上春天，心情舒畅，去了玄都观赏桃花，赋诗一首，嘚瑟一下："紫陌红尘拂面来，无人不道看花回。玄都观里桃千树，尽是刘郎去后栽。"明着写桃花，实则讽刺朝中大臣。朝中大臣于是联名上书，重新唤起了永贞革新的痛苦回忆。唐宪宗再下诏书：哪儿来的回哪儿去。大臣们还嫌不解气，柳宗元可是和他一伙儿的，一起滚，柳宗元躺枪。回到长安不足三个月，屁股还没坐热，又得"双宿双飞"了。当时柳宗元被贬柳州，刘禹锡被贬国家级贫困县播州。柳宗元想到刘禹锡还有老母在旁，真的不能再吃苦头了。于是上书请求与刘禹锡互换被贬之地，绝不反悔。唐宪宗极为感动，再加上宰相裴度求情，刘禹锡最终改贬连州。兄弟俩一路向南，直到湖南衡阳，到了该分手的时候了，柳宗元赋诗送别。元和十四年（819 年），四十七岁的柳宗元去世。病榻上，柳宗元留下遗书托付刘禹锡照顾自己的孩子，并把自己的诗稿交给他。连州的刘禹锡接到消息，大哭一场，赶来为他处理了后事，并且亲自把他的孩子抚养长大。之后还对柳宗元这一生所作的诗词都做了整理，编《柳河东集》三十卷。

　　闺蜜，本来是女人间的话题，但唐宋诗人之间的感情确实称得上"闺蜜"之情，甚至说，超过所谓女性友人之间的亲密和无话不谈。正如柳宗元曾在《重别梦得》诗中写道："二十年来万事同，今朝岐路忽西东。皇恩若许归田去，晚岁当为邻舍翁。"深情回忆了两个人一同登科、一同改革、一同被贬的过往，但愿晚年能和老朋友一起盖几间茅草屋比邻而居，到时候两个老头儿一起下棋、赋诗、种庄稼……

2022. 7. 23

古代文人的红颜

有一种相遇是红花遇清风，聚散离别瓣瓣愁，如梦初醒，零落成伤。有一种相知是红颜遇知己，以诚相待诉衷肠，春花秋月，嫣然为诗。

作家刘廷曾说过：能拥有红颜知己的男人，一定是男人中的智者，能做红颜知己的女人，必定是女人中的上品。红颜知己，一个愈久弥新的话题——

玉真公主——李白的事业推手

诗仙李白，是唐朝诗坛的领军人物，但正所谓"风流才子""才子风流"。李白这样的大才子，自然也和一位红颜知己有一段风流韵事，她就是唐玄宗的同母妹妹——玉真公主。

玉真公主名叫李持盈，成长在武则天统治的大周。由于武则天的政权来自李唐，所以对于自己的儿子一直十分忌惮，生怕被踢下皇位，因此在宫中建立特务系统，监视皇室子弟的一举一动。由于生活在这样的政治阴影中，玉真公主从小就厌倦皇宫，一心沉浸在自己的诗文世界里聊以度日，直到遇到了那个给她带来光明的男人——李白。

开元十七年（729 年），科举失败的李白被贺知章赏识，被称作谪仙，并举荐给了玉真公主。玉真公主自幼才思敏捷，又喜欢道家思想，碰上了李白这位仙风道骨的大诗人，真如"金风玉露一相逢"，一拍即合。其实在这之前另一位大诗人王维也曾追求过玉真公主，但"襄王有梦，神女无心"，王维被无情拒绝。互为情敌，因此王维和李白老死不相往来。

玉真公主倾心李白后，就一直想方设法助其走上仕途，为此原本厌恶政治的玉真公主频频拜访哥哥李隆基，介绍李白的才华，甚至声称如果不给李白一官半职自己就出家。但李隆基此时正和杨贵妃打得火热，不是在华清池鸳鸯戏水，就是在兴庆宫夜夜笙歌，哪里顾得上这个傻妹妹呢？于是，心灰意冷的玉真公主彻底对皇宫死心，出家做道姑了。曾经，不管这个血腥残酷的皇宫如何险恶，她都未曾放弃这个家，现在她为了李白放弃了。

玉真公主出家震动了唐玄宗，李白终于被任用为官。被提拔后的李白忘记了为他付出的玉真公主，成天忙着自己的"事业"不亦乐乎。但好景不长，由于李白的潇洒做派得罪了唐玄宗的女婿张均，结果张均带领一群大臣天天说李白的坏话，李白就被赐金放还了。赐金放还的李白背着一大袋财宝出了长安，俗话说"男人有钱就变坏"，暴富的李白也成了渣男，不但没去看望玉真公主，反而到处游山玩水，还先后讨了两个老婆。

十年过去后，李白旅游的时候路过玉真公主出家的敬亭山，回想过去，感慨万千，写了著名的《长相思》怀念公主："长相思，在长安。络纬秋啼金井阑，微霜凄凄簟色寒。孤灯不明思欲绝，卷帷望月空长叹。美人如花隔云端！上有青冥之长天，下有渌水之波澜。天长路远魂飞苦，梦魂不到关山难。长相思，摧心肝！"写出了李白对玉真公主的思念。

琴操——苏东坡的患难之交

琴操是宋朝年间的人物，1073 年出生于上海，原名蔡云英。琴操出生于一个官宦世家，父亲在朝为官，是一个千金大小姐。她从小聪明伶俐，已与常人不同，父母对其教育很严谨，因此她自幼就受到了良好的教育。琴操多才多艺，琴棋书画样样精通，诗词歌赋造诣颇高，后来家道中落沦为歌妓，因为其才华出众而被人们所熟知。她在苏轼做杭州知府时与之相识，是苏轼认识的妓女中的才女。

苏轼与琴操两人相识湖上，一天两艘游船相撞，这一撞撞出了一段爱情。那时候的琴操是一个十六岁的少女，苏东坡已经到了知命之年，这是一段忘年恋。苏东坡在朝为官，任杭州知府，而琴操是一个有名的歌妓，是一个风尘女子，两人相知相爱。苏轼还为琴操赎了身，在此期间劝诫琴操从良，谁知这一语惊醒了梦中人。琴操于是就剃去三千烦恼丝，削发为尼，修行于玲珑山，长伴青灯古佛。在琴操出家后，苏轼和琴操每次相约于玲珑山，大家以诗会友，品琴论诗。

红颜转瞬即逝，只留下黄土一抔，琴操在遁入空门后没几年，就寂寞地离开了人世。后人猜想，她死去的时间，应该正是苏东坡被贬黄州之际。乌台诗案使诗人在凄苦中挣扎良久，一种真正精神上的孤独无告，不免让苏东坡回忆起他与琴操那充满智慧和佛性的对话，参禅中的一问一答，犹在耳边。他以他的睿智点化了琴操，让一个曾经生活在花团锦簇中的生命归于平静。如今她的坟冢边，只有那些不知名的野花野草兀自蓬蓬勃勃地生长着，而曾经活泼鲜亮的那个女子，却已和他阴阳两隔。在苏东坡这几年的颠沛流离中，他常常会想起玲珑山上的这位知己。在感受到生命的无常之后，他有时会觉得，以几句所谓的禅理，让一具可爱的生命必须去忍受孤独，是否也是一种残忍。坟前的香烛总会燃尽，就像那快乐的日子总会过去一样。

卓文君——司马相如的贵人

卓文君，是成都富商卓王孙的女儿，相貌美丽，精通音律，而且文采出众。她十六岁时嫁人，没过几年丈夫就去世了，守寡后住在娘家。一天，卓王孙请客，席中就有贵客县令王吉和司马相如。酒兴正浓时，王吉走上前来，把一张琴放到司马相如的面前说："我听说长卿琴技高超，希望能为大家弹奏一曲，以助酒兴。"司马相如辞谢一番，就弹了一曲《凤求凰》，表达自己的爱慕之情。卓文君听出了他琴中的心意，而且被他的气度和才华所吸引，也对他产生了爱慕之情。宴会结束后，司马相如又派人重金赏赐侍者，向卓文君转达自己的倾慕之情。于是卓文君在深夜逃出家门，和司马相如私奔到了成都。

司马相如，字长卿，蜀郡成都人，西汉著名辞赋家。他年轻时喜欢读书练剑，曾担任过汉景帝的武骑常侍，但这并不是他喜欢的职位，他觉得自己的才华没能得到赏识。后来梁孝王刘武来朝见景帝，司马相如认识了刘武的门客邹阳、枚乘等辞赋家。司马相如后来因病辞职，就去梁地做了梁孝王的宾客，也就是在此时，他为梁王写下了那篇著名的《子虚赋》。

相传，他们之间还有一首"数字诗"的书信故事广为流传：司马相如因为一篇《上林赋》爆得大名，被封为帝王的侍从，他即打算纳茂陵女子为妾，冷淡卓文君。于是卓文君写诗《白头吟》给相如，表达"愿得一心人，白头不相离"之意。司马相如在收到卓文君的诗信后，回了一串数字给卓文君"一二三四五六七八九十百千万"。卓文君在收到回信后看到一串数字中唯独没有"亿"，明白司马相如对她已经"无情无义（亿）"了，便回了一首《怨郎诗》给他，此诗又被称为数字诗："一别之后，二地相思。虽说是三四月，谁又知五六年。七弦琴无心弹，八行书无可传，九连环从中折断，十里长亭望眼欲穿。百思想，千系念，万般无奈把郎怨。万语千言道不完，百无聊赖十凭栏。九月重阳看孤雁，八月仲秋月圆人不圆。七月半，秉烛烧香问苍天，六月伏天人人摇扇我心寒。五月榴花如火，偏遇冷雨浇花端。四月枇杷未黄，我欲对镜心意乱。忽匆匆，三月桃花随水转，飘零零，二月风筝线儿断。噫，郎呀郎，巴不得下一世，你为女来我做男。"司马相如看完妻子的信，不禁惊叹妻子之才华横溢，遥想昔日自己贫贱之时夫妻恩爱之情，羞愧万分，从此不再提遗妻纳妾之事。

董小宛——冒襄的贤内助

董小宛，名白，字青莲，又名宛君，因父母离异、生活贫困而沦落青楼。她容貌秀丽，气质超尘脱俗。董氏名与字均同于李白，是因仰慕唐代大诗人李白而起的。她与秦淮南曲名妓柳如是、顾横波、马湘兰、陈圆圆、寇白门、卞玉京、李香君，被时人誉为"金陵八绝""秦淮八艳"。小宛生于南曲青楼之中，其母陈氏为南曲歌妓，其父董旻为门下清客。小宛自小聪颖，八岁时就跟一班清客文人学诗、习画、作戏、操琴，十三四岁的时候，琴棋书画莫不知晓，诗词文赋样样精通。十五岁时，她作《彩蝶图》，上有小宛题词，并有二方图章印记，还有近人评价很高的题诗。小宛还自幼爱读屈原的《离骚》，杜少陵、李义山的诗以及花蕊夫人、王珪官的词，并编有记载古代才女事迹的《奁艳》一书。小宛不但才思敏捷，通诗达词，精琴工画，擅长昆曲，而且善于食经茶道，真正算得上是一个多才多艺的大美女。

冒襄，字辟疆，自号巢民，又号朴巢，江苏如皋人，明末清初的文学家。冒襄生于官僚家庭，其父冒起宗为明崇祯朝大臣，官至佥都御史。冒襄自幼聪明，生性敏慧，仪貌出众，举止蕴藉，吐纳风流，他早负才名，精于音律，长于书法，诗文俱佳，得晚明文坛领袖董其昌、陈继儒的赏识。文苑巨擘董其昌把他比作初唐的王勃，期望他"点缀盛明一代诗文之景运"。明末他又以风节、文章领导复社，主盟文坛，名列"明末四公子"之目。卓绝的修养，得天独厚的际遇，使其享有盛誉。"才自清明志自高"，冒襄有过人的才艺，十岁能作诗文，十四岁刊行诗集，十六岁中秀才。他聪颖勤学，博通经史，下笔千言，但科举道路都不顺利。主要是因为其见解与权贵不合，结果六次参加乡试，仅两中副榜。后来"督抚以监军荐，御史以人才荐，皆以亲老辞，康熙中复以山林隐逸及博学鸿词荐，亦不就"，冒襄负才使气，轻财高义，刚毅沉稳，疾恶如仇，眼界甚高，终身没有涉足官场。

明朝崇祯十二年（1639 年），冒襄来到南京参加科举考试，在闲谈中，他听到方以智、侯方域对董小宛赞不绝口，不禁对这位传说中的冰清玉洁的"冷美人"大感好奇，于是慕名到秦淮河去寻访董小宛，可惜她外出了，几次都没有见着。直到准备离开金陵的前夕，冒襄由方以智引见，终于得以与董小宛在苏州半塘相晤。第二次冒、董相会，小宛正在病中，董小宛向冒襄表达委身之意，冒襄拒绝，第二天不顾劝阻，董小宛刻意送别冒襄。这一送，就一连送了二十七天，从浒关走到北固，冒襄也一连回绝了她二十七次。到了金山的时候小宛指江发誓说："妾此身如江水东下，断不复返吴门！"这样几次三番，相送相追，加深了彼此的了解，情感愈来愈浓。就在这年冬天，在柳如是的斡旋下，由钱谦益出面给小宛赎身，然后从半塘雇船送到如皋。次年春，冒、董结成伉俪，他们在一起幸福地生活了九年。夫妻二人时常弹琴和唱，吟诗作对，游山玩水，真是一对神仙眷侣。

真正的红颜，是你失意时的慰藉，也是你得意时可以分享快乐的朋友；真正的知己，是操持你一日三餐的帮手，也是你贫困时的雪中送炭。红颜知己，是男人精神上的食粮；知己红颜，是相知相惜的伴侣。俗话说得好：千金易得，知己难求。那是一种无形的财富，是一种无言的温暖。

2022. 7. 23

不把皇帝当回事的那些文人

自古以来，就有"伴君如伴虎"之说。"君叫臣死，臣不得不死"，看来在皇帝身边工作实在是一项高危职业。但在两千多年的封建帝制中，就有一些臣子不信邪，敢逆龙鳞，有的当面和皇帝叫板，有的上书直陈其事，还有的直接起兵对着干，这些文人几乎都获得了皇帝的谅解，甚至是奖赏，由此也赢得了世人的称赞。

骆宾王：起草檄文讨伐武则天

讨伐皇帝讨得理直气壮，造反还到处广而告之，这件事就发生在唐初武则天朝。公元 684 年，武则天改东都洛阳为神都，立武氏七庙，百官改名，为做女皇帝奠定基础。接着大量采用娘家诸武用事，残酷镇压政敌。五年后，武则天宣布改唐为周，自称圣神皇帝。

而在此时，初唐四杰之一的骆宾王却有点不识时务，怀着满腔的悲愤之情，离开了京城长安，来到了扬州。他参加了徐敬业的讨武大军，并且用自己的才情写下了千古雄文《代徐敬业传檄天下文》。

说起少年时代的骆宾王，他才高气傲，锋芒毕露，在一次上书议事中，得罪了幕后实际掌权的武则天，被诬陷了一个贪赃的罪名，送到监狱中去了。在狱中，骆宾王写下了一首《狱中咏蝉》："西陆蝉声唱，南冠客思深。那堪玄鬓影，来对白头吟。露重飞难进，风多响易沉。无人信高洁，谁为表予心？"骆宾王感觉自己就像是被露水打湿翅膀的蝉，想飞却飞不高，叫声也被大风掩盖，本来是对朝廷忠心耿耿，但是谁又能证明自己的清白呢？

好在武则天毕竟是重视知识和人才的，一年后，她便把骆宾王放了出来，还给了他个临海县丞的职务。于是，骆宾王在这个岗位上一干就是三年。

公元684年，徐敬业在扬州起兵，剑指武则天。为师出有名，骆宾王奉命写下了著名的《代徐敬业传檄天下文》，据说，武则天看到这篇文章后，慨叹这样的人才不能为我所用。

《新唐书》卷二百十四记载：

宾王为府属，为敬业传檄天下，斥武后罪。后读：入门见妒，蛾眉不肯让人；掩袖工谗，狐媚偏能惑主。但嘻笑，至"一抔之土未干，六尺之孤安在"，猛然曰："谁为之？"或以宾王对，后曰："宰相安得失此人！"敬业败，宾王亡命，不知所之。

徐敬业起兵刚两个月，在扬州兵败，全军覆没。骆宾王也下落不明，有的说被杀，有的说投江，也有的说躲起来出家为僧了，其实不管他命运如何，都是后人聊以表达对骆宾王这个天才陨落的遗憾吧。

海瑞：当面直言骂皇帝

著名历史学家吴晗的历史剧《海瑞罢官》大家都比较熟悉。海瑞（1514年—1587年），字汝贤，号刚峰，明朝广东琼山（今属海南）人。海瑞一生，经历了正德、嘉靖、隆庆、万历四朝。他是历史上著名的清官，老百姓称他为"海青天"。

嘉靖二十八年（1549年），海瑞参加乡试中举，初任福建南平教谕，后升浙江淳安和江西兴国知县，推行清丈、平赋税，并纠正冤假错案，打击贪官污吏，深得民心。在仕途上，海瑞历任州判官、户部主事、兵部主事、尚宝丞、两京左右通政、右佥都御史等职。

他打击豪强，疏浚河道，修筑水利工程，力主严惩贪官污吏，禁止徇私受贿，并推行一条鞭法，强令贪官污吏退田还民，民间遂有"海青天"之誉。海瑞，古怪的模范官僚；海瑞，法律的模范执行者，他一直按照法律规定的最高限度执行。

在嘉靖朝，朝中大臣出现了议礼派与护礼派的对立。这个事情的起因是明武宗朱厚照病死。厚照无子，依兄终弟及之祖训，其从弟、兴献王朱佑杬之子厚熜承袭皇位，即为嘉靖帝。嘉靖继位以后，就想给自己的没有当过皇帝的亲生父亲赋予皇帝号，遭到前朝大臣反对。由于嘉靖皇帝的支持，议礼派逐渐占据上风，护礼派（反对派）群臣决定集体向皇帝进谏。于是包括九卿二十三人、翰林二十人、给事中二十一人、御使三十人等共二百余人的庞大队伍，集体跪在左顺门外，哭声、喊声震天。

面对此事，嘉靖皇帝毫不退让，派人将"带头闹事"的几位大臣押入监狱，群臣情绪更加激愤。左顺门前出现骚动，世宗皇帝嘉靖杀心顿起，将一百三十四人逮捕，八十六人待罪，一时间锦衣卫从四面八方围来，左顺门前血肉横飞。

时任户薄主事的海瑞，谒见宰相徐阶，劝其谏君之过，徐不敢。海瑞于是自己起草《治安疏》奏本，为社稷黎民，冒死谏君。海瑞妻子及友人相继劝阻，终被其正气感动，任其抬棺上书。明世宗得到海瑞奏疏后，大怒，把奏疏摔在地上，对左右的人说："赶快把他抓起来，不要让他逃跑了。"

宦官黄锦对嘉靖皇帝说：海瑞这个人素有书呆子的名声，听说他上疏时，自知冒犯悖逆之罪当死，就买了一口棺材，与妻儿诀别，待罪入朝，佣人都已逃散而没有留下的，因此他是不会逃走的。后来，明世宗又把海瑞的疏章拿出来读，一日读了二三遍，被感动得大声长叹，将它留在宫中数月。

最后，世宗还是不甘心自己被海瑞在奏疏中痛骂，下令逮捕海瑞，关进诏狱，判为死罪。两个月后，世宗驾崩，穆宗登位，海瑞被释放出狱。

宦海二十多年，几番沉浮，海瑞的人生充满了各种各样的纷争。他的信条和个性使他既被人尊重，也被人唾弃。当人们评论他的政治措施，不仅会意见分歧，而且分歧的程度很大。在各种争执之中最容易找出的一个共同的结论，就是他的所作所为不被全体文官们接受。

魏徵：唐太宗想杀了的乡巴佬

"以铜为镜，可以正衣冠；以古为镜，可以知兴替；以人为镜，可以知得失……今魏徵殂逝，遂亡一镜矣！"这是唐太宗在大唐第一谏臣魏徵去世后对群臣所说的肺腑之言。

魏徵，字玄成，祖籍巨鹿郡下曲阳人，隋唐政治家、思想家、文学家和史学家，因直言进谏，辅佐唐太宗创造了贞观之治的伟业，被世人誉为"一代名相"。

贞观八年（634年），天下太平，李世民无所事事，便决定背着大臣在皇官北门大兴土木，来抚慰本已寂寞的内心。当时负责这项工程的是少府监窦德素，他的任务就是秘密地完成皇官北门的建筑。皇官北门有工程，大臣们自然比较好奇，丞相房玄龄便询问窦德素北门究竟在建造什么。窦德素含含糊糊搪塞了过去，然后便急急忙忙向李世民汇报这件事，李世民得知此事后，立即叫来了房玄龄进行训斥："你只要管好南衙门的事就行了，北门建造什么，关你啥事？"

房玄龄见到皇帝生气，吓得唯唯诺诺，当即叩头认错，这让李世民很受用，于是继续在北门大兴土木。魏徵听说这件事之后，他表示不能容忍，于是便直接在第二天上朝之时提起了这件事。

魏徵当着文武百官的面进谏说："我不懂陛下为何责怪丞相，也不懂丞相为何认错，既然他是大臣，北门建造什么，为什么不能让他知道？如果工程有益、安排合理，丞相应该帮助陛下去完成；如果工程是不利的，即便动了工，他也有权要求停止，这是大臣侍奉陛下、陛下任用大臣的道理。"唐太宗被这一番数落弄得很难堪，不得已只好宣布停止北门工程的建设，而在退朝后，李世民却咬牙切齿地对长孙皇后说："会须杀此田舍翁""每廷辱我"。就是说"等有机会一定要杀了这个乡巴佬"。

根据史料统计来看，魏徵先后一共劝谏了两百多次，是劝谏最多的大臣，以至于在他死后，悲痛的唐太宗为魏徵立下碑文。从唐太宗李世民的行动中，就能够看到李世民有多么重视魏徵，对他的评价有多高。魏徵作为一个直言劝谏的大臣，曾经频繁劝诫李世民，为贞观之治打下基础。他的直言不讳，促使了唐朝进入繁荣时期，奠定了大唐盛世的基石。后人为官，直言不讳，敢于劝谏，都是以魏徵作为榜样，可见他对后世影响力有多大。

范仲淹：将来再见皇帝也不迟

"先天下之忧而忧，后天下之乐而乐"这一千古名句出自宋朝名相范仲淹之口，他一生虽屡遭贬谪，但不改其志，他是"居庙堂之高则忧其民，处江湖之远则忧其君"的楷模，受到世人尊敬，获得后人景仰。

范仲淹年轻时，家庭贫困，他来到应天书院，昼夜苦读。一次，宋真宗巡幸书院，同学们都放下书籍，争先恐后出去一睹圣容，他却闭门不出，读书依旧。一位同学说，他错过了面见圣上的良机。他却云淡风轻地回答："日后再见，也不晚。"让他的同学对他刮目相看。大家再也不敢小瞧这个旧衣褴衫、每日以粥度日的读书人。五年后，他一举考中进士，终于见到了当年巡幸书院的大宋皇帝——宋真宗。

范仲淹可以说是贫困子弟实现人生逆袭的典范。他两岁时父亲病故，家贫，生活无以为继，后随母亲改嫁朱家，同样过着朝不保夕的生活。直到他进士及第外放做官，才把母亲接来赡养，并正式恢复范姓，改名仲淹，字希文，苏州吴县人。

后来，范仲淹经过老师晏殊的推荐，荣升秘阁校理，实际上属于皇上的文学侍从。范仲淹发现仁宗皇帝虽然年满二十岁了，但朝中大事都是由六十岁的太后垂帘听政。刘太后在她寿诞时，还要求皇帝带上百官在殿前一起跪拜叩头。范仲淹认为，家礼与国礼，不能混淆，损害君主尊严的事，应予以制止，他不顾自己的前途立刻上表。

范仲淹刚来就给朝廷提意见，这可吓坏了他的举荐者晏殊。晏殊匆匆把范仲淹叫出去，责备他为何如此轻狂，难道就不怕连累举荐的人吗？范仲淹一向敬重晏殊，但这件事他绝不能妥协，他说："我正因为受了您的举荐，才经常怕自己不能尽职尽责而辜负了您的厚望，让您因为我而难堪。可是我从没有料到我的正直会使您受连累。"范仲淹一席话，说得晏殊无言以对。

回到家中，范仲淹又写信给晏殊，详细申辩，并决定索性再奏一章，干脆请刘太后撤帘罢政，将大权交还仁宗。朝廷对此默不作答，却降下诏令，贬范仲淹离京。三年之后，刘太后死了，仁宗立刻把范仲淹召回京师，委以重任。

后来，范仲淹升任宰相，在推行改革时，他取来官员名册，一个个地检查他们的工作得失。凡是不称职的官员，他都在名册上"一笔勾销"，撤掉他们的职务。空出的职位，则从下一级能够胜任的官员中委任。他的助手富弼看见范仲淹对不称职的官员这么毫不留情，就说："你用笔一勾，就撤掉了他们的职务，但他们一家人都要伤心痛苦了。"范仲淹听了回答说："他一家人哭，总比他们祸害千家万户，让一路的人哭好得多吧！"

愿望都是美好的，但是现实又都那么骨感！毕竟自古以来的当权者大都喜欢阿谀奉承之辈！我想，无论哪朝哪代，都不缺少刚正不阿的文人，缺少的恰恰是那些开明的君主或者当权者。只有当谏臣遇上明君，才能成就一段历史佳话，书写一章"资治通鉴"。否则，那就是分分钟变成悲剧，或者又多了一个死翘翘的故事了。

2022. 9. 22

聊聊古代文人的朋友圈

现代人有句话，进班子不如进圈子，可见圈子对大家是非常重要的。小到同事圈子、同学圈子、朋友圈子，大到政治圈子、意识形态圈子，好多人整天就在圈子中转来转去。其实，古代人也有自己的圈子，而且圈子的能量也比较大，如果有幸进入某个圈子，说不定就搭上了晋升的快车，从此飞黄腾达了。

一、同乡圈

同乡圈，是古人最重要的圈子。由于中国人一向有家乡情结，"月是故乡圆"，对同乡比较信任，相同的语音语调，相似的饮食习惯，非常容易让大家彼此走近。他们非常重视地域与乡党，一地之官同气连枝，一乡之人互为党援，是古代中国最牢固的朋友圈之一。但是，在封建政治与乡土观念的结合影响之下，本应单纯的乡党关系却逐渐异化，从而带来了许多负面影响。

在古代官场，以乡谊为纽带结成朋党、帮派等，通常被称为乡党。按照周制，古代五百家为党，一万二千五百家为乡，合而称乡党。《论语》中就记载了孔子在父老乡亲们面前表现得很温恭有礼，像是不会说话的样子。但他在宗庙里、朝廷上，却很善于言辞。从这里可以看出，即使是学识和智慧超出常人的孔子，也很注重处理乡党之间的关系，对待乡党态度温和恭顺。

从史料看，最早成规模的乡党集团莫过于跟随汉高祖刘邦打下天下的功臣集团——丰沛集团。这一功臣集团的主要成员包括萧何、曹参、周昌、樊哙等人，以刘邦的家乡泗水郡沛县和丰邑籍贯为主。《史记》对上述功臣的基本记载包括："萧相国何者，沛丰人也。以文无害主吏，功曹也。""平阳侯曹参者，沛人也。秦时为沛狱掾，而萧何为主吏，居县为豪吏矣。""绛侯周勃者，沛人也。其先卷人，徙沛。勃以织薄曲为生，常为人吹箫给丧事，材官引彊。""舞阳侯樊哙者，沛人也。以屠狗为事，与高祖俱隐。""卢绾者，丰人也，与高祖同里。""周昌者，沛人也，及高祖起沛，于是从沛公。""汝阴侯夏侯婴，沛人也。为沛厩司御。""颍阴侯灌婴者，睢阳贩缯者也。"总的来看，除了萧何出身秦朝基层官吏外，其余人等大都是平民出身，正是凭借刘邦乡党的身份，丰沛功臣集团相互扶持，社会关系交错复杂，成为主宰汉朝前期朝政的主要政治力量。

晚清最著名的同乡圈当数曾国藩的湘军和李鸿章的淮军，在平定太平天国的军事行动中，曾国藩就是依靠他的湘军班底，剿灭了如火如荼的太平天国运动。湘军的骨干大多来自湖南，或者和湖南将领沾亲带故，他们有左宗棠、胡林翼、刘锦棠、杨载福、彭玉麟、鲍超、曾国荃、江忠源、李续宾等。太平天国起事后，以疾风暴雨之势打得清王朝摇摇欲坠，腐朽的八旗、绿营在战斗中往往一触即溃，不经一战。正是在这种形势下，曾国藩编练的地主武装——湘军，才应运而生，并发展壮大，成为清政府可以依靠的唯一军队。

脱胎于湘军的淮军，龙头老大是李鸿章，队伍主要力量来自安徽的江淮一带，被称为"淮军"。在曾国藩的湘军被裁撤后，淮军是当时清王朝最重要的武装力量。在这支队伍中，有两广总督张树生、四川总督刘秉章，还有巡抚刘铭传、潘鼎新，以及著名甲午海战总指挥丁汝昌。李鸿章以淮军势力为基础，担任直隶总督兼北洋大臣，掌握了国家外交、军事和经济大权，成为晚清政局中的重要人物。

到了明清时期，随着科举制不断完善，乡党文化不断升温，各地同乡会馆如雨后春笋涌现，乡党和乡谊得到了前所未有的重视。明朝后期以江南籍士大夫为主组成的东林党更是将明朝的乡谊朋友圈发挥得淋漓尽致，由于江南科举文化发达，进士出身进入仕途的官员众多，为了维护自身代表的大中地主地位和新兴商业势力的利益，势力强劲的东林党人以地域为纽带，大大影响了明朝政治、经济、军事的决策。

二、同年圈

在古代，一个六十岁的老人问十八岁的小伙子，咱们是同年吗？大家绝对不要认为这个老者是神经病，说不定他们俩还真是同年。何为同年？不是指年龄相同，岁数一样。在古代，同年是指同时参加科举考试而且同科上榜的，只要是同科上榜的学子，就是同年，大家互称"年兄"。

同年参加科举考试并一同考上的人互称兄弟，之后在仕途上互相提携，是组织朋党的一种重要关系，不亚于同乡，且可以一代一代传下去，有年叔、年丈之称。如果关系更近一层，一个考试屋里考上的，则是房兄、房弟，有共同的房师。

同年圈在古代为什么会格外受到重视呢？一方面这些同年或许读书时就师从一个塾师，受到同样的老师指点，在共同的学习中建立了丰厚的友谊；另一方面，年兄一起参加科举考试，尤其是进京赶考，一路上鞍马劳顿，同吃同住，同游同玩，即使当初没有感情也相处出了感情，这种学友加"驴友"加考友的关系，感觉不重视都不行。

在众多的科举考试中，出现了不少光彩照人的同年名人，比如苏轼、苏辙，程颐、程颢，曾布、曾巩，北宋著名宰相王安石和著名科学家苏颂也是同年。唐朝那个"前度刘郎今又来"的刘禹锡和那个寄情山水、旷达乐观的柳宗元还是同年进士，南宋著名诗词大家陆游、张孝祥也是同年，他们之间还有非常精彩的"同年"故事。

陆游是我们熟知的爱国主义诗人，他的那首《示儿》感动了无数人："死去元知万事空，但悲不见九州同。王师北定中原日，家祭无忘告乃翁。"临死之前还不忘国家统一大业，其爱国精神可歌可泣。

张孝祥（1132 年—1170 年），字安国，别号于湖居士，历阳乌江（今安徽和县乌江镇）人，卜居明州鄞县（今浙江宁波鄞州区），南宋著名词人、书法家，唐代诗人张籍的七世孙。张孝祥善诗文，尤工于词，其风格宏伟豪放，为豪放派代表作之一，有《于湖居士文集》《于湖词》等传世。

南宋绍兴二十四年（1154 年），二十九岁的陆游和二十二岁的张孝祥同时到临安参加科举，当朝宰相是臭名昭著的卖国贼秦桧，他的孙子秦埙也同时参加考试。他想要自己的孙子中得状元，就让主考官把考试第一的陆游给 Pass 了，而且永远不准再考，相当于在科考的道路上给陆游判了个无期徒刑。

秦桧为什么要除名陆游呢？一方面是因为他的孙子秦埙参加科考，想中得状元郎；另一方面，还是因为陆游的政治主张和秦桧格格不入。秦桧主张"和议"，陆游主张"抗金"，所以，当秦桧看见陆游的名字时，当场就暗示主考官删掉。最终秦埙有没有中得状元呢？也没有，而是张孝祥高中状元，原因是南宋皇帝宋高宗不按常规出牌，他自己非要亲自"现场办公"，主持面试，结果就把秦埙给去掉了，最终钦点了另一位才子张孝祥做了状元。

陆游和张孝祥是活跃在同一时代的伟大词人，他们都有收复祖国大好河山的壮志，都在官场坚持了自己的爱国立场。他们为官一任，造福一方，为民请命，不和歹人为伍，一生保持了高洁的情操。

三、同门圈

同门，一般有两个解释，一个是出入"同一之门"，就是在同一个教室学习，同一个老师教的，相当于现在的同学；另一个就是同一个主考官选中的秀才、举人、进士等，因为主考官都是朝廷的王公大臣，所以这里的同门兄弟就有相当的影响力，也最为世人所看重。

《儒林外史》中写到：曾在杭州城隍山摆摊拆字的匡超人，得到马二先生的资助，返回故乡温州乐清县探视父母。深夜苦读时为路过村庄的知县李本瑛所闻知，李本瑛对他颇为怜惜，令保正"叫他报名来应考；如果文章会做，我提拔他"。李本瑛果真在县试中将他取为案首，其后他又通过府试。学道大人来温州"按临时"，李知县竟为他"在学道前下一跪"，说匡超人是"孤寒之士，且是孝子"。这位学道也主张"士先器识而后辞章"，便也让他通过院试，取得生员资格。匡超人感谢李知县识拔之恩并"拜做老师"。有了知县做老师，他居然就不愿认学里老师。在他看来，这并非学里老师与李知县二人文行有差异，而是知县、知府为考试主官，有左右其前途的权力。

在晚清时期，湖南科举考试人才辈出，这与同门圈有很大关系。经过百余年的人才积淀，湖湘进士最终在道光年间蜕变为群体力量，嘉庆七年（1802 年）的长沙府安化进士陶澍至道光朝时长期坐镇两江，嘉庆十三年（1808 年）的长沙府善化进士贺长龄也官至云贵总督。他们十分注意提拔湖南的人才。屡试不中的左宗棠被陶澍赏识，并与陶澍结为亲家；年少时玩世不恭的胡林翼被陶澍看重并成为其女婿；魏源也曾就任陶澍幕僚，并帮贺长龄编修《朝经世文编》。

因科举考试让主考官员和考生构成的师生关系，并且被师生双方所倚重，这是极不正常的现象，也为朝廷所禁止。在顺治十四年（1657 年），福临有谕旨申告"制科取士，课吏荐贤，皆朝廷公典。臣子乃以市恩，甚无谓也。师生之称，必道德相成，授受有自，方足当之。岂可攀援权势，无端亲昵。考官所得，及荐举属吏，辄号门生。贿赂公行，径窦百出，钻营附会，相煽成风"，并要求"大小臣工杜绝弊私""犯者论罪"。尽管三令五申，严予禁止，但师生攀缘、夤缘勾结之风并未根绝。

古代的朋友圈当然还有很多，比如出身圈、政治圈、朋党圈，还有前庭圈和后宫圈，以及皇帝圈以及太子圈等等。这些朋友圈对国家政治和个人前途都有很大的影响，甚至能左右国家的未来。

入对了圈子，可以助你平步青云；误入了圈子，或许就会让你万劫不复。

2022. 8. 27

文
人

丰富了汉语词汇的古代文人妻子

古人讲究三妻四妾，让很多当代男人产生"恨不生当年"之感。但古代的妻妾地位是不一样的，而且相差很大，妻绝对是家庭的"一把手"，占据着领导地位。古代文人有各色各样的妻子，妻子也有各色各样的故事。

醋坛始祖：房玄龄之妻

"吃醋"一词的含义恐怕大家都知道，但这个词语的出处就不一定每个人都知道了。这个词语与唐朝名相房玄龄有瓜葛。

"玄武门之变"后不久，秦王李世民如愿接受高祖李渊传位成为皇帝。一同谋划事变的诸多功臣随之进入朝堂，获得封赏，其中就有世人所熟知的长孙无忌、房玄龄、杜如晦、尉迟恭、秦叔宝等。房玄龄作为重要参与者被提拔为中书令，负责管理朝政，监修国史，成为贞观之治的缔造者之一。

关于房玄龄的历史功绩，有一个成语最能说明问题，即"房谋杜断"，意思是名相房玄龄多谋，杜如晦善断，两人同心济谋，终成贞观伟业。

在一次论功行赏时，唐太宗为表其功，除了提拔官职之外，特赐房玄龄美女两名。当时朝堂之上，房玄龄惧怕夫人是出了名的，太宗这么做，也颇有调侃之意，同时也想看看这个大谋士这次有什么对策。圣谕一下，房玄龄立即下跪连声推辞。唐太宗自然不能就此善罢甘休，命令他回府中与夫人好生商量，就说这是皇帝的意思，不可拒绝。可是房夫人的刚烈可是远近闻名的，除了严词拒绝皇帝的赏赐之外，还连带着狠狠责骂了房玄龄一番，好不痛快。

时间不久，太宗宴请群臣于皇宫溪水边饮酒作乐。皇帝正值兴起，趁机再次询问房玄龄自己交代的事情办得怎么样了。房玄龄立马变了脸色，长跪不起，不敢言语。太宗近前，房玄龄方支支吾吾地表达了夫人的意思：拒绝皇帝的赏赐。太宗当即摔了酒杯，神情大变。陪酒大臣方才还欢声笑语，瞬时鸦雀无声，都替房玄龄捏了一把汗。太宗命身边卫士召房夫人觐见。

片刻，房玄龄夫人参见太宗皇帝。皇帝亲自向房夫人声明，皇帝的赏赐不可拒绝！并质问她，是否愿意让房玄龄接受赏赐的美女？谁知房夫人当着太宗的面驳了赏赐。太宗皇帝觉得颜面扫地，大怒，责问房夫人是接受赏赐还是自愿受罚。房夫人接连叩头但仍义正词严，拒绝赏赐。房玄龄看到这不禁吓得一身冷汗，匍匐求饶。

"君子一言，驷马难追。"何况堂堂大唐皇帝，岂可朝令夕改。于是他立刻吩咐下去，不出半刻钟，侍卫端着一杯"毒酒"走上前来。太宗皇帝最后问道：是接受赏赐还是接受惩罚？谁知房夫人全无惧色，端起酒杯一饮而尽，全然不顾身边磕头如捣蒜的丈夫房玄龄。"毒酒"下肚，房夫人瘫坐在地，等待着命运的安排，生命的终结。在场大臣无不唉声叹气，可叹可怜。

太宗走上前来，问房夫人："毒酒何味？"只见房夫人面带疑惑，答："甚酸。"太宗当即抚掌大笑："此为醋也。"群臣愣神，随之皆捧腹大笑。房玄龄和夫人这才回过神来，相拥而泣，感恩皇帝大德。从此"吃醋"一词诞生，也成了夫妻、情人之间嫉妒的代名词。

河东狮吼：陈季常之妻

苏轼有首诗《寄吴德仁兼简陈季常》："龙丘居士亦可怜，谈空说有夜不眠。忽闻河东狮子吼，拄杖落手心茫然……"从此，"河东狮吼"就横空出世了，用来比喻那些非常悍妒暴躁的女人。

宋元丰三年（1080 年），苏东坡因乌台诗案被贬到黄州任团练副使，不期遇上陈季常，两人遂成为好友。

少年时的陈季常有点不知天高地厚，喜欢带两个随从，"挟二矢"，与朋友出游。平时他喜欢议论古今军事战例的成败之处，自称当世豪士。年纪稍大懂事后，他不再喜欢游玩，而是沉下心来读书，但终其一生都没有获取功名。陈季常成家后，居于黄州（今湖北黄冈）之龙丘，常信佛，饱参禅学，自称龙丘先生。当地人不知道他的来历，就叫他"方山子"。

陈季常在龙丘住的地方叫濯锦池，宽敞华丽。他本人又十分好客，喜欢"蓄纳声妓"，每有客人来了，就以歌舞宴客，如同现在人们喝酒之后唱歌一样。不过，他的妻子柳氏非常凶妒，每当陈季常宴客并以歌女陪酒时，柳氏就醋意大发，用木棍敲打墙壁，客人尴尬不已，只好散去。平时陈季常喜欢谈论佛事，苏东坡就借用狮吼戏喻其悍妻的怒骂声。

河东是柳氏的郡望，唐代诗圣杜甫也有"河东女儿身姓柳"的诗句，借以暗喻陈妻柳氏。"狮子吼"一语来源于佛教，意指"如来正声"，佛教经典称"狮子吼则百兽伏"，所以佛家用狮子吼来比喻佛祖讲经声震寰宇的威严。

苏东坡在诗中极为生动地记述了柳氏凶悍、季常无奈的景况。后来，这个故事被宋代的洪迈写进《容斋三笔》中，广为流传。"河东狮吼"的典故从此确立，而怕老婆的人则被戏称为有"季常癖"。

举案齐眉：梁鸿之妻

梁鸿，字伯鸾，扶风人，东汉名士，幼年丧父，家道贫寒，后来到太学学习，读书十分刻苦，博览群书，融会贯通。

"举案齐眉"是古代夫妻恩爱的代名词，这个故事的主人公就是梁鸿和孟光。当年，他们避居在吴地，过着男耕女织的生活。每当梁鸿回家时，孟光总是托着放有饭菜的盘子，托得跟眉毛齐平，恭敬地送到梁鸿面前，以示对丈夫的尊敬。而梁鸿也很有礼貌地用双手去接。他们夫妻之间的相互敬爱传为佳话，成语"举案齐眉"即由此而来。

当年，在梁鸿年轻时，大家都很敬重梁鸿的人品，争着想把自己的女儿嫁给他，都被梁鸿一一回绝了，他一直没有娶妻。同县孟家有一个女儿，身体肥胖，容貌丑陋，面色黝黑，可是力气很大，能把石臼举起来。由于她过于挑剔，三十岁了还没选好配偶。父母问她："你到底要嫁给什么样的人呢？"孟女回答说："我要嫁给德行文才像梁伯鸾那样的人。"这话传到梁鸿的耳朵里，他立刻下聘礼，求娶孟女为妻。

孟光自然十分高兴，让家里人准备陪嫁，都是布衣、麻鞋等家常衣着和耕种、纺织的种种工具。等到出嫁那天，她才盛装打扮走进梁家。婚后七天，梁鸿不和孟光讲话。孟光感到奇怪，又感到委屈，就跪在床下说："妾听说夫子重气节操守，曾经回绝过许多女子的求婚。妾也是婚事屡遭挫折，几个男子提亲都没有答应。如今被夫子选中，却不知什么地方有所得罪？"

梁鸿说："我所求的妻子是穿粗布衣服、能吃苦的人，这样的人才能和我一起隐居山林之中。现在你身上穿着精美的丝绸衣服，脸上浓施粉黛，这种样子正是我不愿看到的，所以对你感到失望。"孟光说："妾只是想试探一下夫子的好恶，观察一下夫子的志向。既然如此，妾当换装。其实，妾早就备下了隐居的服装。"

于是，她"椎髻粗衣"，开始操持家务。梁鸿一看，颇为高兴，称赞道："这才真正是梁鸿的妻子，这是能侍奉我、与我偕老的人。"

住了一段时间，孟光对梁鸿说："过去时常听夫子讲想隐居山林以躲避祸害，现在怎么也不提此事了？莫非是想低头俯就，出世为官吗？"梁鸿说："你说得不错，我梁鸿怎能出世为官呢！"就这样，夫妻一起进入霸陵山隐居，耕田纺织，读书弹琴，日子过得闲适而有情趣。梁鸿在隐居期间，仰慕前代高士，为商山四皓以来的二十四隐者作颂。

沈园情深：陆游前妻

红酥手，黄滕酒，满城春色宫墙柳。东风恶，欢情薄，一怀愁绪，几年离索。错，错，错！　春如旧，人空瘦，泪痕红浥鲛绡透。桃花落，闲池阁，山盟虽在，锦书难托。莫，莫，莫！

这是一首南宋著名爱国诗人陆游的词作，词中表达了自己追悔莫及的痛苦心情和对前妻的思念。宋高宗绍兴十四年（1144 年），二十岁的陆游和表妹唐婉结为伴侣。两人青梅竹马，婚后情投意合、相敬如宾、伉俪情深，却引起了陆母的不满，她认为陆游沉溺于温柔乡中，不思进取，误了前程，而且两人婚后三年始终未能生养。于是陆母以"陆游婚后情深倦学，误了仕途功名；唐婉婚后不能生育，误了宗祀香火"为由逼迫孝顺的儿子休妻。

虽然万般无奈，但最终陆游还是遂了母亲的心意另娶王氏为妻，而唐婉也被迫嫁给越中名士赵士程。陆唐二人纵然百般恩爱，终落得劳燕分飞的地步。

转眼十年，绍兴二十一年（1151 年）春日，沈氏园对外开放，陆游满怀忧郁的心情独自前往，却意外地遇见唐婉以及现任丈夫赵士程。尽管间隔十年的悠悠光阴，但那份刻骨铭心的情缘始终留在他们情感世界的最深处，正当陆游打算黯然离去的时候，唐婉征得赵士程的同意，差人给他送去了酒菜。陆游触景伤情，怅然在墙上奋笔题下《钗头凤》这首千古绝唱。

唐婉是个重情谊的女子，与陆游的爱情本是十分完美的结合，却毁于世俗的风雨。赵士程虽然重新给了她感情的抚慰，但毕竟曾经沧海难为水。在感情世界里，女人往往比男人来得执着。唐婉被陆母逐出家门后，嫁给赵士程。此时的唐婉是万般无奈的，她或许在试图接纳另一个人，但并不是因为她爱他，而是因为她需要爱他，因为只有这样，才能排挤心中那个人（陆游）。然而唐婉终是一个放不下的女人，她的内心始终装着一块大石头，也许改嫁后曾有过一段相对平静的日子，然而后来在沈园偶遇陆游之后，她心里那块大石头又浮出水面，追忆似水的往昔，叹惜无奈的世事，感情的烈火煎熬着她，使她日臻憔悴，悒郁成疾，在秋意萧瑟的时节化作一片落叶悄悄随风逝去，只留下一阕多情的《钗头凤》，令后人为之唏嘘：

世情薄，人情恶，雨送黄昏花易落。晓风干，泪痕残，欲笺心事，独语斜阑。难，难，难！　　人成各，今非昨，病魂常似秋千索。角声寒，夜阑珊，怕人寻问，咽泪装欢。瞒，瞒，瞒！

回望这些文人夫妻，大家会生发许多感慨。有的夫妻不一定算是爱情佳话，但这些文人的妻子们追求爱情时还是态度决绝的。不管这些夫妻是相老终身还是半途而别，也不管男人是位居高位还是隐居山林，身份、地位改变不了她们的感情，时间、环境见证了她们的忠贞。她们的爱有点特别，但也正是这些特别才反映了她们的爱情观，也应了当今比较时髦的一句话：

　　爱情是自私的。

2022. 9. 26

古代火得出了圈的"师徒"

现代人常说"某某是我的老师"，大家一定会问"某某是什么时候教过你的"。而在古代，所谓的老师，范围就比较宽泛，有的也许在学堂指导教学过，有的是在考场中遇到过，还有的是在社会这所大学里有"一面之缘"，这些都被尊称为老师。

孔子和"孔门十哲"

在中国，要论最成功的老师，应该非孔子莫属。孔子不仅被称为万世师表，而且被尊为教师的祖师爷，受到后人的敬仰和爱戴。

孔子，春秋时期鲁国人，他是中国古代著名的思想家和教育家，也是儒家学派的创始人。《史记·孔子世家》记载："孔子以诗、书、礼、乐、教，弟子盖三千焉，身通六艺者七十有二人。"孔子这"孔门七十二贤"，是孔子思想和学说的坚定追随者和实践者，也是儒学的积极传播者，为历代儒客尊崇，作为榜样。

在这七十二门徒中，还有十个更为突出的弟子，被称为"孔门十哲"，他们是优秀中的优秀、王者中的王者，他们分别是子渊、子骞、伯牛、冉雍、冉求、子路、子贡、子我、子游、子夏。这十人中，有的以德行闻名，有的以政事见长，还有的以言语、文学高而被人推崇。

颜回，被儒家学者誉为复圣，姓颜名回，字子渊，亦称颜渊，比孔子小三十岁，鲁国人。颜回出身贫贱，一生没有做官。孔子曾经赞叹说："贤哉回也！一箪食，一瓢饮，在陋巷，人不堪其忧，回也不改其乐。贤哉，回也！"意思就是说："颜回真是难得啊！用一个竹筒吃饭，用一个水瓢喝水，住在陋巷里。要是一般人，一定忧烦难受，可颜回却安然处之，没有改变向道好学的乐趣！"颜回敏而好学，能闻一知十，注重仁德修养，深得孔子欣赏和喜爱。

颜回才二十九岁，头发就全白了，而且早逝。颜回死时，孔子哭得很伤心，曰："噫！天丧予！天丧予！"在鲁哀公询问"弟子孰为好学"时孔子对曰："有颜回者好学，不迁怒，不贰过，不幸短命死矣，今也则亡，未闻好学者也。"由于颜回是孔子最得意的学生，所以至三国魏正始元年（240年）祭孔时，开始以他为配享从祀之例。明嘉靖九年（1530年）颜回被封为"复圣"。《韩非子·显学》将其列为儒家八派之一（颜氏之儒）。

子路是孔子另一个比较有特点的学生，姓仲名由，字子路，因他曾为季氏的家臣，又被称作季路，比孔子小九岁，鲁国人。仲由出身微贱，家境贫寒但生性豪爽，为人耿直，有勇力才艺。仲由经常批评孔子，孔子也常批评他，仲由闻过则喜，能虚心接受。孔子对他评价很高，说他有才能，"千乘之国，摄乎大国之间，加之以师旅，因之以饥馑"。仲由做过鲁国的季氏宰，也做过卫国大夫孔悝的邑宰。

仲由一生忠于孔子。孔子说："我的道如果行不通，就乘上小木排到海外去，跟随我的，怕只有仲由吧！"仲由保护孔子唯恐不周，不愿使孔子遭人非议。孔子说："自从我得到仲由，就没有听到过恶语。"在仲由六十三岁时，遇到卫国内讧，他为了救援孔悝与敌人展开搏斗。混战中缨冠被击断，他想到孔子"君子虽死而冠不免"的礼仪教导，在重结缨带时，被敌人砍死。他的死，对时年七十二岁的孔子是一个沉重的打击。

老子和鬼谷子

老子（约前571年—前471年？），字伯阳，谥号聃，又称李耳（古时"老"和"李"同音，"聃"和"耳"同义），他曾做过周朝"守藏室之官"（管理藏书的官员），是中国伟大的哲学家和思想家之一，道家学派创始人，被道教尊为教祖，世界文化名人。

老子在出函谷关前著有五千言的《老子》一书，又名《道德经》。《道德经》《易经》和《论语》被认为是对中国人影响最深远的三部思想巨著。《道德经》分为上、下两册，前三十七章为上篇《道经》，第三十八章以下属下篇《德经》，全书的思想结构是：道是德的"体"，德是道的"用"。

老子学生有鬼谷子等。据说，孔子也是老子的学生，因为孔子曾经问道于老子，但孔子没有继承老子的衣钵，他自创儒家学派。而鬼谷子则深得老子教诲，把老子的道教学说发扬光大。

鬼谷子，姓王名诩（或利），又名王禅，号玄微子，春秋末战国初人，祖籍河南鹤壁市淇县云梦山山下王庄村，是先秦诸子之一。"王禅老祖"是后人对鬼谷子的称呼。鬼谷子为纵横家之鼻祖，他通天彻地，兼顾数家学问，人不能及。

《鬼谷子》一书，博大精深，充溢着权谋策略的智慧，饱含着言谈辩论的技巧，蕴含着中国古代文化的一个划时代的思想凝聚，是战国时期纵横学派流传下来的唯一一部子书。《鬼谷子》全书分上、中、下三卷，共十七篇。其中三篇内容明显杂有佛、道思想，极有可能是后人伪托增益。上、中两卷形虽划分，实为一体，篇与篇在内容上互相关联。

鬼谷子的弟子很多，有人说，战国时期的战争实际上是他的弟子在互相比试，完全是他们几个主导了时局。可以说，鬼谷子以一己之力，搅动战国乱局，形成云诡波谲之势。他的弟子有苏秦、张仪、孙膑、庞涓、商鞅、吕不韦、白起、李牧、王翦、甘茂、乐毅、毛遂、赵奢，个个都是响当当的人物。张仪和苏秦是著名的纵横家，张仪更是连横的创始人，他原本是魏国人，跟着鬼谷子学习谋略，下山之后就开始准备实现自己的理想，游说诸侯与秦国联合，形成连横之势。

张居正和万历皇帝

张居正（1525 年—1582 年），字叔大，号太岳，汉族，幼名张白圭，江陵人，时人又称张江陵，明朝中后期政治家、改革家。

张居正五岁识字，七岁能通六经大义，十二岁考中秀才，十三岁时就参加了乡试，十六岁中举人。1547年（嘉靖二十六年），二十三岁的张居正考中进士。1567年（隆庆元年），张居正任吏部左侍郎兼东阁大学士，后迁任内阁次辅，为吏部尚书、建极殿大学士。隆庆六年，万历皇帝登基后，张居正代高拱为首辅。当时明神宗朱翊钧年幼，一切军政大事均由张居正主持裁决。张居正在任内阁首辅十年中，实行了一系列改革措施，财政上清仗田地，推行"一条鞭法"，总括赋、役，皆以银缴，"太仓粟可支十年，周寺积金，至四百余万"；军事上任用戚继光、李成梁等名将镇北边，用凌云翼、殷正茂等平定西南叛乱。

张居正虽不是专业教师出身，但他有一个特殊的学生，这个学生就是万历皇帝。万历皇帝小时候就跟着张居正学习，张居正是一个严师，每天布置功课给小皇帝，如果小皇帝没有认真背诵或领会，就会遭到严厉的斥责。有一次，小万历读《论语》读错一个字，张居正当着许多大臣的面，大声呵斥他，吓得小皇帝连忙低头纠正。平时，如果小皇帝背着张居正做了越轨的事，太监就会吓唬他："让张先生知道了，看你怎么办？"小皇帝听了就吓得直哆嗦。

小皇帝逐渐长大了，开始懂得皇权的力量。而张居正仍然把持朝政、独揽大权。虽然张居正揽权是效国的需要，但他的当权便是神宗的失权。张居正当国十年，权高震主，这让万历皇帝对张居正的态度向着仇恨的方向迅速逆转。1582年6月20日，居正病逝，神宗虽为之辍朝，赠上柱国，谥"文忠"，但张居正逝世后的第四天，尸骨未寒，皇帝就展开了报复。御史雷士帧等七名言官弹劾潘晟，神宗命潘致仕。潘晟乃张居正生前所荐，他的下台，表明了张居正的失宠。言官也把矛头指向张居正。神宗于是下令抄家，并削尽其官秩，迫夺生前所赐玺书、四代诰命，以罪状示天下。而且张居正也险遭开棺鞭尸。家属或饿死或流放，后万历皇帝在舆论的压力下中止进一步的迫害。张居正在世时所用一批官员有的削职，有的弃市。

学生对老师因为权力控制问题而记恨到这种地步，真是令人发指，皇帝的老师果然最难做啊。"伴君如伴虎"一点也没错，即使是皇帝当年的老师也没有用。

韩愈和他的国子监

韩愈（768年—824年12月25日），字退之，河南河阳（今河南省孟州市）人，汉族，自称"郡望昌黎"，世称"韩昌黎""昌黎先生"，唐代杰出的文学家、思想家、哲学家、政治家。韩愈是唐宋八大家之首，是唐代古文运动的倡导者。他还是皇家钦定的官方老师——国子监祭酒，在做老师方面有绝对的发言权，他还有一篇关于做老师的论文《师说》，明确了老师的职责："师者，所以传道受业解惑也。"并且指出了："弟子不必不如师，师不必贤于弟子。闻道有先后，术业有专攻，如是而已。"他有很多著名的弟子，比如李贺、李翱、皇甫湜、李汉、沈亚之、贾岛、刘叉等。

李贺是韩愈的弟子之一，他虽然是唐宗室成员，但是家族式微。李贺非常聪明，七岁就能写诗，还擅长"疾书"，韩愈和皇甫湜在听说后就专门来拜访李贺，当时李贺提笔就写下了《高轩过》，韩愈二人大吃一惊，因此李贺在京城声名远播，韩愈也十分欣赏李贺，与李贺成了忘年交。

李贺从小就十分刻苦，白天"骑驴觅句"，晚上整理词句，也正是因为这种刻苦，李贺十几岁时就名满京城，甚至还和当时的老前辈李益齐名。唐宪宗元和二年（807年），李贺写下了《雁门太守行》拜谒韩愈，韩愈被"黑云压城城欲摧，甲光向日金鳞开。角声满天秋色里，塞上燕脂凝夜紫。半卷红旗临易水，霜重鼓寒声不起。报君黄金台上意，提携玉龙为君死"所折服，举荐其参加科举考试，却因李贺父亲李晋肃的"晋"与"进"同音，李贺应当避讳为由剥夺了李贺的考试权。李贺只好愤而离去，韩愈和皇甫湜还专门去安慰过李贺，还写了《讳辩》一文来为李贺辩解。

韩愈还有一个弟子，是苦吟诗人贾岛。他是中唐著名诗人，人称"诗奴"，与孟郊齐名，共称"郊寒岛瘦"，自号"碣石山人"。贾岛一生郁郁不得志，也曾努力想通过科举考试步入仕途，但是时运不济，屡次不第。幸运的是贾岛遇到了一生中的贵人——韩愈，韩愈极为赏识贾岛，认为贾岛有大才，并向皇帝极力推荐，于是，贾岛得以进入朝堂。

贾岛与好友孟郊一样，一生不喜与人交往，唯一的爱好就是作诗，并且作诗极为下功夫，"两句三年得，一吟双泪流"就是对贾岛作诗的"辛苦"最好的概括。公元 810 年，贾岛见张籍。次年春，始谒韩愈，以诗深得赏识。贾岛的诗虽然深得韩愈赞赏，但贾岛的诗在当时确实并不算特别受欢迎。换句话说，贾岛的诗在当时也就算翻起了小浪花。

　　随着时代的发展，到了晚唐，贾岛的诗才逐渐为时人所接受，并形成流派。唐代张为《诗人主客图》将贾岛列为"清奇雅正"升堂七人之一。晚唐李洞、五代孙晟等人十分尊崇贾岛，甚至对他的画像及诗集焚香礼拜。到了南宋，"永嘉四灵"更是将贾岛的地位上升到了极高的地步。所以我们说贾岛在唐代诗人中也许不够闪耀，但他经受住了时代的考验，他的诗也经受了世人的考验。

　　人们常说，名师出高徒。世有伯乐，然后才有千里马。没有老师的指点与提携，学生在成长的路上要多走很多弯路。当然，老师要是没有弟子的帮衬，恐怕就会显得后继无人，学说也不会发扬光大。老师和学生是一种鱼水关系，学生离不开老师，老师离不开学生。强强联手，合作共赢，才有光辉灿烂的中华文化。

2022. 8. 27

欧阳修和他的门生们

　　一般人了解欧阳修都是从《醉翁亭记》开始的，那个"环滁皆山也"的大气磅礴，以及"苍颜白发、颓然而醉"的滁州太守，我们知道他是一个性情旷达、与民同乐的父母官。实际上，欧阳修更为出名的是，他是北宋的文坛泰斗，是"唐宋八大家"中宋朝的领军人物，而且其他几位文坛巨匠，诸如王安石、司马光、曾巩、"三苏"父子等都与他有着千丝万缕的关系，尤其是他的那些门生弟子们，更是因为有了欧阳修，才有了后来北宋灿烂的文化，以及层出不穷的文坛巨子。

　　当然，师傅领进门，修行在个人。"师不必贤于弟子，弟子也不必不如师。"欧阳修的高足有之，让他蒙羞的有之，让他生气的有之。但是紧紧跟随也罢，背道而驰也好，反正都脱不开门生这层关系。

"老夫当避路" ——苏轼

　　苏轼在京城会考时，主审官是大名鼎鼎的北宋文学名家欧阳修。他在审批卷子的时候被苏轼华丽绝赞的文风所倾倒。为防徇私，那时的考卷均为无记名式。所以欧阳修虽然很想点选这篇文章为第一，但他觉得此文很像他的门生曾巩所写，怕落人口实，所以最后评了第二。一直到发榜的时候，欧阳修才知道文章作者是苏轼。在知道真实情况后欧阳修后悔不已，但是苏轼却一点也不计较。苏轼的大方气度和出众才华让欧阳修赞叹不已："放他出一头地也。"意思是这样的青年才俊，真是该让他出榜于人头地啊。

作为文坛领袖，欧阳修不仅文采斐然，而且品行高洁，刚正耿直。在对待后辈士子上，欧阳修不徇私情，慧眼独具，心胸宽广，为文坛发掘了很多优秀的人才。在众多门生中，苏轼最得欧阳修赏识。面对后辈学人的优秀，他非但没有嫉贤妒能，反而公开赞赏。因为作为文坛宗师，欧阳修关心的不是个人的荣誉，而是文统和道统的传续。他对苏轼的欣赏不只是文才，更包括人品、气质、志向。这样的老师，当然值得苏轼尊敬，值得苏轼缅怀！

苏轼，字子瞻，一字和仲，号铁冠道人、东坡居士，世称苏东坡、苏仙、坡仙，眉州眉山（今四川省眉山市）人，祖籍河北栾城，北宋文学家、书法家、美食家、画家，也是治水名人。

嘉祐二年（1057 年），苏轼参加殿试中乙科，赐进士及第，一说赐进士出身。嘉祐六年（1061 年），应中制科入第三等，授大理评事、签书凤翔府判官。宋神宗时曾在杭州、密州、徐州、湖州等地任职。元丰三年（1080 年），因乌台诗案被贬为黄州团练副使。宋哲宗即位后任翰林学士、侍读学士、礼部尚书等职，并出知杭州、颍州、扬州、定州等地，晚年因新党执政被贬惠州、儋州。宋徽宗时获大赦北还，途中于常州病逝。宋高宗时追赠太师。宋孝宗时追谥"文忠"。

苏轼是北宋中期文坛领袖，在诗、词、散文、书、画等方面取得很高成就。诗题材广阔，清新豪健，善用夸张比喻，独具风格，与黄庭坚并称"苏黄"；词开豪放一派，与辛弃疾同是豪放派代表，并称"苏辛"；散文著述宏富，纵横恣肆，豪放自如，与欧阳修并称"欧苏"，为"唐宋八大家"之一。苏轼善书，为"宋四家"之一；还擅长文人画，尤擅墨竹、怪石、枯木等。李志敏评价："苏轼是全才式的艺术巨匠。"

欧阳修的最爱——曾巩

欧阳修最喜欢的弟子不是最有才华的苏轼，而是曾巩，这是为何呢？这得从曾巩的为人说起。曾巩是一个十足的懂事的孩子，虽然他家祖上几代出过很多名人，据统计，几十年间出了十三位进士，这还不算曾巩兄弟长大后又出了六位。

曾巩祖上虽然阔过，但是，到了曾巩这一代，却面临着生计问题，到曾巩出生的时候，家里已经很拮据了。曾巩的兄弟姐妹又很多，一共有十六个，他排第二，上面有一个哥哥，下面还有四个弟弟和十个妹妹。对于这样一个家庭，曾巩的压力是非常的大，以至于他放弃了很多学习的机会，就是为了早点出来为弟弟妹妹们谋个活路。

所幸，曾巩是一个非常勤奋和刻苦的孩子，即便在很艰难的条件下，他依然学有所成，为人也很正直，赢得了文学界的一致认同。曾巩是一个很正派的人，他没有苏轼那样的才华横溢，也没有王安石那样的经世之才，但他就是一个"稳"字，他的才学和观点都很正面，虽然没有太过出彩之处，但却处处散发着正能量的东西，是众人学习的楷模，也是文坛的一个中流砥柱。

欧阳修就是看中了曾巩的这一点，所以他非常喜欢这个孩子。曾巩考了多年的进士，就是考不中，而欧阳修一上台做主考官，曾巩立马就中了，由此可见欧阳修对于曾巩这种文风的喜爱。此时，曾巩已经三十八岁。有人会问：曾巩的优点到底在哪里？他为什么能入选"唐宋八大家"呢？

这样说吧：有曾巩，你不会感到惊艳；但没曾巩，你会觉得少了点儿什么。这就是榜样的力量。

政治上走向对立面——王安石

欧阳修和王安石同为唐宋八大家，一个是文坛巨擘，一个是政界领袖。但后期两人的主张不一样，欧阳修曾经反对过王安石变法，但总体来说两人的关系不错，同为朝廷效力，在文学方面不谋而合，两人是很好的朋友关系。

王安石生活于北宋年间，他1021年出生于一个官吏家庭，抚州临川人氏，字介甫，号半山，后人又以王荆公称之。其父早年任临江军判官，还做过县官等工作，所以他辗转于南北各地。他是著名的政治家、改革家及文学家。

王安石勤奋好学，且天资聪慧，有着惊人的记忆力，先天的因素加上后天良好的教育，使得王安石才华出众，博古通今，是为难得的一代才子。王安石于 1042 年考中进士，金榜题名，这也是他仕途的开端。王安石此后辗转于各地任职，任过淮南判官、舒州通判、鄞县知县等职。任职期间，王安石兴修水利，大力发展农业，扩办学校，为改善民生做出了杰出贡献。

在早期，王安石受到欧阳修的大力赞言，欧阳修非常欣赏王安石的文学作品，欧阳修对于王安石的文学之路帮助是很大的，欧阳修曾经提携过王安石，所以两人交往甚密，在一开始的时候就建立起了很好的友谊关系。

因为每个人所处的地位不同，阅历有别，自然在政治上就难免产生分歧，而政治这东西超越亲情、友情，甚至是师生情，有的时候可能是你死我活的关系，那么师徒分道扬镳也就司空见惯了。

北宋神宗年间，王安石进行变法，欧阳修对王安石变法的某些政策并不支持，因此在政治上有所反对。晚年的欧阳修政治思想过于保守，而王安石的政治主张则趋于前卫与创新，所以欧阳修成了保守派，反对王安石变法，而王安石则是新法的拥护者及推行者。两人政见不同，可谓是政敌，有资料说，欧阳修多次上书朝廷，反对变法，要求终止青苗法，王安石对欧阳修是深恶痛绝的。

投靠政敌背叛师门——蒋之奇

治平四年（1067 年），监察御史蒋之奇上书给刚刚继位的宋神宗，弹劾欧阳修与儿媳有私情。此事引起轩然大波，朝廷之上一大帮监察御史纷纷借机攻击欧阳修。而此时的欧阳修虽官拜参知政事，却也十分被动。

说起蒋之奇，他可以说是欧阳修的门生，他是嘉祐二年（1057 年）考中进士的，与苏轼、曾巩等同列，那年欧阳修是主考官。后来在宋英宗赵曙的濮议之争中，蒋之奇与欧阳修意见相同，或者是蒋之奇可能有巴结欧阳修之意，认为追崇濮王为皇亲合理合法，这使得欧阳修对蒋之奇好感倍增。后来，欧阳修举荐蒋之奇为监察御史。如此说来，欧阳修对蒋之奇应该有恩才对。不过没过多久，蒋之奇和欧阳修两人反目成仇。

文人

蒋之奇可能已经投身于改革派。王安石早在嘉祐三年（1058 年）起就多次向宋仁宗和宋英宗提出变法的主张，宋仁宗和宋英宗都没有采纳，宋神宗继位之后就对王安石变法表现出浓厚的兴趣。一旦宋神宗采纳王安石的变法，则改革派会大受重用。这时蒋之奇改换门庭，投身改革派也是有可能的。蒋之奇因此事被贬之后，在后来任福建转运判官等职时，曾对王安石变法的相关举措给予大力支持，并取得一定的成效。这也表明蒋之奇对王安石的变法应该是支持的。

欧阳修曾公开骂蒋之奇为奸邪。欧阳修可能觉得自己举荐了蒋之奇，则对蒋之奇有恩，那么蒋之奇应该和他站在同一条战线上。对于蒋之奇投靠改革派的举动，欧阳修认为是一种背叛。其实对于背叛一说，后人多有辩驳，因为在宋朝，举荐官员大多有提携之意，很多人确实会靠举荐来达到拉帮结派的目的，但后来因政见不同分道扬镳的也很多。例如庆历年间，王拱辰就曾举荐包拯，加强保守派的实力，对抗以范仲淹为首的改革派，但包拯为人清廉，跟王拱辰关系一般，也没站在同一战线上。简而言之，蒋之奇多半是由于和欧阳修政见不同而形同陌路，但不代表蒋之奇就是奸邪。据史料记载，蒋之奇跟苏轼的关系极好，曾多年在地方为官，也是名干吏。欧阳修却对蒋之奇进行了人身攻击，指责蒋之奇是奸邪，这就有点言过其实了。欧阳修是个文学大家，其粉丝非常多，他对蒋之奇的指责，带来了很多的连锁反应，使蒋之奇名誉大为受损。

古人向来注重师生关系，而且有"一日为师，终身为父"之说。作为文坛领袖的欧阳修应该极其重视这些师生关系。可惜，有的人成为他的骄傲，有的人成为他心中的痛。我们了解这段历史，只是从辩证唯物主义的角度来观照这些师生关系，为我们正确对待新型师生关系提供一些参考。

古代文人的惠民情结

　　"致君尧舜上，再使风俗淳"，伟大的现实主义诗人杜甫一生寻寻觅觅、栖栖惶惶，坚持为国为民的理想；"居庙堂之高则忧其民，处江湖之远则忧其君"，范仲淹虽屡次被贬，但不改忧君忧民的志向。古代文人自幼饱读诗书，深受儒家思想影响，骨子里流淌的是家国情怀，所以，他们不管在地方，还是在中央，都能为老百姓做点实实在在的事情。

苏东坡的苏堤

　　苏堤旧称苏公堤，是一条贯穿西湖南北风景区的林荫大堤，现长2797米，为北宋文人苏轼（1089年）任杭州知府疏浚西湖时取湖泥和葑草堆筑而成。堤上有映波、锁澜、望山、压堤、东浦、跨虹六桥，古朴美观。苏东坡曾有诗云："我来钱塘拓湖绿，大堤士女争昌丰。六桥横绝天汉上，北山始与南屏通。"堤旁遍种花木，有垂柳、碧桃、海棠、芙蓉、紫藤等四十多个品种。每当寒冬一过，春风吹拂，苏堤便犹如一位翩翩而来的报春使者，杨柳夹岸，艳桃灼灼。堤上垂柳初绿、桃花盛开之时，绿柳如烟、红桃如雾，红翠间错，灿烂如锦。最动心的，莫过于晨曦初露时，湖波如镜，桥影照水，鸟语啁啾，柳丝舒卷飘忽，桃花笑脸相迎。月沉西山之时，轻风徐徐吹来，无限柔情。这时桃红柳绿，景色尤佳，游人漫步在堤上，看晓雾中西湖苏醒，新柳如烟，春风骀荡，好鸟和鸣，意境动人。湖山胜景如画图般展开，多方神采，如梦如幻……故此景被称为"苏堤春晓"。

1089 年，苏东坡第二次来杭州任太守，这次是杭州最高长官，再次来到杭州的苏东坡发现，此时的西湖淤塞得更加严重。根据苏东坡回忆："熙宁中，臣通判本州，湖之葑合者，盖十二三耳；而今者十六、七年之间，遂塞其半。父老皆言，十年以来，水浅葑横，如云翳空，倏忽便满，更二十年，无西湖矣。"

淤塞使得西湖越来越小："然后民足于水，邑日富，百万生聚待此而后食。今湖狭水浅，六井渐坏，若二十年之后尽为葑田，则举城之人复饮咸苦，势必耗散。"如果没了西湖，杭州城可能就要没有了。面临着这样严重的威胁，苏东坡立即着手制订疏浚西湖的方案，写下了伟大的《杭州乞度牒开西湖状》，并提出了那个著名的断言："杭州之有西湖，如人之有眉目，盖不可废也。"这个奏章是官方文件中第一次使用"西湖"这个名称，同时也说明此时的杭州城市已经整个建立在西湖以东，湖之名已经普遍流行了。

但是，朝廷没有钱，只有度牒。苏东坡就用这一百道度牒换了一万七千贯钱，又发起募捐，并将自己的字画拍卖，凑齐了所有需要准备的。从夏到秋，历时半年，雇佣二十万人工，终于疏浚好了西湖，这可是九百多年前，绝对属于拯救西湖的希望工程，面对疏浚西湖挖出来的淤泥葑草，苏东坡用诗人那天马行空充满浪漫主义色彩的想法，在西湖中筑起了这条横贯南北的苏公堤，现在人称之"苏堤"。

范仲淹的海防工程

宋代天禧年间（1017 年—1021 年），范仲淹刚过而立之年，调任泰州西溪（今东台）盐仓监。天圣中，范仲淹满怀"有益天下之心"上书泰州知州张纶，建议急速修复捍海堰，以救万民之灾。时有人责范仲淹越职言事，范仲淹回敬道："我乃盐监，百姓都逃荒去了，何以收盐？筑堰挡潮，正是我分内之事！"也有人以筑海堰后难以排水，极易出现积涝而予以反对。谁知张纶熟知水利，言道："涛之患十之九，涝之患十之一，筑堰挡潮，利多弊少。"于是采纳了范仲淹建议，奏请朝廷批准，并命范仲淹负责修筑泰州捍海堰。

范仲淹千里海堤指范公堤，它北起江苏连云港，南至浙江仓南。范公堤规模宏大，历史悠久，可以防御海水倒灌、海浪越顶，对沿海地区起到了重要的保护作用。海堤是在河口、海岸地区，为了防止大潮、高潮和风暴潮的泛滥以及风浪的侵袭和造成土地淹没，在沿岸地面上修筑的一种专门用来挡水的建筑物。

这项工程于仁宗天圣元年（1023 年）由范仲淹主持开建。但动工不久，天降特大雨雪，海面上惊涛骇浪，很多民工散失，百余人死亡，工程遭到严重破坏。反对者趁此机会旧调重弹，继续反对修复海堤，朝廷也派人下来检查要停罢这项工程。修复海堤的工程面临流产。朝廷诏令淮南转运使胡令仪与范仲淹讨论这项工程能否继续进行，范仲淹力主继续动工，胡令仪也很支持范仲淹意见，最终这项工程没有停歇。在工程进行中，范仲淹虽因母丧而离去，但他对工程却时时刻刻关注着，他曾给张纶写信，反复申述修复海堤的好处，坚定张纶的信心。张纶接替范仲淹主持全部工程。

天圣五年（1027 年），张纶负责捍海堰工程指挥，于当年秋施工，第二年春完成，前后历时四载，终将捍海堰修成。堰长 25696.6 丈（合 71 公里），堰基宽 3 丈（合 10 米），高 1 丈 5 尺（合 5 米），顶宽 1 丈（合 3.3米）。堰成后受益显著，"来洪水不得伤害盐业，挡潮水不得伤害庄稼"。外出逃荒的两千余民户回归家乡，百姓得以安其生，农灶两受其利。

白居易与苏州山塘街

书写山塘第一页的是唐代诗人白居易。唐敬宗宝历元年（825 年）白居易任苏州刺史，任上，白居易开凿了从阊门到虎丘的水路，薪土筑岸，间植"桃李莲荷数千株"。从此，苏州就有了这条美丽的水街——山塘街。

白居易上任不久，他坐了轿子到虎丘去，看到附近的河道淤塞，水路不通，回衙后，立即找来有关官吏商量，决定在虎丘山环山开河筑路，并着手开凿一条山塘河。它东起阊门渡僧桥附近，西至虎丘望山桥，长约七里，故俗称"七里山塘到虎丘"。这条河在阊门与运河相接。在河塘旁筑堤，即山塘街。

开凿山塘的初衷是为了方便苏州人去虎丘游玩。故而，当时的山塘街就被称作"武丘寺路"（避皇帝名讳，改"虎"为"武"）。虎丘，苏州人誉其为"吴中第一名胜"。传说，吴王阖闾墓在山中，墓中玄机重重，甚为传奇。加之，虎丘山石灵怪，古迹遍布，四时风景宜人。古刹名寺跌坐在山中，令人更添思古之幽情。所以，自古虎丘就是苏州人出游的首选地。然而没有开凿山塘之前，去虎丘的道路迂回曲折，艰涩难行。沿途河道多有淤塞，常有水涝发生。

山塘河的开凿和山塘街的修建，大大便利了灌溉和交通，这一带成了热闹繁华的市井。苏州百姓非常感激白居易，他离任后，百姓即把山塘街称为白公堤，还修建了白公祠，以作纪念。

山塘街一头连接苏州的繁华商业区阊门，一头连着花农聚集的虎丘镇和名胜虎丘山，所以，自唐代以来它一直是商品的集散之地、南北商人的聚集之处。清乾隆年间，著名画家徐扬创作的《盛世滋生图》长卷（也称《姑苏繁华图卷》），画了当时苏州的一村、一镇、一城、一街，其中一街画的就是山塘街，展现出"居货山积，行云流水，列肆招牌，灿若云锦"的繁华市井景象。曹雪芹在《红楼梦》第一回中也把阊门、山塘一带称为"最是红尘中一二等富贵风流之地"。

白居易在苏州兢兢业业地工作了一年半时间。公元 826 年，五十五岁的白居易因病卸任，离开苏州。行舟离去时，苏州百姓垂泪相送，不忍别离。白居易站在船头，望着两岸不舍离去的苏州百姓，写下了《别苏州》："一时临水拜，十里随船行……怅望武丘路，沉吟浒水亭。"

古代文人"一不小心"做的事情就成了民心工程，为老百姓解决了实实在在的困难，而这些工程因为"功在当代、利在千秋"保存了下来，不仅继续为人民服务，而且作为景点供人们参观游览。看着这些一个个历史遗迹，我忽然想到了一句话：为人民做的事情就会成为江山，成为永恒。

2022.9.28

事亲至孝的古代文人

不孝有三，无后为大，"孝"在中国古代儒家文化中具有至高无上的地位。陆游的前妻唐婉就因为无后"不孝"而被休，东晋文人嵇康也因为被冠以"不孝"之名而走上断头台。古代文人为了推行孝道，还编辑出版了《二十四孝图》进行广而告之。"孝"可以看出一个人对父母的感情，从而也折射出他对国家的态度。

风木之悲

《春秋》记载：

皋鱼宦游列国，归而母卒，泣曰："树欲静而风不息，子欲养而亲不在。"遂自刭死。

孔子出行在外，忽然听到有人哭得很悲痛。孔子说："快点赶车，前面有个贤人。"来到哭声传来的地方，看到一个人身穿粗布衣服，手里拿着镰刀，正在路边哭泣。孔子认识他，他的名字叫皋鱼。

孔子下了车，前去跟他说话："您并没有遇到丧事，为什么哭得这么悲痛呢？"

皋鱼说："我已经有三种过失了。年轻的时候，为了求学而周游于诸侯国之间，我的双亲去世了，我因此而失去了侍奉双亲的机会，这是我的第一个过失；我当初所立的志向非常高远，不想在国君手下从政做事，失去了为国家和百姓尽力尽责的机会，这是我的第二个过失；本来我与朋友的关系很深厚，但是，只因为一点小事就与他们断交了，这是我的第三个过失。树木虽然想安静，大风却不停地吹；做子女的想要侍奉双亲，双亲却不会等待着。过去了就永远无法追回来的，是岁月；一旦失去了就再也无法见到的，是双亲。我从此要离开人间了。"皋鱼说完，立刻就自杀死去了。

现代人常挂在口头上的话就是：等我混好了，一定好好孝敬父母。殊不知，等我们"兴旺发达"的时候，有的父母已经不在，所以就有了"树欲静而风不息，子欲养而亲不在"的遗憾。父母期待我们的不是什么大富大贵，而是点点滴滴的报答。

为母遗羹

颍考叔为颍谷封人，闻之，有献于公。公赐之食，食舍肉。公问之，对曰："上人有母，皆尝小人之食矣，未尝君之羹，请以遗之。"

春秋时期，郑庄公在朝堂请颍考叔吃饭，颍考叔在吃饭的时候，只吃蔬菜，把肉留着。庄公很纳闷，就问颍考叔为什么这样。颍考叔答道："小人家有母亲，我做的东西她都吃过，她唯独没有品尝过君王恩赐的肉羹，请让我带回去送给她吃吧。"

颍考叔的母亲确实没有吃过君王赏赐的肉羹，能让母亲感受一下君王的恩泽，确实说明颍考叔很有孝心。不过，之所以发生这样的情节，是内有隐情——其实是颍考叔来"套路"郑庄公的。因为郑庄公和母亲闹掰了，并且发誓"不及黄泉，无相见也"。颍考叔"遗羹"是为了勾起郑庄公对母亲的怀念，郑庄公说自己"可惜没有母亲馈赠肉羹"。颍考叔最后给郑庄公出了个"掘地黄泉，洞中相见"的主意，使他们母子得以相见，其乐融融，和好如初。

杀鸡奉母

茅容，字季伟，东汉贤士，陈留（今河南开封南）人。年四十余，耕于野，时与等辈避雨树下，众皆夷踞相对，容独危坐愈恭。林宗行见之而奇其异，遂与共言，因请寓宿。旦日，容杀鸡为馔，林宗谓为己设，既而以供其母，自以草蔬与客同饭。林宗起拜之曰："卿贤乎哉！"因劝令学，卒以成德。

后汉时期，有个大儒叫郭泰，他学识渊博，喜欢奖励和教导读书人，他的足迹遍布四方。一次郭泰来拜访茅容，留下来歇息。第二天早晨，郭泰看见茅容在杀鸡。他想这肯定是茅容用来招待他这个客人的。怎么说自己也是大学者，受人尊敬很正常。可是等到吃饭的时候，却还是和昨天一样的粗茶淡饭，那只鸡却没见到踪影。郭泰非常奇怪，鸡既然已经杀了，难道不是用来吃的吗？郭泰弱弱地问（怕人以为他嘴馋）："你今天不是杀了只鸡吗？"茅容头也没抬，答道："母亲已经很久没有吃肉了，今天杀了这只鸡，是给母亲吃的。"郭泰向他作揖说："你真是有德行。"因而劝勉茅容学习文化知识，用来成就他的德行。

怀橘遗亲

陆绩，字公纪。年六岁，至九江见袁术。术出橘待之，绩怀橘二枚。及归拜辞，橘堕地。术曰：陆郎作宾客而怀橘乎？绩跪答曰：吾母性之所爱，欲归以遗母。术大奇之。

陆绩，三国时期吴国吴县华亭（今上海市松江）人，科学家。他的官职到了太守，对天文和历法很精通。六岁时，随父亲陆康到九江谒见袁术，袁术拿出橘子招待，陆绩往怀里藏了两个橘子。临行时，橘子滚落地上，袁术嘲笑道："陆郎来我家做客，走的时候还要怀藏主人的橘子吗？"陆绩回答说："母亲喜欢吃橘子，主公橘子很甜，我想拿回去送给母亲尝尝。"袁术见他小小年纪就懂得孝顺母亲，十分惊奇，后来经常跟别人称赞他。陆绩成年后，博学多识，通晓天文、历算，曾作《浑天图》，注《易经》，撰写《太玄经注》。

孝，作为儒家一种文化，应该是渗入古代文人骨髓的，他们小时候阅读儒家经典，汲取文化营养，长大后，为官做学问，还是秉持孝道传统。反观现在社会现实，遗弃的，虐待的，不一而足。假如历史能够穿越的话，真应该把这些不肖子孙送回去"进修进修"，假如达不到"毕业"标准的话就不要回来了。

文人

2022.10.26

古代文人的义

古代关于"义"的成语有好多，像"义薄云天""深明大义""义无反顾""义不容辞"等。"义"是古代儒家"五常"仁、义、礼、智、信中的重要内容，古人非常推崇"仁义"道德以及"义举"言行。"义"是一种传承，不管哪个朝代，也不管哪个阶层，更不管身在何境，都能体现出中华民族重义轻生、舍生存义的节操。

羊左之义

春秋争霸，各个国家都急需大量人才。身在南方的楚国也不例外，虽然蛮荒，照样招贤纳士，天下人才闻风而归。

西羌积石山有一位贤士左伯桃，自幼父母双亡，勉力读书，胸怀济世之才、安民之志，但一直没有出仕。后来听说楚元王慕仁为义，遍求贤士，左伯桃乃携书一囊，辞别乡中邻友，径奔楚国而来。千难万险来到雍地，时值严冬，雨雪霏霏，寒风刺骨，左伯桃衣裳尽湿。

天色渐晚，他望见远处竹林里的茅屋之中，透出一点光亮。伯桃大喜，忙跑到这茅屋前去叩门求宿。不想，屋主也是一介书生，名叫羊角哀，自小也是父母双亡，平生只好读书，立志报国救民。二人谈得十分投机，可谓相见恨晚，便结拜为异姓兄弟。

左伯桃见羊角哀一表人才，学识又好，就劝他一同到楚国去谋事，羊角哀也正有此意，遂带了一些干粮一起往楚国而去。晓行夜宿，眼看干粮将要用尽，天又降大雪，道路难走。左伯桃独自思量，这点干粮若供给一人食用，勉强尚能到达楚国。

他知道自己学问不如羊角哀渊博，便情愿牺牲自己，去成全羊角哀的前程。想罢，便故意摔倒地下，叫羊角哀帮忙搬块大石来坐着休息。等羊角哀把大石搬来，左伯桃已经脱得精光，裸卧在雪地上，冻得只剩一口气，羊角哀大恸而号。左伯桃叫他把自己的衣服穿上，把干粮带走，继续前行去楚国谋事，言毕即死。

羊角哀来到楚国，由上大夫裴仲荐于楚元王。楚元王召见羊角哀时，羊角哀上陈十策，楚元王大喜，拜羊角哀做中大夫，赐黄金百两，绸缎百匹。羊角哀弃官不做，要去寻左伯桃的尸首。寻着之后，羊角哀为左伯桃香汤沐浴，择一块吉地安葬，并留下守墓。

不想，此地与荆轲墓相隔不远，相传荆轲因刺秦王不中，死后精灵不散。一夜，羊角哀梦见左伯桃遍体鳞伤而来，诉说荆轲的凶暴。羊角哀醒来之后，提剑至左伯桃坟前说道："荆轲可恶，吾兄一人打不过他，让小弟来帮你。"说罢，自刎而死。是夜，狂风暴雨，雷电交加，隐隐闻喊杀之声。至天明，发现荆轲的坟爆开了。

消息被楚元王知道之后，楚元王感其义重，给他们立了一座忠义祠，勒碑刻石记其事，至今香火不绝。

荀巨伯轻生重义

《世说新语》在"气节"一章里记叙了这样一个故事：

荀巨伯远看友人疾，值胡贼攻郡，友人语巨伯曰："吾今死矣，子可去！"巨伯曰："远来相视，子令吾去，败义以求生，岂荀巨伯所行邪！"贼既至，谓巨伯曰："大军至，一郡尽空，汝何男子，而敢独止？"巨伯曰："友人有疾，不忍委之，宁以吾身代友人命。"贼相谓曰："吾辈无义之人，而入有义之国。"遂班军而还，郡并获全。

这个故事是讲汉代有个读书人叫荀巨伯。有一次，听说远方的一个好友得了重病，他心急如焚，匆匆收拾好行装，便赶去探视。他披星戴月，奔波了半个多月，才赶到好友居住的县城。谁知进城以后，只见街上冷冷清清，寂无一人，觉得很奇怪。他来到好友的住处，发现好友躺在床上，面色惨白，连声低呼："水！水！"

荀巨伯忙从桌上取过一只碗，立即到厨房水缸里找来了一点儿水，递到友人嘴边。

友人喝了几口，病情稍好一点儿，一抬头，见是荀巨伯，惊喜地问道："你怎么来了？"荀巨伯答道："听说你病了，我就赶紧来看你，你感觉怎么样？"

友人见荀巨伯满面风尘地专为看望自己而来，深为感动，但想到胡兵很快就要来攻城的情形，就焦急地对荀巨伯说："作为朋友，你能老远地来看我，我已死而无憾了。可我已是要死的人了，不能再连累你了。你快点儿走吧！"说完，吃力地挥了挥手。

荀巨伯恳切地说："我大老远跑来看你，你却让我逃走。舍弃朋友之义而自己去逃命，难道我荀巨伯能做出这样的事情吗？"

很快，胡兵攻陷了城池，一个身材魁梧、身着胡装、手执钢刀的大汉，带领几个随从冲进了荀巨伯所在的屋子。

胡兵大汉看见屋子里有两个男子：一个卧病在床，一个正在给病人递水。便走上前去，大声喝问荀巨伯："我们大军一到，全城的人都逃跑了。你是什么人，竟敢独自留在这里？"

荀巨伯从容不迫地回答道："我是荀巨伯，因为我的朋友重病在身，无人照顾，因此我不忍心丢下他自己去逃命。我宁愿用自己的生命代替我朋友的生命，你千万不要伤害他！"

强盗头目听闻此言，大为感动，就对同伙说："我们皆是无义之人，怎么可以来抢夺这个有仁义的地方？"于是下令强盗们全部撤走。荀巨伯的大义凛然化解了这次灾祸。为此，全城的人才得以保全性命。

文天祥留取丹心

文天祥生于南宋末年，正值乱世。元军很快打到临安附近，南宋朝廷中的官员纷纷逃跑。这时，文天祥任右丞相，往元军营中谈判，不料为元军扣留。在押往北方的路上，文天祥在镇江逃脱了。他历尽艰险，经扬州、高邮、泰州等地，由海路南下，到福建和张世杰、陆秀夫等坚持抗元。接着，他又到江西一带招兵买马，并收复了一些州县。可是，双方力量实在太过悬殊，不久他就被元军打败，退入广东。1278 年，他在海丰附近的五坡岭兵败被俘。他吞毒药自杀，但没有死成，又落到了元军手里。

文天祥被俘后，元将张弘范逼他写信向张世杰招降。他严词拒绝，在纸上写下了《过零丁洋》。这首诗的最后两句是："人生自古谁无死，留取丹心照汗青。"他用诗句来表达自己不屈的意志。

元军灭掉南宋后，张弘范又向他劝降说："现在宋朝已亡，你的忠孝也算尽了。你如果用替宋朝做事情的精神，来替元朝做事情，那么，元朝的宰相，除了你做，还有谁呢？"文天祥气愤地说："国家灭亡不能救，我已死有余辜，难道还能贪生怕死，改变心志吗？"他决心以死报国。

第二年，他被押送到大都。路上绝食八天，没有死，被囚禁在大都一个潮湿阴暗的地牢里。

元世祖想利用文天祥来笼络人心，缓和当时人民的抗元斗争情绪。他亲自召见文天祥，进行劝降。文天祥见了元世祖，不肯下跪。元世祖的左右强行要他下跪，他仍坚立不动，从容地说："宋朝已经亡了，我应当赶快死。"元世祖劝诱说："你只要用对待宋朝的心来对待我，我就封你做宰相。"文天祥还是不理睬。元世祖又说："你如果不愿做宰相，就封你做别的官如何？"文天祥斩钉截铁地说："我只求一死就够了！"1283 年 1 月，也就是元朝至元十九年十二月，文天祥被押赴刑场。临死前，元朝官员问他："你有什么话说，告诉了皇帝，现在还可以免死。"他回答说："死就死，还有什么话可说！"他又问身旁的人："哪边是南方？"身旁的人告诉了他。他没有忘记南方的祖国，向南方下拜说："我能够报国的机会，已经没有了。"说完，从容就义。

文天祥坚决抵抗元军的进犯，被俘后始终坚贞不屈，最后以死报国，正气浩然。长期以来，他的崇高的民族气节，一直受到人们的赞扬和敬仰。

2022. 10. 26

母亲——古代文人的启蒙之师

人们常说，一个好母亲就是一个好家庭。一个优秀的母亲更是儿女学习的榜样，是子孙成长的精神力量。许多古代文人之所以那么优秀，就是因为他们有一位伟大的母亲，他们从一降临到这个世界，就遇到了一位优秀的老师。

郑母画荻

欧阳修是北宋文坛的领袖，是古文运动的倡导者，他学术渊博，胸襟开阔，门生故吏遍布朝野，是一个真正的大儒。

就是这样一位大儒，人生起起伏伏，童年时代更是苦难深重，饱尝了生活的艰辛。他的成才成功，离不开他的母亲。

欧阳公四岁而孤，家贫无资。太夫人以荻画地，教以书字。多诵古人篇章。及其稍长，而家无书读，就闾里士人家借而读之，或因而抄录。以至昼夜忘寝食，唯读书是务。自幼所作诗赋文字，下笔已如成人。

欧阳修的父亲在他四岁时就亡故了，母亲韩国夫人郑氏守节不嫁，过着清贫艰苦的日子，亲自教育欧阳修为学为人。由于没钱买纸笔砚墨，母亲便折一些芦荻作笔，以地为纸，教欧阳修学习写字，就这样苦学了十几年。欧阳修长大成人后，进京赶考，三试国学，一试礼部，都得到了第一名的好成绩。自此，天下都知道欧阳修的文名。

能为滂母

苏轼是文学大家，是在诗、词、文、书法方面都取得非凡成就的人，他之所以能取得如此成就应该与他的母亲有很大关系。大家知道，苏轼的父亲叫苏老泉，到二十七岁才"开窍"，在二哥的启发下开始认真读书，他应该在苏轼的启蒙教育上没有发挥作用。说句玩笑话，没被他带坏已经很不错了。苏东坡的优秀得益于他的母亲。

苏轼十岁，母程氏亲授以书，闻古今成败，辄能领其要。程读《范滂传》，慨然叹息。轼请曰："轼若为滂，母能许之否？"程曰："汝能为滂，我独不能为滂母耶？"

苏轼十岁时，母亲程氏亲自教他读书，听讲古今的兴衰治乱，总是能立刻领悟其中的本质。母亲读到《范滂传》时，感慨叹息。苏轼问母亲："如果我是范滂，母亲能容许我那样做吗？"母亲说："你能做范滂，难道我就不能做范滂的母亲吗？"话语掷地有声，母亲的言行为苏轼立起了人生的精神灯塔。

击堕金鱼

有一技之长当然是好事，若这一技之长与自己的"职业"相冲突，那人就往往为"特长"所累。陈康肃公尧咨擅射，欧阳修在《卖油翁》一文中还写到了他，说他"当世无双"，也受到时人的夸奖，但他母亲对他这个特长却是大加反对。

陈尧咨秩满归。母问有何异政，对曰："荆南当孔道，过客以儿善射，莫不叹。"母曰："忠孝辅国，尔父之训也。尔不能以善化民，顾专卒伍一人之技。因击以杖，堕其金鱼。"

就是说陈尧咨任期结束回家，母亲问他有什么特别的治理方法。陈尧咨回答说："荆南正对着大道，路过的人看见我擅长射箭，没有不赞叹的。"母亲说："用忠心辅佐国家，是你父亲的遗训。你不能用善政感化百姓，只专注于士卒们的技艺。"因而母亲用拐杖击打他，把他佩戴的金鱼都打掉了。

看来陈尧咨受到母亲此番教育之后，思想意识大为转变，以后在为官的道路上兢兢业业，恪尽职守，最终获得"康肃公"的谥号。

陵母伏剑

《汉书》卷四十《王陵传》："王陵，沛人也。始为县豪，高祖微时兄事陵……及汉王之还击项籍，陵乃以兵属汉。项羽取陵母置军中，陵使至，则东乡坐陵母，欲以招陵。陵母既私送使者，泣曰：'愿为老妾语陵，善事汉王。汉王长者，毋以老妾故持二心。妾以死送使者。'遂伏剑而死。项王怒，烹陵母。陵卒从汉王定天下。"

王陵，沛人，起初是县里的豪俊。高祖微贱时像对兄长一样事奉王陵。到高祖在沛起事，攻入咸阳，王陵也聚集党羽几千人，在南阳，不肯服从沛公。到汉王回师攻打项籍，王陵才带兵归汉。项羽把王陵的母亲扣押在军中，王陵的使者来了，便让她向东而坐，想来招降王陵。王陵母亲暗中送使者，哭道："希望替老妇告诉王陵，好好侍奉汉王，汉王是仁厚长者，不要因为老妇而有二心。我用死来为你送行。"便伏剑而死。项王大怒，烹杀了王陵的母亲。王陵最终跟随汉王平定了天下。王陵本来没有服从汉的意思，是在母亲"伏剑"的劝诫下，才下定决心易帜跟随，最后封安国侯。

世界上最伟大的人是母亲，在最关键时刻助你一臂之力的也是母亲。母亲所做的一切都是不求回报，也最无私。古人母亲的作为让人动容，我们之所以能感受到古代文人的伟大，是他们的母亲托举了他们。

2022. 10. 26

"奇葩"的古代文人

有人说，文人真性情；有人说，文人骚客。无论如何，文人在表达自己思想和感情的时候还真会率性而为，想干什么就干什么，不委屈自己，不看别人脸色。这也许是好事，也许是坏事，外人不好评说，那最终是好是坏，自有历史来评说。

想给人做儿子的文人

提起唐朝大诗人，一般人会脱口而出：李白、杜甫、白居易。白居易被清朝学者吴乔誉为李白、杜甫之后的第三人，其在唐诗中的地位之高，可见一斑。

当然，更为夸张的是白居易，他比李商隐大了四十多岁。但他晚年看到李商隐的诗，惊为天人，曾开玩笑说："我死后，得为尔儿足矣。"下辈子想给人家当儿子，这得崇拜到什么程度啊！

虽然是开玩笑，但一个诗坛领袖居然对当时还是小年轻的李商隐做出如此评价，可见李商隐的才华。"锦瑟无端五十弦，一弦一柱思华年。庄生晓梦迷蝴蝶，望帝春心托杜鹃。沧海月明珠有泪，蓝田日暖玉生烟。此情可待成追忆，只是当时已惘然。"这首传颂最广的《锦瑟》乃是其封神之作。

在仕途上，李商隐是非常不得意的，他过早地卷入了牛李党争。但李商隐的诗歌成就是非常高的，几乎站在了时代的最巅峰。他也因此与大诗人杜牧合称为"小李杜"，在诗歌发展陷入低谷的晚唐时代，几乎是撑起了诗坛半边天。

李商隐有如此高的文学成就，自然声名鹊起。李商隐是晚唐时期的代表人物，传世诗作六百余首，其中二十二首入选《唐诗三百首》，数量在唐朝所有诗人中排第四。排在他前面的分别是杜甫诗三十八首、王维诗二十九首、李白诗二十七首。

就因为李商隐在诗歌创作方面取得了如此高的成就，才让白居易佩服得五体投地。他们的相处不是我们常说的"忘年之交"，而是隔辈之交，并且是年长的白居易要投胎给人家做儿子，可见李商隐在白居易心目中的地位达到了无以复加的高度。

墓前驴叫

一群人在学驴叫，而且在坟墓前叫，并且还是一群文人在叫，你可以想象当时是一种什么情景。这不是当今的什么行为艺术，这是一种特殊的悼念方式，是相知相惜文人之间的情感表达。

说起王粲，这个人博闻强识，记忆力超群，有过目不忘的本领。一次，他和朋友路过一处地方，看到路两边有碑文，于是他们边走边阅读碑文。过后，朋友问他能否背诵下来，他便当着大家的面，把刚才看过的碑文从头到尾背了下来，居然一字不差。他还擅长写文章，能够做到下笔成篇，一遍即成。

建安期间，曹氏父子三人，也都喜欢文学，在当时的文坛中有着举足轻重的地位。曹操的儿子曹丕是魏国的第一位皇帝，出于共同的爱好，他与建安七子关系密切，他们经常聚在铜雀台谈天说地，饮酒聊天。

王粲不仅诗文写得好，而且他还有一个特殊的癖好，就是听驴叫、学驴叫。每当他高兴的时候，就会情不自禁地学驴叫，学得惟妙惟肖，引得众人捧腹大笑，成为聚会上的亮点。

虽然王璨诙谐幽默、出色有才，但身体不佳，可以说一直饱受病痛的折磨，年纪轻轻就开始生病，而且是当时很难治愈的"麻风病"。他的朋友也是当代名医张仲景曾经预言过，他的病要及早治疗，否则再过二十年，眉毛便会全部脱落，眉毛脱落半年后，就会病入膏肓，神仙也救不了。王粲听了根本没往心里去，对于张仲景让他吃药的劝告，也置若罔闻，果然到了四十几岁的时候，眉毛便开始慢慢脱落，此时治疗为时已晚，半年后，他被麻风病夺去了生命。

王粲死后，曹丕很是伤感，专门为王粲举行了隆重的葬礼，还亲自带领着这些文人雅士前去祭奠。来到王粲的墓前，曹丕说："这么多年的交情，官话、客套话都不必说了，王粲生前最爱听驴叫、学驴叫，让我们一起学驴叫来送王粲最后一程吧。"说罢，曹丕率先学起了驴叫，其他人看到皇帝都带头叫了，便也跟着学起了驴叫，一时间，王粲墓前驴叫声此起彼伏，成为人间友情的一种绝响。

争风吃醋的宋之问

"近乡情更怯，不敢问来人。"我们好多人都是通过这两句诗认识了唐朝诗人宋之问的。这两句诗出自他的诗作《渡汉江》："岭外音书绝，经冬复历春。近乡情更怯，不敢问来人。"这首诗的写作背景有点不咋地，是宋之问在从龙州逃往洛阳的路上写的。真可谓没有生活，就没有艺术。

关于宋之问，人们对他的评价是"才华盖世，无耻之尤"。为什么对一个诗作入选中学语文课本的诗人有如此评价呢？如果要仔细扒拉扒拉宋之问，会发现他的人品还真是不咋样。

宋之问曾经卖友投敌，在他遭贬之后，匿好友张仲之家。张仲之忠于唐室，曾与人密谋除掉武三思，因视宋之问为知己，未加防备。宋竟托人告密，导致好友诸人被斩首弃市。而其"因丐赎罪，由是擢鸿胪主簿，天下丑其行"。睿宗即位，以"狯险盈恶"将宋之问流放钦州，随后赐死，"之问得诏震汗，东西步，不引决"。祖雍请使者曰："之问有妻子，幸听诀。""使者许之，而之问荒悸不能处家事"，贪生怕死，以致于此。

宋之问当红时期，是武则天临朝，他为了讨好武则天，不惜给武则天写情书。为了掩盖自己口臭的毛病，还向他的情敌张易之请教。张易之是武则天的男宠，他们俩为了博得武则天的宠幸，各施绝技，搞得整个朝廷乌烟瘴气，也为其他朝臣所不齿。宋之问虽然如此做派，最终也没有讨得武则天的欢心，却让世人记住了他的丑态。

"特立独行"是文人做派，标新立异也会天下传扬。但有的时候如果做事为人不能守住"人"的底线，那也就经不起历史的考验。最终的结局必然会这样：不仅在当时会落得个笑话，而且还会遗臭万年。

2022. 10. 26

古人的伉俪情深

"在天愿作比翼鸟，在地愿为连理枝。"古人的爱情故事经常出现在典籍和戏曲中，谱写了一曲曲爱的赞歌。尤其在男尊女卑的封建社会，很多女性在爱情中做出了巨大的牺牲，现在读来还令人动容。

韩凭的相思树

宋康王舍人韩凭，娶妻何氏，美。康王夺之。凭怨，论为城旦。妻密遣凭书，缪其辞曰："其雨淫淫，河大水深，日出当心。"既而王得其书，以示左右，左右莫解其意。臣苏贺对曰："其雨淫淫，言愁且思也；河大水深，不得往来也；日出当心，心有死志也。"俄而凭乃自杀。其妻乃阴腐其衣。王与之登台，妻遂自投台下；左右揽之，衣不中手而死。遗书于带曰："王利其生，妻利其死，愿以尸骨，赐凭合葬。"王怒，弗听，使里人埋之，冢相望也。王曰："尔夫妇相爱不已，若能使冢合，则吾弗阻也。"宿夕之间，便有大梓木生于二冢之端，旬日而大盈抱，屈体相就，根交于下，枝错于上。又有鸳鸯，雌雄各一，恒栖树上，晨夕不去，交颈悲鸣，声音感人。宋人哀之，遂号其木曰："相思树"。相思之名，起于此也。南人谓此禽即韩凭夫妇之精魂。今睢阳有韩凭城。其歌谣至今犹存。

这是《搜神记》中关于韩凭故事的记载。宋康王是春秋时期宋国的国君，荒淫无道，就因为臣属妻子漂亮，就夺而娶之，实在是没有一点仁义道德。但是，韩凭和妻子何氏感情深厚，不离不弃，即使在他们被迫害的时候，也不改爱情的忠贞：生不能在一起，死一定要相拥相抱。

韩凭夫妇的爱情之所以能在统治者的迫害下，历尽劫难，生死不渝，永存人间，在于这爱情是在有着共同特点的心灵土壤上滋生出来的，在于他们用了全部力量，甚至生命来维护这爱情。韩凭妻何氏被宋康王所夺后，他们夫妇的确处于利害、生死选择的关键时刻，韩凭可以卖妻求荣，何氏可以以色事人，然而这样他们就沦为奴隶，爱情花落水流，人的尊严荡然无存。他们运用意志的自由，选择了害，选取了死，这样他们在迫害下，保卫了他们爱情的纯洁，保卫了他们人格的尊严，使他们不成为"王利其生"的供统治者践踏的奴隶。正因为他们夫妇都有不为权势所侮、不为强暴所屈的人格，所以才在他们心灵中产生生死不渝的爱情。爱情之花是心灵之花。爱情品位的高低决定于心灵品位的高低。贫瘠的心灵土地是生长不出绚丽动人的爱情之花的。韩凭夫妇生死不渝的爱情悲剧，是深挚爱情的一曲赞歌，又何尝不是不可侮不可屈的人格尊严的一首颂歌呢？

破镜重圆

乐昌公主下嫁徐德言。陈亡，德言与主破镜，各分其半。后主为杨素所得，德言寄诗云："镜与人俱去，镜归人未归。"乐昌得诗，悲泣不已。素怆然，召德言还之。

陈国乐昌公主下嫁徐德言。陈国灭亡，徐德言与公主把一面镜子打破，每人各得一半，并相约以后相见就以镜子为信物，来寻找对方。后来，乐昌公主被杨素获得，徐德言写诗说："镜子与人都离开了，现在镜子回来了而人却没有回来。"乐昌公主看到诗以后，悲伤痛哭不停。杨素非常伤感，召来徐德言把乐昌公主还给了他。

这是一段凄美的爱情故事，失而复得的心情应该是非常复杂的，而今"破镜重圆"这个成语已经成了夫妻重归于好的代名词。

南北朝末年，隋文帝杨坚为统一全国，举兵南下，准备灭掉南方的陈朝。陈朝的最后一个皇帝陈叔宝只知饮酒赋诗、寻欢作乐，不理政事。隋军大兵压境时，朝廷上下乱作一团。有一位名叫徐德言的，是陈后主的妹妹乐昌公主的丈夫。他预感到陈国即将灭亡，夫妻在一起的时间不会太久了，便流着泪对公主说："国破家亡就在眼前，你我不能相守了，以你的美貌与才能，国家灭亡后，你必定会落入帝王宫中或富贵人家。倘若我俩不死，望能有重新团聚的日子。"他取出一面圆形的铜镜，一破两半，一半交给乐昌公主，另一半自己留下，互相约定：在离散后的第五个元宵节，趁人们在长安街头热闹地活动时，假装出售破镜子，以寻访对方。

陈国不久就被隋灭掉，乐昌公主果然被俘，被送往隋都长安，成为隋朝大臣越国公杨素的侍妾。徐德言怀念妻子，不惜长途跋涉，上京寻访。元宵节那一天，他如约拿着半面铜镜上街去卖，转来转去，忽然发现一位老仆人也在叫卖半面铜镜。他上前拿过来看，与自己的半面铜镜正吻合。徐德言睹物思人，不觉泪流满面，问了老仆人，才知道乐昌公主已落入杨府，料想无法再见，愈加伤心起来。他忍不住在半面镜子上写下了一首《破镜诗》，托老仆人带回去。诗中写道："镜与人俱去，镜归人未归。无复嫦娥影，空留明月辉。"乐昌公主见了徐德言的诗，一连几日不吃不睡，以泪洗面。杨素发现后，问明了事情的原委，十分同情这对患难夫妻，便召来徐德言，把乐昌公主还给了他，并设宴祝贺他们夫妻"破镜重圆"。

糟糠之妻

《后汉书·伏侯宋蔡冯赵牟韦列传》载：

时帝姊湖阳公主新寡，帝与共论朝臣，微观其意。主曰："宋公威容德器，群臣莫及。"帝曰："方且图之。"后弘被引见，帝令主坐屏风后，因谓弘曰："谚言贵易交，富易妻，人情乎？"弘曰："臣闻贫贱之知不可忘，糟糠之妻不下堂。"帝顾谓主曰："事不谐矣。"

当时汉光武帝的姐姐湖阳公主刚刚守寡，光武帝和她一起评论朝中大臣，暗中观察她的心意。公主说："宋弘的威仪容貌、品德器量，朝中之臣没有谁比得上他。"光武帝说："我正想在他身上考虑这事。"后来宋弘被引见，光武帝让公主坐在屏风后面，对宋弘说："俗话说，地位高了就要更换朋友，钱财多了就要另娶妻子，这是人之常情吗？"宋弘说："臣听说的是贫贱时的朋友不可忘记，在一起受过苦难的妻子不能把她休弃。"皇帝回头对公主说："这事情办不成了。"

东汉初年，刘秀起用西汉时期的侍中宋弘，并升他为"太中大夫"。刘秀的姐姐守寡并看上了宋弘，刘秀想把姐姐嫁给宋弘，问宋弘对"贵易交，富易妻"的看法，宋弘回答道："贫贱之交不可忘，糟糠之妻不下堂。"刘秀只好放弃。

宋弘与妻子是在患难中相识的。宋弘是刘秀手下的一员大将，当时，刘秀力量薄弱，被王郎一路追杀，由北向南日夜奔逃。战斗中，宋弘不幸负伤。当逃到饶阳境内时，宋弘实在走不动了，而后面追兵又紧，怎么办呢？刘秀没办法，只好将宋弘托付给郑庄一户姓郑的人家养伤。

姓郑的这户人家很同情宋弘，而且非常善良，待宋弘亲如家人，端茶送水，好吃好喝，很是周到。特别是郑家女儿，长得虽不是很漂亮，但为人正派，聪明大方，待宋弘像亲兄弟，煎汤熬药，嘘寒问暖，关心备至，宋弘非常感动。日子一长，两人建立了深厚的感情。宋弘伤好后，两人便结为夫妻。

房妻剔目

房玄龄布衣时，病且死，谓妻卢氏曰："吾病不起，卿年少，不可寡居，善事后人。"卢泣入帷中，剔一目以示信。玄龄疾愈，后入相，礼之终身。

房玄龄是初唐名臣，青年时期曾经一度落魄，贫病交加。一次病重，自己悲观地认为将不久于人世了。他把妻子叫到床前，交代说："你还年轻，日子还长，不要因为我耽误了自己。我死之后，你赶快找个好人再嫁了吧！"妻子默不作声，眼泪却止不住地流。忽然，妻子起身往内屋走去，再出来时，满面流血，手里的刀子上也沾满了血迹，原来她用刀挖去了自己的一只眼睛。妻子对房玄龄说："我们是结发夫妻，怎么能轻易放弃呢？"房玄龄被妻子的守信重情所打动，凄然流泪说："我也没有别的意思呀，你这是何苦！"之后，房玄龄的病竟逐渐好转，痊愈后，他对妻子礼敬有加，终身不变。

古代文人的禁忌

你知道"嫦娥"原来的名字叫什么吗？她叫"姮娥"。河南开封原名是什么呢？是叫"启封"。二十四节气中的"惊蛰"原本也不叫"惊蛰"，它叫"启蛰"。你所不知道的名字才是本名，就是这些本名更有利于大家理解名字的内涵。之所以出现"莫名其妙"的更改，这里面涉及古人的一种文化现象——避讳。

中国是一个儒家社会，两千多年前的孔子，就曾经说过"不语怪、力、乱、神"，意思是说孔子不说怪异、暴力、淫乱、鬼神这些乱七八糟的事情。随着封建统治的加强，禁忌的涉及面越来越广，对违反者惩处的力度越来越大。轻则罢官削职，重则有牢狱之灾，甚至有掉脑袋、株连九族的危险。

写作禁忌

大家都知道清朝有一桩文字狱，是因为"清风不识字，何故乱翻书"一句诗引起。原诗出自清代翰林官徐骏之手："莫道萤光小，犹怀照夜心。清风不识字，何故乱翻书。"意思是说：别看萤火虫散发的光亮虽然非常暗淡，但它依旧有着照亮夜晚的雄心壮志，引申为人小志大。后两句则是调侃、戏谑，就是这后两句的模棱两可之言给他带来了大祸。

流传最广的说法是，这两句出自徐述夔《一柱楼编年诗》。传闻徐幼负才名，自认为是状元的料，后来却科举不利，满腹牢骚。他所建一柱楼挂紫牡丹图，题诗曰："夺朱非正色，异种也称王。"夏天晒书，风吹书页，愤然道："清风不识字，何必乱翻书！"见酒杯底儿上有万历年号，便说："复杯又见明天子，且把壶儿搁半边。"晚上听到老鼠啮咬衣服，恨得直骂："毁我衣冠皆鼠辈，捣尔巢穴在明朝。"这些言行被举报之后，乾隆大怒，下令将已死的徐及其子怀祖剖棺戮尸，孙子、校编诗集者被处斩，江苏藩司等一批官员被革职。又查出沈德潜曾替徐作传，称赞其品行文章，并且"夺朱非正色"两句正是沈诗《咏黑牡丹》中的句子，于是已经死掉的沈德潜也跟着倒了大霉。

死亡禁忌

人们都不喜欢"死、亡、丧、败、破"等不好的事情，所以这些字词在中国古代被看作是一种忌讳，特别是在逢年过节、婚姻嫁娶、修屋建房等重要的喜庆活动时，更是十分注意回避这些不吉利的字词。

既然有语言的禁忌，那么委婉语的产生就很自然了。所谓委婉语，就是用典雅、含蓄、好听、有礼的话，来代替那些禁忌、粗鲁、刺耳的词语。比如说"死"这个词，在汉语中，"死"的委婉语就有一百余种之多，如：去世、谢世、逝世、不在了、长眠、安息、寿终、归天、殉职、阵亡、捐躯、牺牲、就义、撒手人寰等。这种现象在英语中也同样存在，有人统计，英语中关于死亡的委婉语有六十多种。

曹操大家一定都知道，我国著名军事家，他还有个被遗忘的身份，那就是文学家，在他的著作中，有一首《军谯令》。在《军谯令》中有这样两句："为存者立庙，使祀其先人。魂而有灵，吾百年之后何恨哉！"意思是：要为牺牲的将士建立祠堂，供后人拜祭，如果他们地下有知，等我逝世后与他们相逢，心中就不会有遗憾了。

《军谯令》的写作背景是在官渡之战大胜后，曹操带领大军班师回朝，途中他看见战后兵荒马乱的战场以及疲惫不堪的士兵，有感而发，其中充分表达了曹操失去爱将以及故土物是人非的悲痛心情。由曹操的这句话还诞生了一个成语，就是"百年之后"。死亡本是一件很伤感的事情，但曹操用"百年之后"来形容它，既有尊者的气派，又不失亲切风度。

姓名禁忌

北宋时，有个州的太守名叫田登，为人心胸狭隘，专制蛮横。因为他名"登"，所以，不许州内的百姓说到任何一个与"登"同音的字。说到他这个忌讳，还真有些来历……

田登当官后，命州内的百姓不许说与"登"同音的字，要用某字来代替——花园里的灯芯草叫作开心草，灯台、灯罩、灯笼得叫亮托、姜档遮光、路照，太守出门登车得说驾车，就连吹捧太守"登峰造极"也得说"爬峰造极"……

谁要是触犯了他这个忌讳，便要加上"侮辱地方长官"的罪名，轻则挨板子，重则判刑。从此以后，太守府中上下，人人都不敢直呼他的"名讳"了……

一年一度的元宵佳节马上要到来了，按照以前的习惯，州里要点三天花灯表示庆祝，州府的衙役贴出告示，让百姓按时来观灯。

这次可让出告示的小官感到为难，用"灯"字要触犯太守的忌讳，不用"灯"字意思又表达不明白。想了好久，写告示的小官灵机一动，把"灯"字改成了"火"字。这样，告示上就写成了"本州依例放火三日"。

告示贴出后，百姓们看了都很惊慌，尤其是一些外地来的客人，更是丈二和尚摸不着头脑，还真以为官府要在城里放三天大火呢！都纷纷收拾行李，争相离开这是非之地。当地的百姓，平时就对田登的蛮横无理已经非常不满，这次看了官府贴的告示，更是气愤万分。

于是，"只许州官放火，不许百姓点灯"这个典故就一直流传到现在，也成了讽刺古代官员唯我独尊、高高在上的一则经典笑话。

古人在避讳方面，有太多特别的讲究，实际上是一种文化的愚昧。比如关于人名的避讳，这里再略举几例：自己所取得的功名和所授的官职等，其名称中不能与父亲的姓名中的字相同，连同音也不行，于是吕公著的儿子，因父名中有"著"字，只好辞去著作郎的官；袁高的儿子，在重阳节时不敢在家吃糕（与"高"同音）；刘岳的儿子，不能听音乐（与"岳"同音），也不能游嵩山、华山，因为它们属于五岳之列；唐朝李

文人

贺，天赋聪明，就因为他的父亲叫李晋肃，就一辈子不能考进士……这种种避讳，给人们的才能发挥和正常生活都带来很大影响。

有人对古代避讳举了一个极端的反例：倘若父亲名字中有个"仁"字，难道就不许儿子做人了吗？

2022. 11. 24

古代文人的贤内助

女人是男人的一所学校，有什么样的学校就会培养出什么样的学生。每一个成功的男人背后都有一个努力的女人，也难怪有一首歌唱道："军功章啊，有我的一半，也有你的一半。"

自古以来，中国就有贤内助一说，很多功成名就的古人后面都有一个得力的妻子，或分担家务，相夫教子；或纠正偏差，督促丈夫；或深明大义，高瞻远瞩；或临危不惧，救丈夫于水火。

乐羊子妻

河南乐羊子之妻者，不知何氏之女也。

羊子尝行路，得遗金一饼，还以与妻。妻曰："妾闻志士不饮'盗泉'之水，廉者不受嗟来之食，况拾遗求利，以污其行乎！"羊子大惭，乃捐金于野，而远寻师学。

一年来归，妻跪问其故，羊子曰："久行怀思，无它异也。"妻乃引刀趋机而言曰："此织生自蚕茧，成于机杼。一丝而累，以至于寸，累寸不已，遂成丈匹。今若断斯织也，则捐失成功，稽废时日。夫子积学，当'日知其所亡'，以就懿德；若中道而归，何异断斯织乎？"羊子感其言，复还终业，遂七年不返。

尝有它舍鸡谬入园中，姑盗杀而食之，妻对鸡不餐而泣。姑怪问其故。妻曰："自伤居贫，使食有它肉。"姑竟弃之。后盗欲有犯妻者，乃先劫其姑。妻闻，操刀而出。盗人曰："释汝刀从我者可全，不从我者，则杀汝姑。"妻仰天而叹，举刀刎颈而死。盗亦不杀其姑。太守闻之，即捕杀贼盗，而赐妻缣帛，以礼葬之，号曰"贞义"。

河南乐羊子的妻子，是一个无名无姓的平凡之人，但她品德高洁，而且才识过人远超一般男人。乐羊子妻的两段话，不管是过去、现在，还是将来，并且对不同民族、不同政见、不同文化、不同宗教的人来说都有着深远的意义。

路不拾遗，或者拾金不昧历来是中华民族传统美德，但乐羊子财迷心窍，被她一番"志士不饮盗泉之水，廉者不受嗟来之食"教育，让乐羊子非常惭愧，并且知错就改，远寻师学。

对于中途辍学的乐羊子，乐羊子妻"引刀趋机"以自己织布必须日积月累"遂成丈匹"的切身体会，说明求学必须专心致志、持之以恒的道理，最后归结到"若中道而归，何异断斯织乎"。妻子这一番借织布来讲道理的话，使乐羊子深受感动，最后"复还终业"。

都说女人是男人的学校，乐羊子妻更是一所好学校，而且是一名出色的教师，是做"学生"思想工作的高手。

弓工妻

弓工妻者，晋繁人之女也。当平公之时，使其夫为弓，三年乃成。平公引弓而射，不穿一札。平公怒，将杀弓人。弓人之妻请见曰："繁人之子，弓人之妻也。愿有谒于君。"平公见之，妻曰："君闻昔者公刘之行乎？羊牛践葭苇，恻然为民痛之。恩及草木，岂欲杀不辜者乎！秦穆公，有盗食其骏马之肉，反饮之以酒。楚庄王臣援其夫人之衣，而绝缨与饮大乐。此三君者，仁着于天下，卒享其报，名垂至今。昔帝尧茅茨不翦，采椽不斫，土阶三等，犹以为为之者劳，居之者逸也。今妾之夫，治造此弓，其为之亦劳矣。其干生于太山之阿，一日三睹阴，三睹阳。傅以燕牛之角，缠以荆麋之筋，鳎以河鱼之胶。此四者，皆天下之妙选也，而君不能以穿一札，是君之不能射也，而反欲杀妾之夫，不亦谬乎！妾闻射之道，左手如拒石，右手如附枝，右手发之，左手不知，此盖射之道也。平公以其言为仪而射，穿七札，繁人之夫立得出，而赐金三镒。"

弓匠的妻子，是晋国繁地的女子。晋平公让她的丈夫造弓箭，三年才造成。晋平公拉弓射箭，却无法射穿一层铠甲，就要杀掉弓匠。他的妻子请求面见晋平公，说："我丈夫造弓箭，辛劳至极。这张弓的主干生长于泰山的山坳里，每天历经三次阴雨三次日照的树木才是上好的良材；再装配上燕国的牛角，缠上楚国的鹿筋，用河鱼的鱼胶将它们粘起来。以上四种材料都是当今世上最好的选择。大王您用这张弓不能射穿一块薄薄的木板，并不是因为这张弓有问题，而是因为您自己不懂得射箭之术。国君不会射箭，反而要杀人。我听说射箭之道，左手要如拒，右手要如附；右手放箭，左手不知。"晋平公按她所说，果然射穿了七层铠甲，立刻释放了弓匠，并且赏赐了很多黄金。

弓工之妻真是了不起，在丈夫危难之际，挺身而出，不因自己是女子坐视不管，也不因自己身份卑微而退缩，而是勇闯朝堂，当面给国君"上了一堂思想政治课"，当场让国君幡然醒悟。而且不愧是弓工的妻子，对射箭深谙其道，三言两语便道出了射箭的要诀，让晋平公也一展才艺，在群臣面前露了一手。

黔娄之妻

黔娄先生卒，曾西往吊，见其尸覆布被，手足不尽敛。曾西曰："邪引其被则敛矣。"妻曰："邪而有余，不若正而不足。死而邪之，非先生意也。"曾西曰："何以为谥？"妻曰："先生不戚戚于贫贱，不汲汲于富贵，其谥曰康，可乎？"曾西叹曰："惟斯人也，而有斯妇。"

黔娄先生逝世，曾子前去吊唁，见尸体上盖布被，手脚露在外面。曾子说："把被子斜着放就可以都盖住了。"黔娄先生的妻子说："斜着哪怕有余，也不如正着而露出手脚。死了还要斜着，不是黔娄先生的愿望啊。"曾子说："用什么字做谥号呢？"黔娄先生的妻子回答说："黔娄先生不因贫贱而苦，不四处奔走以求富贵，所以谥为'康'，可以吗？"曾子赞叹说："唯独这样的人，才会有这样的妻子啊！"

《汉书·艺文志》晋皇甫谧《高士传·黔娄先生》则说黔娄先生是齐人。隐士，不肯出仕，家贫，死时衾不蔽体。晋陶潜《咏贫士》之四：

文人

147

"安贫守贱者，自古有黔娄。"黔娄后成为贫士的代称。唐元稹《三遣悲怀》诗："谢公最小偏怜女，自嫁黔娄百事乖。"清龚自珍《哭郑八丈》诗："由来炊火绝，穷死一黔娄。"郁达夫《志亡儿耀春之殇》诗之二："两年掌上晨昏舞，慰我黔娄一段贫。"

黔娄夫人叫施良娣，不同于黔娄的是，黔娄出身于贫寒的平民家庭，而黔娄夫人却是贵族出身，知书达礼，明媚灵巧，称得上秀外慧中。

牛衣对泣

东汉·班固《汉书·王章传》载：

初，章为诸生学长安，独与妻居。章疾病，无被，卧牛衣中；与妻决（通"诀"，分别），涕泣。后章仕宦历位，及为京兆，欲上封事，妻又止之曰：人当知足，独不念牛衣中涕泣时耶？

汉朝时候，山东泰安有个读书人，名叫王章。人很聪明，性格耿直，他的妻子更是非常贤惠，通情达理，经常鼓励丈夫发愤读书，为国家效力。

有一年，王章和妻子一起住在京都长安读书求学，日子虽说很清苦，但夫妻恩爱，生活也还快乐。王章学问长进挺快，妻子心里当然很高兴。有一天夜里，王章突然病了，起病很急，浑身发烧，家里衣物被褥很不齐全，没有什么东西能给王章盖上。妻子只得把平日里用乱麻编织的席子给丈夫盖在身上。这样的麻席子是用来给牛披盖的，农户称它是"牛衣"。可是因为家境贫寒，只能给丈夫盖牛衣，妻子心里很不是滋味。她暗暗地流下了几滴眼泪。

王章病得昏昏沉沉，想到自己的病一定很重，家里又无钱治病，很可能会病死的。他越想越悲哀，越想越难过，禁不住呜呜咽咽地哭泣起来。王章妻子心情更是凄楚万分。可她想，哭泣有什么用呢？应该劝他鼓起勇气，打起精神来，病才会好，功名才会取得呀！所以她排开忧愁，狠了狠心，严厉地批评丈夫说："夫婿啊，现在在朝廷做官的人，论才能有几个能比得上你呢？得了一点病就这样失魂落魄，像女人一样哭哭啼啼，这是多么卑怯呀！有志向的人，应该精神振奋、百折不屈啊！"

妻子的激励产生了效力，从此王章更加发愤，才学愈加深厚，不久便被朝廷召为官吏。开始做谏大夫，后来又做中郎将，并且当上京兆尹。

　　王章做官以敢于给皇帝提意见而显名，他常常不避皇亲国戚，谁做错了事，犯了章法，他就揭发谁，即使是自己的好友、恩师也不例外。可是他却为此遭到排挤、诬陷。他的妻子看到这种状况，就劝丈夫说："夫婿，你已经做上京兆尹的高官了，官职难道还嫌小吗？人应该知足，你为什么不想一想披着牛衣夜里哭泣的日子呢？"王章说：这是不同的两回事嘛，你们女人知道什么！王章仍然我行我素，又去告发专权乱政的重臣王凤。王凤大将军是皇帝的亲戚，怎么动得了呢？结果自己招来祸事，被捕下狱，最后丧了性命。王章一直到死，还不知道自己犯了哪条罪过。王章死后，他的妻子和家属被发配到广西合浦，以采珍珠度日，生活反倒清静多了。

2022. 10. 31

古代文人的"文墨"官司

写作是文人的生命，作品就是他们的子女，他们珍惜自己的作品，就像珍惜自己的羽毛。有的时候，他们为了作品的高低，还大打出手；为了作品的版权，更是弄得你死我活，真的是"成也诗文，败也诗文"。在这些公案中，我们既可以看到文人的才华，也可以看到文人的人品。

宋之问杀人夺诗

宋之问虽然诗写得好，在唐朝是个大诗人，但是，他的人品历来为人所诟病，用当今时髦的话说就是"渣男"一枚。

在历史上流传的宋之问的斑斑劣迹之中，最著名的一个是说他作为舅舅，居然为了一句好诗，杀死了自己的亲外甥。他的这个外甥名叫刘希夷，也是唐代小有名气的诗人。宋之问杀甥夺诗的故事，历史上是这样记载的：

大约在永隆元年（680年），宋之问正在家中吟诗作画。这个时候，外甥刘希夷登门造访，本来是好事，却让他的心绪难以平复。原来，刘希夷带来了一首诗想要跟舅舅探讨，而这一首诗，就是后来名满天下的《代悲白头吟》。而这首诗中就有后来名誉天下的千古名句"年年岁岁花相似，岁岁年年人不同"。

大家都是诗人，是不是"好货"宋之问一目了然。宋之问爱"诗"心切，他就厚着脸皮想问外甥要这首诗的"著作权"，而且连给钱封官的许诺都下了，但一向清高且看不起宋之问的刘希夷不为所动。于是，宋之问就起了杀心，他吩咐自己的门客将刘希夷骗到一面土墙下，用装满黄泥的布袋将其砸死。

但事实真相可能和民间流传有点出入，据文学史记载，刘希夷（约651年—约680年），唐朝诗人，一名庭芝，字延之（一作庭芝），汉族，汝州（今河南省汝州市）人，高宗上元二年进士，善弹琵琶。其诗以歌行见长，多写闺情，辞意柔婉华丽，且多感伤情调。《旧唐书》本传谓"善为从军闺情之诗，词调哀苦，为时所重。志行不修，为奸人所杀"。宋之问（约656年—约712年），上元进士。从年龄上说，宋比刘小五岁，甥舅关系应该不成立。之所以后人演绎"夺诗杀人"的故事，应该是大家鄙视宋之问的人品吧，认为他什么坏事都能做得出来。

王安石点金成铁

王安石是北宋时期的名人，政治上有"王安石变法"，被誉为著名的政治家，文学上是唐宋八大家之一，算得上著名的文学家。但他有一首《钟山即事》："涧水无声绕竹流，竹西花草弄春柔。茅檐相对坐终日，一鸟不鸣山更幽。"却给他带来了许多的非议，险让一世"诗名"毁于一旦。

这首诗作于王安石变法失败之后，当时他被迫辞去相位，隐居在江苏的钟山，在诗中他为我们描绘了山中一幅恬静自然的美景。诗的大意是：山涧之水绕着这片竹林，静静地流淌；此时的竹林西边正是一片花草丛生的春意盎然，那柔软的柳枝在春风中飞舞。我独坐这茅屋檐下，终日与这眼前的美景相对，这里连鸟声都没有，更显得这山中幽静无比。

为突显山中的一个"静"字，诗人是大费苦心。首句就十分宁静，溪水无声绕竹而流，坐在茅屋门口的诗人其实不是听不到溪水，只是他心中平静无一物，所以这潺潺水声似乎被他自动过滤掉了。第二句是一幅春天的美景，花团锦簇下连春风也是那么柔和，它轻柔地吹着柳枝，虽是动景，却因为这个"柔"字也显得无声无息了。这两句仅十四个字，就将水、竹、花、草、春风、柳枝巧妙地融合成一幅娴静自然的春景图，当真是名家手笔。

前两句环境渲染，第三句人物登场："茅檐相对坐终日。"虽然诗句没有提及诗人此时的形象，但因为前两句的铺垫，一个怡然自得的高洁隐士形象已跃然纸上。

最后一句是后世争议很大的一句，这句化用的是南朝诗人王籍在《入若耶溪》中的经典名句"蝉噪林逾静，鸟鸣山更幽"。与王安石的名气相比，王籍当真算不得有名气，但这个生卒年都不详的才子却凭着这一首诗享誉诗坛，可谓一诗成名。王安石显然是十分喜欢王籍这句诗的，于是将人家以动写静的"鸟鸣山更幽"化用成了自己的"一鸟不鸣山更幽"，多数人认为这样一改使得此句意境全无，别人都是"点石成金"，他倒好，这一改成了"点金成铁"。宋人黄庭坚就嘲笑王安石是"此点金成铁手也"。

虞讷诋诗

《南史》卷三十一《张率传》记载：

张率，字士简，性宽雅，十二能属文，常日限为诗一篇，或数日不作，则追补之。稍进，作赋颂，至年十六，向作二千余首，有虞讷者，见而诋之，率乃一旦焚毁，更为诗示焉，托云沈约，讷便句句嗟称，无字不善。率曰："此吾作也。"讷惭而退。

张率，字士简，性情宽厚儒雅，十二岁就能写诗作文，常规定自己每日写诗一首，如果（因为某些原因）几天不写，日后也会补足篇数。略有进步后，开始写赋和颂，到了十六岁，已经写了两千多首了。当时有个虞讷见了这些文章说，太差了。张率于是一下子把赋全烧了，把这些内容改成诗再给虞讷看，假托说是沈约写的。虞讷就句句加以嗟叹赞赏，没有一个字是说不好的。张率说："这是我写的呀！"虞讷听了，惭愧地离去了。

张率能够取得如此成就，与他自己平时的努力是分不开的。他事后"补诗"的习惯，用当代国画大师齐白石的话说，就是"不教一日闲过"。他生病了，补；家里来客人耽搁了，补；读书入迷忘记写诗，同样是补。最终是时间不长，就积累了好多诗作，也在乡间赢得了名声。

张率一心学习、珍惜时间还体现在一个小故事上：有一次，家里要他带着家童去新安运大米，共装了三千石大米上船。开船以后，他一路专心致志地读书，结果把大米运到家以后缺少了一大半米。父亲严厉地申斥他说："大米少了一大半，难道不知道吗？"张率这才纳闷，为什么大米少了一半呢？他去问家童："父亲说大米少了一半，这到底是什么原因？"众家童都吞吞吐吐，最后只好回答："可能是老鼠或麻雀吃的吧？"张率看着家童的表情，笑着对家童说："老鼠、麻雀也太能吃了吧！"说完捧起书本继续用心阅读，再也不去追问大米的事情了。后来梁武帝知道了，非常感佩，尤其称赞其诗，并亲自写诗相赠。

庄子郭注

张岱《夜航船》说，晋向秀注庄子《南华经》，剖析玄理。郭象窃之，以己名行世。

这里有一个历史问题，就是这部著作是不是真是向秀一个人的。因为据历史考证，同时期的郭象也写了《庄子注》。事情应该是这样的：两人当时都写了《庄子注》，思想大都相同，向秀在前（约 221 年—约 300 年），郭象在向秀的基础上更进一步，注解更透彻，过了一段时间，这两部《注》可能就合成了一部书。所以流传下来的就是郭注《庄子》了。

刘孝标在《世说新语·文学》篇的注中说，当时解释《庄子·逍遥游》的，主要有两派，一派是支遁义，一派是向郭义。向郭义就是向秀、郭象二人的解释。现在的《庄子注》，虽然只署郭象的名，却像是《庄子》的向郭义，可能是他二人的著作。

据《晋书》所说，向秀、郭象的籍贯都在现在的河南省，都是玄学和清谈的大师。这一章以这两位哲学家为新道家唯理派的代表，并且沿用《世说新语》的用语，以《庄子注》为向郭义，称为"向郭注"。

但是关于《庄子注》的作者到底是谁，有两种不同的说法。其一是向秀比郭象早创作了此书，而郭象则是在向秀的基础之上加以拓展。郭象只是借鉴了向秀的一些好的见解，但是其中大部分的创作还是由郭象完成的。所以，郭象是此书的作者。

其二是向秀已经大致完成了此书，只剩下一个小部分没有完成就去世了。郭象在此书中加了一小部分，然后就将其据为己有了。所以，向秀应该是这部书的作者。

在《世说新语》中有这样的记载：向秀喜好庄子之学，发掘了庄子当中的深意，撰写了《庄子注》。向秀死后，他的儿子还年幼，无力保护向秀的著作。郭象见向秀所著的《庄子注》不为世人所知，就私下将其据为己有，成了他自己的作品。后来，经过郭象加工的《庄子注》被世人所知，而向秀的作品就被淹没了。

古人这样的笔墨官司还有很多，像杨衡诗歌被偷、辛弘智常定宗争诗、杨如士压倒元白等，大家若是感兴趣，可以自行查阅相关资料，这里就不再一一赘述了。

2022. 11. 6

古代文人的神神道道

古代科技不够发达，有好多无法认清的自然现象，有时在处理问题的时候就会借助超自然的力量，让一些复杂的问题迎刃而解。虽然这样的手段有点迷信色彩，但也获得了当时人们的认可，破解了一些"疑难杂症"。

滴血认亲

古代"滴血认亲"的方法分为两种：一种叫滴骨法，另一种叫合血法。滴骨法早在三国时期就有实例记载，是指将活人的血滴在死人的骨头上，观察是否渗入，如能渗入则表示有父母、子女、兄弟等血统关系；合血法，大约出现在明代，是指双方都是活人时，将两人刺出的血滴在器皿内，看是否凝为一体，如凝为一体就说明存在亲子或兄弟关系。

《南史》记载：南朝梁武帝萧衍之子萧综，其母吴淑媛原是齐宫东昏侯妃子，因为貌美又才艺出众，被武帝看中。吴淑媛入宫后只有七个月，即生下了萧综，所以各种议论就有了。萧综长大后，对自己的身世也怀疑，就掘出东昏侯的尸骨，将自己的血滴在尸骨上，结果血渗入了尸骨。萧综很苦恼，杀了自己的儿子，将自己的血滴在儿子的尸骨上，血又渗入了骨中。萧综深信自己是东昏侯的儿子，改名萧缵，跑到北魏，并为东昏侯服丧三年。

犹太国王所罗门以善于断案闻名。《圣经》中记载，有两个妓女争说一个男孩子是自己的，僵持不下时，所罗门下令把孩子杀掉，谁也别要了。这时有一妇人哭道别杀孩子，留下他，她愿意自己死，于是所罗门就把孩子判给了她。因为真正爱这个男孩的人绝对是不忍心将自己的儿子劈开的。

老子无影

丙吉不仅仅会做人，在处理案件上也非常有一套，历史记载过丙吉好多案子，其中有一个案件非常蹊跷，据史书记载竟然是通过人有没有影子来断定的。

丙吉在担任廷尉的时候，陈留（现河南开封陈留镇）有一个老人已经八十多岁了，和第一个妻子生了一个女儿，后来女儿出嫁了，妻子也去世了，这个老人家里非常富有，于是又娶了一任妻子，这个妻子比较争气，给老人生了一个儿子。

老人有这个儿子的时候已经接近八十岁了，不要说在古代，即使是在现代，接近八十多还能生孩子的也不多见。毕竟年龄也大了，没过几年这个老人就过世了，这个老人的儿子才几岁，老人又留下了很多财产，于是就被老人的大女儿惦记上了。

按照古代的法律，出嫁的女儿在有儿子的情况是无法继承老人的财产的，于是这个女儿就想了个方法，她对外人说，后母所生的儿子，并不是她父亲的儿子，自己父亲年龄这么大了，怎么可能生得出儿子，并且以此为由将后母告到了官府。

当时没有 DNA 技术，很难说儿子到底是不是老人生的，而且老人又死了，滴血验亲也无法施行，所以郡县的官府都不知道怎么判决，于是这个案件就到了大法官丙吉的手上。

丙吉了解了案子的经过，并且调查了相关的情况，对官员说到，我了解到老人非常怕冷，在太阳下也没有影子，咱们就以这个来判断吧，于是就叫来了老人的儿子还有几个同年龄的小孩，当时正是阴历八月份，丙吉让所有的小孩都穿着单衣，只有老人的儿子冷得脸都变了颜色，于是又让这些人站在太阳下，只有老人的儿子没有影子，于是就断定后母所生之子确实是老人的儿子，所有的财产都归老人的儿子所有。

托梦追凶

石璞，字仲玉，临漳人。有人娶妇，三日归宁，女婿先归，而妇人后归却失踪了，遍索不获。妇人的父亲状告女婿杀死了女儿，女婿屈打成招，承认弃尸前塘中，官府使人求之，果得尸体，于是女婿被判死刑。石璞对此还是怀疑，他认为："杀人而弃尸，非深怨者不如是也。彼初婚方燕好，为什么要这么做呢？"于是提审囚犯，说："尔辞，信乎？"囚犯叩头说："信速死，公之赐也。"屡问皆然。

石璞一时没有什么头绪，但他又不愿善罢甘休。于是他斋沐焚香，祷于神说："此狱关纲常。万一其妇与人私，其夫既受污名，又枉死，于理安邪，望天以梦觉我。"

梦神示以"麦"字。石璞说："麦者，两人夹一人也。"等到天亮，押解囚犯等待行刑。未出，见一个小童在门屏间偷看。原来是道士的徒弟。石璞呵斥道："你是道士，怎么来到此地？是不是你的师傅令你侦察此事？"童子交代了犯罪事实，果然二道士素与妇人私通，藏匿妇人于槁麦之中。石璞立刻逮捕了道士，论罪如法。

石璞还是一个清官，在江西任职数年，整治风纪，社会安宁，即使妇女儿童没有人不知道他这个石宪使的。江西人称石璞为"断鬼石"。正统七年，石璞升迁为山西布政使。第二年，因为朝廷每年用许多物料，有司把这些物料摊派给百姓，严重扰民，石璞向朝廷奏请：在朝廷所用的粮银中折算，每年存钱千两，令官府买办，这些钱官府买办差不多就可完成，这样百姓也不会受到影响。朝廷听从了他的建议。

文人官员的"神神道道"，当然不同于巫婆神汉的装神弄鬼，他们所居的地位不同，目的也不同。官员的"神神道道"之所以解决了"疑案"，还与这个人的公信力和一贯工作作风有关，只有平时取信于民，才会在关键时刻让百姓"言听计从"。

2022. 11. 7

文人

古代文人的棋事

古人说，人生如棋，棋如人生。在小小的一方天地里，攻守杀伐，风云变幻。有的人气定神闲，舍城弃地，关键时刻壮士断腕；有的人寸土必争，因小失大，死活翻转；有的人随机应变，纵览全局；有的人顺势而为，一路高歌。

棋品就是人品，人品也是棋品。许多古代名士在棋盘上表现得沉着冷静，在生活中我们也多看到他们指挥若定、临危不惧的风采。

谢公与人围棋

东晋时期，爆发了一场以少胜多的著名战争——淝水之战。东晋以八万人马，打败了号称百万人马的前秦八十万大军。当捷报传回建康的时候，谢安正跟朋友下棋，他随意看过后，便搁置一旁，继续下棋，似乎一切皆在意料之中。友人相问，他只是淡淡地说没什么，只是小孩子们已经把敌人打败了。《世说新语》是这样记载此事的："谢公与人围棋，俄而谢玄淮上信至，看书竟，默然无言，徐向局。客问淮上利害，答曰：'小儿辈大破贼。'意色举止，不异于常。"

难怪古语说，胸有惊雷而面如明湖者，方可拜上将军。谢安"不异于常"继续下棋的超然风度，"小儿辈大破贼"的淡淡之语，令我等凡夫俗子看得目瞪口呆。用现在的话说，谢公真是"酷毙了""帅呆了"。

最后，简单交代一下这个故事的背景：公元 383 年，前秦王苻坚大发兵分道南侵，企图灭晋，军队屯驻淮水、淝水间。当时晋朝以谢安录尚书事，征讨大部督，谢安派他弟弟谢石、侄子谢玄率军在淝水坚拒苻坚军。

母丧不停棋

魏晋"竹林七贤"之一的阮籍，是有名的文学家和思想家。一天。他正在与朋友下棋时，家人风风火火跑来报告："老夫人过世了！"朋友慌忙起身，催他赶紧回去料理母亲的后事。阮籍却非要将那盘棋下完不可。双方又博弈了两个多时辰才终局。《晋书·阮籍传》是这样记载的："性至孝，母终，正与人围棋，对者求止，籍留与决赌。"

如果你以为阮籍这样是不孝，那就冤枉他了。《晋书·阮籍传》说他下完那盘棋后："既而饮酒二斗，举声一号，吐血数升。及将葬，食一蒸肫，饮二斗酒，然后临诀，直言穷矣，举声一号，因又吐血数升，毁瘠骨立，殆致灭性。"

阮籍是一个不拘礼法的人，阮籍的嫂嫂准备回娘家，阮籍与嫂嫂相见并与嫂嫂告别。有人讥笑他的这种做法，阮籍说："这些俗礼难道是为我设的吗？"邻居家有个美貌少妇，在柜台前卖酒。阮籍曾前去买酒喝，喝醉了，就睡在这个美貌少妇的旁边。阮籍自己已然不知避嫌，少妇的丈夫了解阮籍的行为，也就不起什么疑心。兵家的女儿有才气且有姿色，还没有出嫁就死了。阮籍不认识她的父亲和哥哥，径直前往她家哭泣，发泄尽自己心中的悲哀才回来。那种外表坦荡内心纯朴的人，都是这种情况。

棋罢饮鸩酒

南朝宋明帝时有位官员叫王彧，字景文，是个很能干的人。宋文帝非常器重王景文，不仅娶景文妹作为儿媳，并且以"彧"之名命名自己儿子明帝。宋明帝病重之时，遣使送药酒赐王景文死。诏书送达那天晚上，王景文正与客人对弈。他看完诏书后，原样封好放到棋盘下，神色怡然不变，继续与客人下棋，待这局棋终了，把棋子收拾到盒内后，才缓缓对客人说，皇上赐我一死。说着，拿诏书展示给客人看，并研墨手书谢表。然后端起毒酒，边斟边对客人说，此酒不可相劝，说罢独自仰而饮之。时年六十。

如此宠臣为什么不得善终呢？就是因为王景文太优秀了，优秀得让皇帝寝食难安。在宋明帝已患重病之时，他非常担心太子稚弱，日后继位不顺，为此还把弟弟们给除掉了。让他放心不下的还有两人，王景文就是其一。明帝思虑，一旦自己不在了，皇后势必临朝，景文自然成为宰相。身为国舅的王景文，门族强盛，难保晚年仍能纯厚笃实。泰豫元年（472年）春，明帝带话给王景文说，朕不是说你有罪，然而我不能一个人独死，请你先走一步。并在诏书中申明，看在朕与你交情的份上，想要保全你一家，所以才做出这样的安排。

大限临头，王景文仍能从容下完最后一盘棋，这种置生死于度外的淡定，引无数后人敬佩不已。在当今世界，难得如此淡定之人，这不知是愚忠，还是性情使然。

观棋烂柯

凡人对棋情有独钟，神仙也概莫例外。南朝梁任昉《述异记》：

信安郡石室山，晋时王质伐木至，见童子数人棋而歌，质因听之。童子以一物与质，如枣核，质含之而不觉饥。俄顷，童子谓曰："何不去？"质起视，斧柯尽烂。既归，无复时人。

这是一个奇异的故事，故事发生在信安郡，也就是今浙江衢州。晋代王质砍柴的时候到了这石室山中，看到有几位童子有的在下棋，有的在唱歌，王质耐不住好奇，就到近前观看。童子把一个形状像枣核一样的东西给王质，他吞下了那东西以后，竟然不觉得饥饿了。过了一会儿，童子对他说："你为什么还不走呢？"王质这才起身，他看自己的斧子时，那木头的斧柄已经完全腐烂了，再看旁边的柴草，一点影子也没有了。等他回到人间，与他同时代的人都已经没有了。

一局棋能下几十年，这说明棋的魅力太大了；一局棋能看几十年，这说明搏杀太精彩了。这样的棋局只能发生在仙界，这样的故事只能在神话中出现，但无论如何，都会给我们深刻的人生启示。

棋，在当今看来就是一种游戏，最多说是一项体育运动，与人品道德挂不上什么边。但我们往往从古人身上看到的不仅仅是在下棋，更是在下人生之大棋，不仅关乎前途，还关乎命运、生死。

2022. 11. 9

古代文人的琴语

　　琴棋书画，古代文人四艺。琴据首位，由来已久，古人有君子养德于琴的说法。班固曾说："琴者，禁也。所以禁止于邪，以正人心也。"嵇康也说："众器之中，琴德最优。"就是说在各种乐器中，古琴是最能表现君子德行操守的乐器。

　　古琴有三千年以上的历史了，是中国传统拨弦乐器，属于八音中的丝，也称瑶琴、玉琴、丝桐。最初古琴只有五根弦，后来周文王、周武王增加了文、武二弦，象征君臣之恩，所以古琴又称七弦琴。

　　琴中有故事，琴中有深情，琴中有节操，琴中有知音。

高山流水遇知音

　　"知音"，原指知晓音乐含义，后引申为知己。《礼记·乐记》："是故不知声者不可与言音，不知音者不可与言乐，知乐则几于礼矣。"《太平御览》卷五八一引汉桓谭《新论》："音不通千曲以上不足为知音。"

　　在中国的历史上，就有这样的"知音"之人。

　　在《列子》和《吕氏春秋》中，记载有伯牙与钟子期的故事，一直为后世所传诵。《琴操》《乐府解题》记载有伯牙学琴的故事：著名琴家成连先生是伯牙的老师，伯牙跟成连学了三年琴却没有太大的长进。成连说自己只能教弹琴技艺，而其师万子春善移情，便带伯牙去东海找万子春请教移情之法。可伯牙到了东海，并未见到方子春，只看见汹涌的波涛、杳深的山林和悲啼的群鸟，伯牙心中豁然一亮，感慨地说："先生移我情矣！"

于是创作了《水仙操》。

关于钟子期，史料记载：名徽，字子期，春秋楚国（今湖北汉阳）人。相传钟子期是一个戴斗笠、披蓑衣、背冲担、拿板斧的樵夫。清光绪年间，汉阳知县华某为钟子期立碑，墓为圆形，封土高 1.5 米，底径 8 米，环以石垣。碑高 1.5 米，宽 0.7 米，上刻"楚隐贤钟子期之墓"。1987 年在墓前修建知音亭，钢筋混凝土结构，方形，四柱，歇山式顶，底周除正面外皆置栏杆。墓与亭坐北朝南，背山面湖。山上青松葱茏，山下芳草碧翠，湖面绿波粼粼，湖畔流水潺潺，凤鸣水声，宛若琴音。

战国郑国人列御寇所著《列子·汤问》篇记载：

伯牙善鼓琴，钟子期善听。伯牙鼓琴，志在高山。钟子期曰："善哉！峨峨兮若泰山！"志在流水。钟子期曰："善哉！洋洋兮若江河！"伯牙所念，钟子期必得之。

伯牙游于泰山之阴，卒逢暴雨，止于岩下；心悲，乃援琴而鼓之。初为霖雨之操，更造崩山之音。曲每奏，钟子期辄穷其趣。伯牙乃舍琴而叹曰："善哉！善哉！子之听夫志，想像犹吾心也。吾于何逃声哉？"

除了音乐，伯牙、钟子期还是非常投缘的朋友。他们八拜为交，结为兄弟，经常彻夜长谈，同食同宿。他们本来准备到晋国游历，无奈钟子期上有年迈二老高堂，下有兄弟姐妹，远离不得。等他们再会的时候，已经是阴阳两隔。伯牙在钟子期的坟上高声哭唱："摔碎瑶琴凤尾寒，子期不在对谁弹？春风满面皆朋友，欲觅知音难上难。"并摔坏了自己的瑶琴。

欲得周郎顾，时时误拂弦

《三国志·吴志·周瑜传》载："瑜少精意于音乐，虽三爵之后，其有阙误，瑜必知之，知之必顾，故时人谣曰：曲有误，周郎顾。"就是说，周瑜虽然酒过三巡，但只要你曲子弹错了，他必定知道，知道了必定过来帮你纠正。周瑜二十四岁为将，时称"周郎"。周瑜不仅是位军事家，而且精通音乐，并且人长得又风流倜傥，深得当时女子的青睐。

当时弹筝的女艺人为了引起周郎的注意，故意把曲子弹错，就是为了他的回头。这个心思太出人意料，或者说太不可思议了。清人徐增分析说："妇人卖弄身分，巧于撩拨，往往以有心为无心。手在弦上，意属听者。在赏音人之前，不欲见长，偏欲见短。见长则人审其音，见短则人见其意。"（《而庵说唐诗》）的确，弹筝的艺人们这种反常悖理、"偏欲见短"、故意错误以引人注意的妙法，用心良苦，高人一筹。

"欲得周郎顾，时时误拂弦。"此句把弹筝女子的微妙心理刻画得入木三分——仅仅是一种邀宠之情。其实这种故意的失误是出于寻觅知音的苦心。她大约也是沦落风尘之人，对一般浪荡子弟，她的故意错弹饱含着对这班人的嘲弄和蔑视，但总会有一天，真正的知音——她的"周郎"会听出那曲中的深意，从而向她投去会心的一"顾"的。此处的"周郎"喻指听者，"欲得"就意味着当时坐在一旁的"周郎"没有看她。为什么不看她呢？大概听者已经完全陶醉在那美妙的筝声中了。本来这应该是演奏者最祈盼的效果，最欣慰的时刻，然而，这情景却不是这位女子此时最渴望的效果，因为她心中另有所思，思不在听者赏音，而在于一"顾"，怎么办呢？她灵机一动，故意不时地错拨一两个音，于是充满戏剧性的场景出现了：那不谐和的旋律，突然惊动了沉醉在音乐境界中的"周郎"，他下意识地眉头一皱，朝她一看，只见她非但没有丝毫"误拂"的遗憾和歉意，两眼反而闪烁出得意的眼神——原来是误非真误。为了所爱慕的人顾盼自己，便故意将弦拨错，弹筝女的可爱形象跃然纸上。这两句正面写出了弹者藏巧于拙，背面又暗示了听者以假当真，而这种巧与拙、假与真，又在那无言的一顾之中获得了奇妙的统一。它不仅说明弹者是高手，听者是知音，而且传神地表现出两者的心理神态，其意趣韵味无穷。

周瑜姿质风流，仪容秀丽，性情开朗，气度宽宏，苏轼在《念奴娇·赤壁怀古》中写道："大江东去，浪淘尽，千古风流人物。故垒西边，人道是，三国周郎赤壁。乱石穿空，惊涛拍岸，卷起千堆雪。江山如画，一时多少豪杰！遥想公瑾当年，小乔初嫁了，雄姿英发。羽扇纶巾，谈笑间，樯橹灰飞烟灭。故国神游，多情应笑我，早生华发。人生如梦，一樽还酹江月。"

南宋著名诗人范成大也在"吊周瑜"的诗中表达了他对周瑜的由衷赞美："年少曾将社稷扶，三分独数一周瑜。世间豪杰英雄士，江左风流美丈夫。功迹巍巍齐北斗，声名烈烈震东吴。青春年纪归黄壤，提起教人转叹吁。"可谓世间豪杰，风流丈夫。

人琴俱亡

《世说新语·伤逝》写有一个故事：

王子猷、子敬俱病笃，而子敬先亡。子猷问左右："何以都不闻消息？此已丧矣。"语时了不悲。便索舆来奔丧，都不哭。子敬素好琴，便径入坐灵床上，取子敬琴弹，弦既不调，掷地云："子敬子敬，人琴俱亡。"因恸绝良久，月余亦卒。

王徽之和王献之都是大名鼎鼎的书法家王羲之的儿子。兄弟二人从小感情就非常好，天天一起玩儿。长大后兄弟二人更是志趣相投，他们继承了父亲的书法才能，都对书法很感兴趣。他们还雅好文学，业余时间经常一起练习书法，谈诗论文。又喜欢像竹林隐士一样笑傲风月，饮酒对弈。

王献之喜欢音乐，有一把心爱的古琴，每当来了兴致，他都要抚琴一曲。王徽之总是在旁边如痴如醉地听着，微微合着眼睛，打着节拍，随着悠扬的乐曲浅吟低唱。人们常常听到从王徽之家中传出铮铮的琴音。时而如涓涓细流，时而如波涛汹涌。

兄弟二人就这样和睦地度过了几十个春夏秋冬。不幸的是，他们的身体不好。有一年，王徽之和王献之都得了重病。看遍城内名医，身体也没见有什么好转，弟弟王献之的病比哥哥更加严重。没过几天，王献之就因为病情恶化，先王徽之而去了。在王献之病危期间，他的家人怕王徽之知道后会难过，加重病情，一直隐瞒着，直到王献之去世也没有把这个噩耗告诉王徽之。毕竟纸里包不住火，尽管王徽之家人极力隐瞒，可还是让王徽之猜到了。王徽之好多天没有得到弟弟的消息，就猜到发生了什么。他对家人说："何以都不闻消息？此已丧矣。"语气平缓，了无悲伤。

家人一看隐瞒不住了，只好承认。王徽之叹息一声说："为什么不早点告诉我呢，我是他的哥哥，怎么能不送弟弟最后一程呢？"说完，王徽之不顾病体孱弱，强撑着坐起来，穿上素衣，叫来车辇，打算去王献之家奔丧，家人想要阻拦，但王徽之决心已定，谁的话也不听，准备好祭品就上了车。

王徽之乘着车直奔王献之家，一路上他出人意料的平静，忙着处理后事的时候，从始至终一滴眼泪都没掉。等到祭拜的时候，王徽之走进灵堂。他看到灵堂里一片白幡飘扬，纸钱漫天。到处都是白色绸子扎成的花。供桌上摆着纯白的蜡烛，烛光摇曳。香炉里的香正在燃烧，升起淡淡的烟雾。整个灵堂一片肃杀凄冷的气氛。王徽之见此情景，内心感到一阵悲凉。

　　王徽之来到灵床前，拿起了放在上面的古琴。他调整坐姿，开始抚琴，他想弹奏弟弟生前最喜爱的一首曲子。那时的他们是多么无拘无束，心情多么欢愉啊。如今满心的悲伤扰乱了雅趣，王徽之怎么也找不到原先的曲调了，只能弹出嘶哑难听的琴声。突然，王徽之把琴高高地举过头顶，狠狠地往地上一摔，一把琴顿时摔成了碎片。王徽之痛哭失声，说："子敬啊，子敬，没想到你的琴也和你一同仙逝了。"没有了当初兄弟在一起的乐趣，古琴也就失去了灵魂，没有存在的价值了。说完这话，王徽之再也控制不住内心的悲痛，一口鲜血吐出，昏倒在灵堂前。家人连忙把他抬回家中。他本来就病情严重，加上这意外的打击，病情急转直下，一个多月以后，就到地下追随弟弟去了。

　　琴，在很多时候不仅仅是文人的艺术特长之一，更多的是体现文人的素质和修养。琴可以修身，也可以养性，更是一种中华传统文化传承的载体，真可谓要知古今事，必识瑶琴音。

2022. 11. 9

古代文人的茶趣

"寒夜客来茶当酒，竹炉汤沸火初红。寻常一样窗前月，才有梅花便不同。"宋朝诗人杜耒给我们描写了这样一幅画面：在寒冷的夜里，客人突然造访，主人点炉煮茶，以茶当酒待客。客主围着红红的火焰，每人手捧一杯清香的热茶，边品茗边交谈。其乐融融、其情浓浓，这是令人钦羡的儒雅风习，又是让人神往的高雅享受。

说起茶，大家首先想到的是茶圣陆羽，陆羽著有《茶经》。《茶经》是中国乃至世界现存最早、最完整、最全面的茶叶专著。《茶经》的内容包括备茶品饮之道，即备茶的技艺、规范和品饮方法。其思想内涵是通过饮茶陶冶情操、修身养性，把思想升级到富有哲理的境界。

让我们一起走进茶的世界，寻访一下那些陈年茶事。

王安石泡茶识水

王安石乃北宋文坛大家，还是风云官场的政治人物，熙宁二年（1069年）任参知政事，次年拜相，主持变法。因守旧派反对，熙宁七年（1074年）罢相。一年后，宋神宗再次起用，旋又罢相，晚年退居江宁。

王安石暮年，身体不好，体内痰火郁结。太医给王安石开了一个方子，用阳羡（今江苏宜兴）的茶，以长江瞿塘峡中段的水来煎烹，才能消除痰火。

王安石心想，苏东坡是蜀地人，此时正贬为黄州团练副使，他应该有机会去长江三峡，于是便托付于他："倘尊眷往来之便，将瞿塘中峡水，携一瓮寄于老夫，则老夫衰老之年，皆子瞻所延也。"意思是说，不管是你还是你的家人过往瞿塘峡时，请在中游打一瓮水捎来。我能不能延年益寿，就拜托你了。

苏东坡收到老朋友的嘱托不敢怠慢，专程去长江三峡打水，并亲自送至南京江宁王安石府上。

王安石即命人将瓮抬进书房，亲以衣袖拂拭，打开纸封。又命僮儿茶灶中煨火，用银铫汲水烹之。先取白定碗一只，投阳羡茶一撮于内。候汤如蟹眼，急取起倾入，其茶色半晌方见。王安石见此情况，便问："此水何处取来？"东坡答："巫峡。"王安石道："是中峡了？"东坡回："正是。"王安石笑道："又来欺老夫了！此乃下峡之水，如何假名中峡？"东坡大惊，只得如实相告。

原来东坡因鉴赏秀丽的三峡风光，船至下峡时，才记起王安石所托之事。当时水流湍急，回溯为难，只得汲一瓮下峡水充之。东坡说："三峡相边，水一般样，老太师何以辨之？"王安石道："读书人不可轻举妄动，须是细心察理。这瞿塘水性，出于《水经补注》。上峡水性太急，下峡太缓，惟中峡缓急相半。太基官知老夫中脘变症，故用中峡水引经。此水烹阳羡茶，上峡味浓，下峡味淡，中峡浓淡之间。今茶色半晌方见，故知是下峡。"东坡大惊离席谢罪。

古人饮茶上升到一种文化层面，不仅讲究茶的档次，还特别讲究水的品质。陆羽在《茶经》中将煮茶之水有等级划分："其水，用山水上，江水中，井水下。"即首选山水，其次江水，最后井水。每一种又分三六九等。

在《红楼梦》中，妙玉泡茶的用水又让人大开眼界。妙玉给贾母泡茶的水是旧年的雨水，取"无根之水"的意思，被古人誉为好水备受推崇。用放了一年的雨水泡茶，现代人很难想象。可贾母尝了后认可还不错。可见陈年的雨水是能喝的。用陈年雨水泡茶，还不算最高级，更"珍贵"的是妙玉"体己茶"的用水，一般人还真没有机会喝到。

黛玉因问："这也是旧年的雨水？"

妙玉冷笑道："你这么个人，竟是大俗人，连水也尝不出来。这是五年前我在玄墓蟠香寺住着，收的梅花上的雪，共得了那一鬼脸青的花瓮一瓮，总舍不得吃，埋在地下，今年夏天才开了。我只吃过一回，这是第二回了。你怎么尝不出来？隔年蠲的雨水哪有这样轻浮，如何吃得？"

妙玉招待林黛玉、薛宝钗，被贾宝玉形容为"体己茶"，用水是埋在地下存放了五年的"收的梅花上的雪"融化的雪水，恐怕这也只有生性孤僻的妙玉能想得出来。

袁枚武夷山访岩茶

袁枚之于岩茶，相当于哥伦布之于新大陆。在陆羽的《茶经》中，福建武夷山的岩茶并不占有一席之地，是因为袁枚，人们才重新认识了岩茶，让岩茶得以"德位相配"。

袁枚，文学家、评论家、诗人、美食家。大约在雍正到乾隆年间，他曾先后担任江苏溧水、江宁、江浦、沭阳的县令，历时七年。由于勤于政事，官声很好。只可惜，袁枚这辈子只当到了县令。乾隆十四年，袁枚年仅四十岁，正是年富力强之时，却毅然辞官，隐居于南京小仓山。来到小仓山，他买了一座园林，传说是隋炀帝住过。并把园子命名"随园"，自己号称"随园主人"。

袁枚辞官之后，就当起了一名资深驴友。七十岁那年，他来到了武夷山，游览了幔亭峰天游寺，在《随园食单》中的茶酒单记录了当时的情景："僧道争以茶献，杯小如胡桃，壶小如香橼，每斟无一两，上口不忍遽咽，先嗅其香，再试其味，徐徐咀嚼而体贴之，果然清芬扑鼻，舌有余甘。一杯以后，再试一二杯，令人释躁平矜，怡情悦性。始觉龙井虽清，而味薄矣；阳羡虽佳，而韵逊矣。颇有玉与水晶，品格不同之故。故武夷享天下盛名，真乃不忝，且可以瀹至三次，而其味犹未尽。"

袁枚原来不喜欢岩茶，"嫌其味苦"，恐怕接触的都是"假货"。这一次，他却领悟到了岩茶人间至味的感受。中国茶叶加工方法源于烹饪技术，并根据茶叶自身的特点不断加以改进，不论是先前的晒青、蒸青，还是后来的炒青，所追求的是美食中两个原则之一的"味中味"，即食材本身味道的最大化。打个比方，鱼在水里是什么味道，煮熟了端上来吃还是什么味道。而武夷岩茶在原来武夷松萝炒青绿茶的基础上，进行逐次摇青，利用发酵技术进行半发酵，使得岩茶既有绿茶清香，还有兰花香、桂花香等花果香气，并通过焙茶工艺使得茶汤有了熟汤熟味，目的是使得岩茶与其他茶区别开来。

由于亲身体验，作为美食大咖的袁枚改变了对岩茶的成见。"我震其名愈加意，细咽欲寻味外味。杯中已竭香未消，舌上徐停甘果至。叹息人间至味存，但教鲁莽便失真。卢仝七碗笼头吃，不是茶中解事人。"在他看来，岩茶之味是茶中的人间至味。

武夷岩茶制作技艺博大精深，没有贴切的冲泡品饮方法，难以领略其中韵味。从前，袁枚品岩茶用的是大碗，大口大口地喝。可是，岩茶也称酽茶，按照绿茶的浸泡法来喝岩茶，自然味浓如药。袁枚的品饮方法随着乌龙茶加工技术传播到闽南、台湾、广东等地。

纳兰性德赌书泼茶

"谁念西风独自凉，萧萧黄叶闭疏窗。沉思往事立残阳。被酒莫惊春睡重，赌书消得泼茶香。当时只道是寻常。"（《浣溪沙·谁念西风独自凉》）这是清代词人纳兰性德回忆自己与妻子在闺房赌书泼茶的词作。

纳兰性德（1655年1月—1685年7月），叶赫那拉氏，字容若，号楞伽山人，满洲正黄旗人，清朝初年词人，原名纳兰成德，一度因避讳太子保成而改名纳兰性德。大学士明珠长子，其母为英亲王阿济格第五女爱新觉罗氏。

纳兰性德是典型的官二代兼富二代，自幼饱读诗书，文武兼修，十七岁入国子监，被祭酒徐元文赏识。十八岁考中举人，次年成为贡士。康熙十五年（1676年）补殿试，考中第二甲第七名，赐进士出身。因为特殊的家世，纳兰性德被康熙留在身边授三等侍卫，不久后晋升为一等侍卫，多次随康熙出巡，游历四方。还曾奉旨出使梭龙，考察沙俄侵边情况。

"赌书消得泼茶香"，是夫妻之间雅致的游戏。他们做着"赌书"的风雅之事，互相指出某事出自某书某页某行，以茶代酒助兴，谁要是说得准，就饮茶一杯。有时因为太过愉悦，以至于笑得拿不稳茶杯，让茶泼了地面，也许是沾湿了衣襟，整间屋子都充溢着淡淡的茶香。

作为当朝重臣纳兰明珠的长子，本来注定荣华富贵，繁花著锦。他还在皇帝身边，以英俊威武的武官身份参与风流斯文的诗文之事，随皇上唱和诗词，译制著述，因称圣意，多次受到恩赏。后来，因为"赌书消得泼茶香"的妻子卢氏突然难产去世，纳兰的悼亡之音由此破空而起，成为《饮水词》中拔地而起的高峰，后人不能超越，连他自己也再难超越。

"赌书泼茶"雅事在宋代词人李清照的《金石录后序》中也有记述："……每获一书，即同共校勘，整集签题，得书画彝鼎，亦摩玩舒卷，指摘疵病，夜尽一烛为率。故能纸札精致，字画完整。诸收书家。余性偶强记，每饭罢，坐归来堂，烹茶，指堆积书史，言某事在某书某卷第几页第几行，以中否分胜负，为饮茶先后。中即举杯大笑，至茶倾覆怀中，反不得饮而起。"李清照、赵明诚夫妇在饮后间隙，一边饮茶，一边考记忆，给后人留下"饮茶助学"的佳话，亦为茶事增添了风韵。

茶，气味清香悠远，能提神益思，激发文人的激情和灵感，喝茶也就成了文人生活中的一件韵事，一种雅事。品茗为文人的生活增添了无限情趣，增进了心性修养，历代文人墨客知茶、爱茶、嗜茶，既成就了一段段佳话，也成就了带着茶香的书、画、诗、文等艺术品。

2022. 11. 13

文人

死于非命的古代文人

纵观古代文人，在"家天下"的封建王朝统治下，得以善终的不多，但死于非命的也很少。在仅有的名人中，有的是被奸人陷害，有的是被皇帝遗弃，还有的是被人算计。这种非正常死亡充满了血腥味，对其他的文人来说也是一种警醒。

嵇康

嵇康，字叔夜，三国时期著名的思想家、音乐家、文学家，写过《嵇中散集》。嵇康被称为"竹林七贤"的精神领袖。嵇康因为得罪了司马昭集团，在吕安和吕巽兄弟一案中被抓住了"把柄"，最后，嵇康和吕安被处决。

曹魏时期，曹芳继位后，司马懿受到曹爽的排挤。以司马懿的性格，怎么可能承受得了自己大权旁落？于是趁曹爽陪曹芳去高平陵扫墓的时候，司马懿发动政变，控制了首都。这场"高平陵之变"犹如晴天霹雳，瞬间击碎了本已弱小的曹魏集团，从此司马氏成为天下之主。

面对如此政治环境，有的人选择了投靠，有的人选择了躲避，而竹林七贤的避世并不是消极态度，相反，他们不愿意被黑暗的社会所束缚。因此，他们采取极端的方式来与虚伪的封建礼教和庸人抗衡。他们追求的是纵情不羁，是寄情山水，是绝对的自由。

嵇康之死的直接原因是他的《与吕长悌绝交书》。这封信是嵇康得知吕安被错误关押后写的。通过这封信，嵇康想和吕巽绝交，他对吕长悌心中充满了怨恨。

要想了解案情，先说一个家庭故事，吕巽把他的弟弟吕安的妻子徐氏灌醉并强奸了。吕安想举报他的哥哥，并和嵇康商量，嵇康劝他家丑不可外扬，停止这件事。结果，恶人哥哥吕巽先告了吕安，罪名是"不孝"。钟会和吕两兄弟关系很好，所以他把吕安送到了边疆，而吕安满腹郁闷给嵇康写了一封信，结果，这封信被司马昭截获，吕安被抓进了监狱。吕安在衙门里求情，并请嵇康作证，嵇康出庭作证，但钟会在官府上宣布他混淆视听，结果把自己卷进来了。

这就是嵇康之死的原因，嵇康不愧为君子之人，与吕巽绝交后立即去官府给吕安作证，谁知道这一去，他将永远无法回来。嵇康非但没能营救出吕安，反而把自己卷进去了。

据说，嵇康在临刑前从容不迫为来送刑的学子弹了一首《广陵散》，并慨然长叹："《广陵散》于今绝矣！"

郦道元

《魏书》记载：郦道元为官，出任东荆州刺史的时候，执法严厉，不畏权贵，招致境内很多豪强和皇族宗室的忌恨。郦道元出任河南尹的时候，得罪了汝南王元悦。

汝南王元悦有个同性好友丘念，两人经常吃住在一起，形影不离。元悦取向异于常人，喜好男色，讨厌女人，动不动就出手殴打妃姬，而对男友丘念却极为宠爱，百依百顺。元悦当时任职司州（河南洛阳东部）牧，州内提拔官员，都取决于丘念。

郦道元决心除掉这个伤风败俗的丘念。一次，郦道元就趁着丘念偶尔回家的时候，将其抓捕起来，关进监狱。汝南王元悦大为不满，担心男友丘念被杀，于是请求嫡母胡太后出面，赦免丘念。郦道元获知消息，先于赦免令发布时诛杀了丘念，并弹劾汝南王元悦纵容属下破坏吏治等违法行为。

郦道元因此得罪了汝南王元悦，当时雍州刺史萧宝夤已经出现了谋逆的迹象，元悦想出一个借刀杀人的诡计。于是联合城阳王元徽怂恿胡太后，任命郦道元为关右大使，去安抚并监视萧宝夤。萧宝夤对郦道元上任十分忌恨，担心他的到来会破坏自己的"大计"。

元悦又暗中怂恿萧宝夤，派遣行台郎中郭子恢在阴盘驿亭围困即将赴任的郦道元。

《北史》记载：郦道元一行人处在山岗位置，没有水源，于是命随从在山岗掘井，挖掘十余丈也没有水，一行人因无水而体力下降，丧失了抵抗能力。

郭子恢派手下翻墙而入，郦道元"瞋目叱贼，厉声而死"，被杀前瞋目痛斥贼寇，时年仅五十五岁，同时遇害殉职者还有郦道元的两个弟弟——郦道峻、郦道博，两个儿子——长子郦伯友、次子郦仲友。

颜真卿

唐代宗死了，唐德宗李适继位，先是用杨炎做宰相，杨炎讨厌颜真卿，用虚职剥夺了颜的实权。后来，卢杞专权，想把颜真卿从中央赶出去，就派人去问他"你想去哪里做地方大员"。颜真卿找到卢杞质问："我这人常年被人排挤，如今年老体弱，要靠你庇护，当年你父亲被叛军所害，首级送到平原，我不敢用衣服去擦你父亲脸上的血，是用舌头舔干净的，如今，你竟然容不下我了吗？"卢杞听了这些话很羞愧，内心却更恨颜真卿。李适即位的第四年，也就是783年，李希烈攻陷汝州，卢杞就给皇帝出主意："颜真卿是四方所信之人，声望卓著，让他带着谕旨去李希烈军中宣抚，可能就用不着派军队平叛了。"德宗接受了卢杞的建议。

随后，颜真卿就拿着谕旨，去到了李希烈的地盘，然后失去了人身自由。约一年后，公元784年，颜真卿被杀。

虽然直接害死颜真卿的是"叛贼"李希烈和"奸臣"卢杞，但就《旧唐书》这段记载而言，害死颜真卿的第一凶手，实乃唐德宗李适。

卢杞第一次想将颜真卿赶出朝堂，是拿着皇帝的圣谕去的，说明这件事得到了皇帝的首肯。让颜真卿离开朝堂去做"方面之任"，必然得由李适任命。作为一个成长于忧患之中、智力正常的成年皇帝，李适应该知道，将一位七十多岁、风烛残年的老人，外放出去做"方面之任"，绝不是一种正常的人事安排，既失了优待功勋老臣的立场，也是对国事的不负责任。理解这一点仍要如此做，只能说是李适本人不愿意将颜真卿留在朝堂。

解缙

大明洪武年间的才子解缙，是民间故事里出镜率最高的才子之一，博学机敏的他，很受明太祖朱元璋的器重。相传朱元璋曾经与他推心置腹："与尔义则君臣，恩犹父子，当知无不言。"

解缙到底还是文人，他天真地将这番话当成了对自己的信任，随后洋洋洒洒地上书进言，引起了朱元璋的反感，一纸诏书将他赶回江西老家。在家的八年里，解缙闭门著书，校改了《元史》，补写了《宋书》，并删定了《礼记》。

公元 1403 年，燕王朱棣取代了建文帝登基后，将解缙升迁为翰林侍读学士，第二年又将他升至内阁首辅，并命他主持编修《永乐大典》。

此时解缙的仕途达到了巅峰，然而接下来的几年里，他因为参与了皇储之争，犯了历代天子的大忌，被投入狱中羁押。这一关押就是五年，直到公元 1415 年正月，朱棣查阅关押人员名录，随口问了一句："解缙还在吗？"

锦衣卫指挥使纪纲听闻，将解缙灌醉后拖到雪地里埋起来冻死。

金圣叹

江苏吴县人金圣叹，是明末清初著名的文学评论家，最主要的成就是点评《水浒传》《西厢记》。金圣叹为人狂放不羁，生性诙谐，他的作品传到宫中后，连顺治皇帝都称赞他是古文高手。

顺治驾崩后，赶上吴县新上任的县令横征暴敛，金圣叹便与一百多个士子聚集到孔庙请愿，以悼念顺治皇帝为名，要求巡抚朱国治罢免新任县令。朱国治上书朝廷，奏报"金圣叹组织抗税，惊扰先帝之灵"，不久朝廷下旨将金圣叹等七人斩首示众。

临行前，金圣叹不仅神态自若，还玩了一把冷幽默。

他向刽子手说："我平生胆小，最见不得鲜血，等会儿你一定要最先砍我的脑袋。我的左右耳朵眼儿里各有一张银票，到时候作为你的酬劳。"

刽子手大喜，待时辰已到，最先砍了金圣叹的脑袋，在他耳朵里找到一个纸条，上面写一个"好"，再翻另一个耳朵也有一张纸条，上面写的是"疼"。

战死沙场，马革裹尸，是许多知识分子的理想追求，但很多文人却死于"自己人"之手，这未免有点冤屈。但文人是有精神洁癖的，他们为了信仰和人格，捍卫了自己的尊严，这也算是死得其所吧！

2022. 11. 19

古代文人的政治幼稚病

古人说："慈不带兵，善不为官，仁不从政。"这句话说得非常有道理，并且在古代文人身上体现得尤其明显。虽然，古代也有不少文人从政当官，而且还做得很好，但绝大多数应该归入"失败者"这一行列。究其原因，文人的政治幼稚病是根本，当然，也有一些其他因素。

孔子：惶惶如丧家之犬

孔子，儒家学派的创始人，有三千弟子，七十二贤徒，并且还是两千多年封建思想的主导者。他带着这么庞大的智囊团，有着这样广阔的人脉资源，要是在当今社会，哪个统治集团不是"求贤若渴"，或者是高薪延纳。但是，在孔子生活的春秋时期，孔子就是这样一个怀抱利器却不被人赏识，到处推销自己却四处碰壁的人。人们不禁要问，是孔子生错了时代，还是时代抛弃了孔子？或许，两者兼而有之。

春秋战国时期，诸侯混战，那个时候的君王贵族满脑子都是想着如何打败其他国家，获取更大的利益，甚至有着统一整个国家问鼎中原的心思。在这种背景下，孔子的思想就显得有点不合时宜，因为儒家宣传的是仁爱，是息兵戈的政策，不符合春秋时期战乱不断的年代，所以君王们对他都是避而不见。

儒家思想是继承周朝的礼仪制度，有着烦琐的规矩，有利于和平时期加强中央集权，维护国家统治，但是在战乱时期，任何的伦理道德都抵挡不了敌人的铁骑，所以在春秋时期，人们需要的是武器和面包，而不需要仁义礼智信。

因为孔子有他声名显赫的得意弟子子贡在卫国，而且他也知道卫灵公素有知人善任的贤名。于是，他就怀揣梦想来到了卫国的土地。果然，卫灵公非常重视孔子的到来，给予优厚的待遇，经常召其宴会、对谈和出游。但是，因为两人政见的分歧，最终卫灵公没有安排官职给孔子。

在卫国居住了一段时间后，孔子被艳名远播的卫灵公夫人南子召见，两人隔帐相会，相对行礼时，南子身上佩饰发出叮咚的清脆声响，令人遐思。孔子私会南子一事，引发众弟子的不满，孔子无以辩解，只好发誓自证清白。后来，孔子认为卫灵公好色失德，非明君作为，感叹"吾未见好德如好色者也"，遂离开卫国。

在陈国，陈湣公待之以上宾，常向其请益政事。然而，陈国国小力弱，夹于吴、楚两个大国之间，常受侵凌，孔子恢复礼乐、施行仁政的治国之道，面对金戈铁马的强横恶邻，分外无能为力。孔子无奈黯然离去，并留下一句传世名言："危邦不入，乱邦莫居。"

孔子在列国周游了十四年，始终找不到一个支持他的君主。是因为他的理想是推行仁政，恢复西周时期的井然秩序，理念固然是极好，却与列国希望通过变革变得强盛，继而以武力征伐他国，成为春秋霸主的需求背道而驰。

孔融：让梨的他后来真不咋地

"融四岁，能让梨。"这个故事被写入《三字经》，可见其影响深远。孔融，字文举，东汉时期山东曲阜人，是孔子的第二十世孙，高祖父孔尚当过钜鹿太守，父亲是泰山都尉孔宙。孔融别传记载：孔融四岁的时候，和哥哥吃梨，总是拿小的吃。有人问他为什么这么做。他回答说："小孩子食量小，按道理应该拿小的。"孔融聪明早慧，很小就懂得遵守公序良俗这样的道理，宗族亲戚们认为他是个奇才。

孔融在成年之后，因为自身的才华和孝行，所以受到司徒杨赐的征召，成为司徒掾属。后来，权臣董卓篡夺了东汉王朝的大权，并且准备废掉汉少帝刘辩，这让孔融看不下去了，于是和董卓展开了一场激烈的辩论。当然，最后的结果是董卓输掉了辩论，而孔融自然也被排挤出朝廷中枢，被派到北海国为国相。北海国，基本对应今日的山东省潍坊市一带。换而言之，孔融所担任的北海国国相，和郡守、太守差不多。

东汉末年，北海国一带受到了黄巾军的袭扰，于是，孔融派太史慈向平原国相刘备求救。刘备获悉后，立即发兵帮助孔融解围。在黄巾起义逐渐被平定后，袁绍和曹操成为中原地区两个强大的诸侯。不过，因为孔融看出来袁绍、曹操都不是真心忠于东汉王朝的，自然不愿意投靠袁绍或者曹操。建安元年（196年），袁绍的长子袁谭进攻北海国，虽然孔融在治理北海国的过程中颇有成绩，但是，孔融在作战方面，却是一窍不通。在袁绍的大军已经攻入到城内时，孔融仍然凭几读书，谈笑自若。至夜晚城陷，他才逃奔山东（太行山以东）。在此还发生了戏剧性的一幕，就是孔融光顾着自己逃跑，把妻儿老小都扔了，被袁绍大军俘获。

建安元年（196年），汉献帝迁都许昌后，征召孔融为将作大匠，又升任少府。自此之后，如果孔融安于职守的话，或许可以获得善终的结局。不过，一向直言不讳的孔融，不仅面对董卓时毫不退缩，在面对曹操时，更是无所畏惧。在官渡之战后，曹操的儿子曹丕私自娶了袁熙的妻子甄氏。在得知这一事件后，孔融立即写信给曹操，表达了讽刺的态度。虽然《三国志》等史料中没有记载曹操的反应，但是，遭到讽刺，总是会心中不悦的。建安十二年（207年），曹操北讨乌桓，孔融又讥笑道："大将军远征，萧条海外。"不久之后，因为战乱的原因，曹操上表汉献帝刘协，主张禁酒，但是，孔融又傲慢地驳斥了曹操的意见。

孔融一而再地忤逆曹操，曹操终于对他起了杀心，派手下把孔融拘押起来，并定下了"招合徒众""欲图不轨"的罪名，并且最终被处死，而且株连全家。

有人说孔融是"书生意气"，不懂政治，但他偏偏认为自己能匡佐天下，结果落得个"覆巢之下无完卵"的悲惨结局。

李白：把艺术当成了生活

李白是诗仙，伟大的浪漫主义诗人，说起他在文学上的成就，几乎无人可与他匹敌，但要说起他在政治上的贡献，那就真正是难以圈点了。或者说本是一把好牌，被他打得稀巴烂。

为什么要说起政治呢？因为李白好好的诗人不做，他非要蹚政治浑水。他自比管仲、诸葛亮："自言管葛竟谁许，长吁莫错还闭关。"他在《读诸葛武侯传书怀赠长安崔少府叔封昆季》中，赞美了诸葛亮和刘备的际遇："鱼水三顾合，风云四海生。"表示自己也像诸葛亮一样，怀着济世的壮志。他又自比谢安。他向往谢安的潇洒闲逸的生活，赞美谢安风流蕴藉的风度，而最崇拜的是谢安的建功立业。他也自比傅说、李斯。他还自比东方朔："世人不识东方朔，大隐金门是谪仙。"他的"偶像"很多，如苏秦、张仪、韩信、贾谊、荆轲等。这些人三教九流，思想各异，而李白都以他们为自己的榜样，所以你就会感觉到李白儒释道兵无所不通，自信心绝对爆棚。

李白第一次游长安，未被荐用，当时的朝廷并不重视人才。于是他有"谁贵经纶才"的牢骚，有"弹剑谢公子"的叹息。离开长安后，在龙门的严寒冬夜，他再一次发泄了未被重视的失意心情："而我何为者，叹息龙门下。富贵未可期，殷忧向谁写。"他去敲官场的大门，被拒之于门外，然后就开始发牢骚、耍性子，这样的人谁敢使用？

李白对政治现实有所认识，是在他第二次进长安"供奉翰林"之后。不管传说中的御手调羹、高力士脱靴是否实有其事，他曾经受到唐玄宗的重视却是事实。"激赏摇天笔，承恩赐御衣。"从他这两句诗里可以看到他当时的声誉与际遇。毫无疑问，他一下子走进了政治生活的中心，却没有抓住这次难得的机会。后来，因为幼稚、任性以及诗人气质，他被卷进了政治斗争，受到政敌的排挤、打击，最后终于被"赐金放还"。

李白的政治幼稚病在晚年发生的一件事上表现得尤为突出，这件事几乎要了他的命。他想建功立业简直是想昏了头。

对于永王李璘的出兵平乱，李白是抱着乐观的态度的，他以为必胜无疑。在《永王东巡歌》中，他作了这样的预言："试借君王玉马鞭，指挥戎虏坐琼筵。南风一扫胡尘静，西入长安到日边。"他把一切都看得很简单，很容易。他没有认识到肃宗即位之后永王东巡所面临的错综复杂的局势。永王李璘出兵，奉的是父命，目标是平叛，当然无罪可言。但在唐肃宗看来，李璘的出兵不是为了平叛，而是为了争夺天下，是叛乱行为。李璘成了罪人，李白自然也是罪人。蒙在鼓里的李白无意中参与了人家的"家事"，还迂阔地以为自己建功立业的时机到了。结果是李璘身死，李白被判流放夜郎。

"致君尧舜上，再使风俗淳。"这些忠君为民情怀让人心怀感动。"报君黄金台上意，提携玉龙为君死。"这些豪言壮语也让大家精神为之一振。但政治是复杂的，不是普普通通的人能够驾驭得了的；政治也是残酷的，理想主义者在现实面前必然碰得头破血流。最后一句话，专业的事还是交给专业的人去做吧，文人不要瞎掺和。

2022. 12. 19

古代文人的翻转人生

逆袭是挂在现代人嘴边的口头禅，说人生需要逆袭。从学渣到学霸是逆袭，从丑小鸭到白天鹅是逆袭，从平民百姓到位高权重是逆袭，这无疑是充满正能量的，是值得大家学习和借鉴的。在古代，不少人本来握着一手好牌，或含着金钥匙，或被誉为神童，或少年及第，结果到后来人生输得一塌糊涂，落下了好多的骂名，翻转了自己的人生。

王戎：从道旁苦李到爱钱如命

传说，王戎从小就非常聪明。他七岁时，有一次和几个小伙伴一块儿外出游玩，发现路边有几株李树，树上的枝条上，结满了李子，而且看上去一个个都熟透了。小伙伴们一见，就情不自禁地流出了口水。于是，一个个高兴地竞相攀折树枝，摘取李子。唯有王戎站在一旁，一动也不动。同伴们觉得非常奇怪，就叫喊着问王戎："喂，王戎，你为什么不摘啊？又红又大的李子，多好呀！"王戎笑着回答："那树上的李子肯定是苦的，摘下来也不能吃。你看，这李树都长在道路旁，上面结了那么多李子，却没有人摘，要不是苦的，能会这样吗？"

《世说新语》中对这个故事有简单的记述：

王戎七岁，尝与诸小儿游。看道边李树多子折枝，诸儿竞走取之，唯戎不动。人问之，答曰："树在道旁而多子，此必苦李。"取之信然。

这个故事写王戎小时候，观察仔细，善于动脑筋，能根据有关现象进行推理判断。

就是这样一个"小时了了"的王戎，到后来却让大家非常失望。他的聪明才智在他敛财的道路上"大放异彩"。

王戎家中种了一棵枣树，味甘而多实。街坊邻居看了都想找王戎讨枣子吃，王戎当然不肯。后来有人提议花钱买枣子，王戎点头同意。收钱后，回家就将枣子的核挖出来扔掉，然后再将枣子给买的人。也许你会问一句，为什么要去核？果核就是种子，王戎深知这一点，生怕那人买了枣子自己种棵枣树，自己吃倒还好，万一他也去卖，岂不是断了自己一条财路。他王戎怎么会做此等吃亏的买卖？所以就亲自给他的枣子去核了。

王戎还曾因为钱的问题，跟女儿闹翻，不过不至于成仇人。当时王戎的女儿刚结婚，家里缺钱，女儿知道父亲家中的财产，便借了一部分补贴家用。王戎虽极不情愿，但到底还是将数额不大的钱借给了女儿，让女儿立了字据以免不还。借出去没几天，王戎就后悔了。自己干吗要给她呢？一时越想越气，所以女儿回娘家的时候，王戎全程黑着脸，还时不时地戳一下女儿的脊梁骨，好让她赶紧还钱。女儿还是没有钱还给他，他便三天两头去女儿家里甩脸子。后来女儿遭不住他的冷暴力，赶紧还了钱，王戎又恢复了"慈父"形象。

王羲之：从书圣到误用仙丹而死

王羲之，东晋著名书法家，被人誉为书圣，出生于琅琊王氏望族，落地便带上了富贵籍；身世既好，人又聪慧，上天赋予了其一门书法本事，少年即获得了高誉，左右邻里，上下诸侯，"论者称其笔势，以为飘若浮云，矫若惊龙"，将其书法评价为"尤善隶书，为古今之冠"。

话说永和九年（353年）三月初三上巳日，晋代贵族、会稽内史王羲之偕亲朋谢安、孙绰等四十二位全国军政高官，在兰亭修禊后，举行饮酒赋诗的"曲水流觞"活动，引为千古佳话。这一儒风雅俗，一直流传至今。当时，王羲之等在举行修禊祭祀仪式后，在兰亭清溪两旁席地而坐，将盛了酒的觞放在溪中，由上游浮水徐徐而下，经过弯弯曲曲的溪流，觞在谁的面前打转或停下，谁就得即兴赋诗并饮酒。据史载，在这次游戏中，有十一人各成诗两篇，十五人各成诗一篇，十六人作不出诗，各罚酒三觥。王羲之将大家的诗集起来，用蚕茧纸、鼠须笔挥毫作序，乘兴而书，写下了举世闻名的《兰亭集序》，冠绝群雄，被后人誉为"天下第一行书"，王羲之也因之被人尊为"书圣"。而《兰亭集序》也被称为"禊帖"。此等人生，夫复何求？

但是，就是这样人人羡慕嫉妒恨的书法家，对自己的人生还不满足，晚年居然沉迷于道教修炼，服用丹药，以求长生不老。

东晋时期，上流社会名士重养生，喜服"五石散"，成为风尚。"五石散"是一种中药，配方为紫石英、白石英、赤石脂、钟乳石、硫黄等。据说，人吃了"五石散"不但能治病，还能强身健体、精神舒畅。

王羲之从小体弱多病且不缺金钱，于是长期服用"五石散"，贯穿了一生。服了"五石散"不能休息，非走路不可，走得全身发烧，叫作行散；然后还得吃解药。王羲之本来就体弱多病，难以承受如此消耗。因此，王羲之的身体健康状况非但没有好转，反而每况愈下。王羲之在修炼的过程中，结交了许多朋友，其中有不少就是道教信徒。许询就是一个道教徒，也包括支遁。王羲之经常与许询、支遁在一起交谈，或游山玩水，或饮酒咏诗。

王羲之在辞官之后，又结交了一批新朋友，尤其是道士许迈。许迈是东晋丹阳句容（今江苏）人，字叔玄，出身于世家大族，但不求仕进，遍游名山，采药炼丹，论神仙事。许迈从他的老乡葛洪（284年—364年）那里学会了炼丹术。葛洪是东晋著名的道士，著有《抱朴子》，宣扬长生不死之术，炼"九转金丹"，说吃了此金丹，就能不老不死。王羲之信奉道教，道教又宣传不老不死，人能长生如神仙，王羲之于是就经常与许迈一起探讨人生和长生不死的问题，整日忘归。并且他们一起采摘五芝草，一起服食，期盼可以长生不老，能够成为活神仙。最终，王羲之因为长期服用五石散，中毒而死，年龄居然不到六十岁，实在让人唏嘘。

李绅：从粒粒皆辛苦到一饭数百只鸡

父母教育子女节约粮食，都会说"谁知盘中餐，粒粒皆辛苦"。这首耳熟能详的诗歌就出自唐代著名诗人李绅之手。

李绅出身山东李家，是唐朝士族之一。他六岁丧父，九岁丧母，一个人在童年时期先后失怙失恃，这是巨大的心理创痛，要么让人一蹶不振，要么让人奋发图强。好在，李绅属于后者。青年时期的李绅就展露文采，名动乡里，《唐才子传》里面说：绅为人短小精悍，于诗特有名，号"短李"。

李绅曾多次应试不第，直到三十五岁才终于中第，"三十老明经，五十少进士"，这个年龄在唐代科举来看也算是春风得意。在中进士前，李绅曾四处游历，饱览秀美河山，结识不少知交，更体察到了民间的疾苦。在三十岁左右的时候，李绅创作出了流传千古的《悯农》诗两首："锄禾日当午，汗滴禾下土。谁知盘中餐，粒粒皆辛苦。"另一首是："春种一粒粟，秋收万颗子。四海无闲田，农夫犹饿死。"

因为唐朝科举不仅靠考试成绩，还可以参考他们平时的作品和才气，考生将自己比较得意的诗文收集成册，用漂亮字体写成卷轴，考试前送给当时文坛上有名气、政治上有声望的人，或者是与主考官关系密切的人，以求得推荐，这种行为被称为"行卷"。据考证，这两首诗曾经作为行卷向当时已是名动一方的文坛显贵韩愈、吕渭投递过，备受赞誉。《悯农》两诗以白描式的手法勾勒了农人之苦："锄禾"从个体角度入手，以农人耕作之辛劳起兴，告诫每一个人要珍惜粮食。"春种"则从宏观角度着眼，前三句描绘了农业生产的繁茂，最后一句陡转直下，道出了农民丰产不丰收的惨痛现实，响鼓重锤惊心动魄。《悯农》两诗有着很强的文学、现实意义，精辟地揭示了皇权治下，农民辛劳一年都难以果腹的人间悲剧。

李绅发迹之后，他的一个旧相识也是长辈李元将因为要巴结他，主动降低辈分，称自己为"弟"、为"侄"，李绅都不高兴，直到李元将称自己为"孙子"，李绅才勉强接受。还有一个姓崔的巡官，与李绅有同科进士之谊，有一次特地来拜访他，刚在旅馆住下，家仆与一个市民发生争斗。得知是宣州馆驿崔巡官的仆人，李绅竟将那仆人和市民都处以极刑，并下令把崔巡官抓来，说："过去我曾认识你，既然来到这里，为何不来相见？"崔巡官连忙叩头谢罪，可李绅还是把他绑起来，打了二十杖。崔巡官被送到秣陵时，吓得面如死灰，甚至不敢大哭一声。当时人们议论纷纷："李绅的族叔反过来做了他的孙子，李绅的友人成了被他流放的囚犯。"

据说，李绅生活很是奢侈，刘禹锡还为此写了一首诗："鬏鬏梳头宫样妆，春风一曲杜韦娘。司空见惯浑闲事，断尽江南刺史肠。"由于他喜欢吃鸡舌头，于是每餐都要耗费三百多只鸡。前后的反差让人震惊。

2022. 12. 18

03

Chapter

文 章

文章千古事，得失寸心知。文章是文人的孩子，是他们内心世界的外化，是他们思想情感的表达。《毛诗序》："在心为志，发言为诗。情动于中而形于言，言之不足故嗟叹之，嗟叹不足故咏歌之，咏歌之不足，不知手之舞之足之蹈之也。"《尚书》："诗言志，歌永言。"更有曹丕"文章经国之大业，不朽之盛事"的赞誉。

周敦颐，出淤泥而不染

——我读《爱莲说》

宋人周敦颐是著名的理学大师，他为人清廉正直，襟怀坦白，不与世俗同流合污，平生酷爱莲花。他写的《爱莲说》是千古名篇，一直为后人所称道，对他的文章构思我尤为佩服。

"水陆草木之花，可爱者甚蕃。"作者开篇就很有气度，大处入笔，把笔伸向了广阔的世界，陆地上、水里面能生长植物的地方都囊括进去，给人一种视野通达、目光深邃之感。接着作者回归现实，从历史的深处探索，对晋、唐、宋三代文人雅士的喜好进行了比较："晋陶渊明独爱菊，自李唐来，世人甚爱牡丹，予独爱莲。"三种喜好，三种世风，人情思想高下立见分晓。对于陶渊明，大家已经广为熟知，所以作者在此没有多论，对于"牡丹之爱"，已经形成世风，而且影响至今，形成共识，作者也是一笔带过，不必细说。

文章题目是《爱莲说》，扣住题目进行阐述表达才是要义。至此，作者开始不惜笔墨，挥毫赞美："莲出淤泥而不染，濯清涟而不妖，中通外直，不蔓不枝，亭亭净植，香远益清。"这段描写可以说是对莲外貌的最直接的表达，倾注了作者的情感，作者眼前的莲已不是植物，而是一位老友，一位可以倾心相谈的知己，或者说是作者心目中的女神。

"可远观而不可亵玩也"可谓点睛之笔，是对莲精神的一种概括。前面是对知己的直接描绘，是向别人的一种推介，而这一句话就是对其他人的一种警告，也是对莲品质的精准把握。

古人作文，大多都是一种情感的宣泄，一种思想的表达，假如文章到此为止，不失为一篇含义隽永的散文，让人们对"莲"留下深刻的印象。但是文章会失于浅薄，高手毕竟是高手，大家就是大家，他不可能把文章写成半成品的，他要继续书写，直达人们的灵魂深处。

"予谓菊，花之隐逸者也；牡丹，花之富贵者也；莲，花之君子者也。"这一铺陈排比，不仅对三种花进行了比喻，而且还引出了三种不同的人。"隐逸者"，即隐士，隐士从来就是历朝历代文人雅士的精神坐标，"达则兼济天下，穷则独善其身"是一般知识分子的人生理想，做隐士可以说是"穷则独善其身"的最佳途径。"隐"有多种方式，"小隐隐于市，大隐隐于朝"，关键在于自己的修炼层次。当然，也有卢藏用这样的假隐士，想走"终南捷径"，最终落得个贻笑后人的下场，假如说是"菊"的话，那也是一株"伪菊""假菊"。

　　接着，作者说到"富贵者"，也就是"贵族"。芸芸众生，一般人很难免俗，谁都想追求和拥有富贵的生活，只有一些清教徒才追求精神的享受。一般的凡夫俗子喜欢牡丹，也是无可厚非的，只要是不过分或者不非法都可以理解的。

　　最后，说到"君子"。古代的君子，是指有德行的人。"君子"一词，广见于先秦典籍，何为君子？孔子说，君子以行仁、行义为己任。君子也尚勇，但勇的前提必须是仁义，是事业的正当性。君子处事要恰到好处，要做到中庸。另外，孔子还从反面对君子做出了要求：第一，君子不妄动，动必有道；第二，君子不徒语，语必有理；第三，君子不苟求，求必有义；第四，君子不虚行，行必有正。作者在这里表面上写的是三种花，实际上写的是三种人，而且对三种人还进行了对比，没说孰好，让世间众生可以对比观照，不同的人对不同的花也就心有所属了。

　　结尾"噫！菊之爱，陶后鲜有闻。莲之爱，同予者何人？牡丹之爱，宜乎众矣！"直接点题，表明观点。文人表明思想自有文人的套路，往往不是直接说明，而是曲意表达，引发别人的思考。同是曲意表达，但作者又是另辟蹊径，与众不同，三个句子，三种句式，"菊之爱，陶后鲜有闻"，是陈述句式，是云淡风轻；"莲之爱，同予者何人"，是反问句式，表达的是"众人皆醉我独醒"的孤独；"牡丹之爱，宜乎众矣"，是感叹句式，饱含了作者的无奈、愤慨和对世风日下的讽刺挖苦。

　　纵观全篇，短短146字，作者收放自如，多种表达方式并用，有记叙，有描写，有抒情，有议论，思接千里，神接八荒，可以说是托物言志类小品文的典范。

斯是陋室，惟吾德馨

——我读《陋室铭》

　　古代的许多文人在精神上是有洁癖的，不为五斗米折腰的陶潜，放浪形骸与司马氏集团格格不入的嵇康，还有"不是被贬，就是在被贬的路上"的苏轼。他们忍得一时之苦，赢得万世之名，终究成为人们心中的精神坐标，后世学者的钦羡的永远偶像。

　　公元859年，永贞革新失败，一个青年才俊失魂落魄地来到了安徽的和州（今和县），开始了他的被贬生活。面对局促狭窄的住处，刘禹锡没有心生怨愤，而是坦然接受，因为他想到了"山不在高，有仙则名。水不在深，有龙则灵"。自古以来，那些名山大川哪一个不是因为仙人、蛟龙而名声显扬呢？"登泰山而小天下"的孔子，"骊山补天"的女娲，在武当自立门派的张三丰。因为这些先哲，我们认识了那些山川的大名；也因为这些君子，我们有了拜访登临的渴望。

　　自比自况历来是文人雅士的拿手好戏，赋比兴手法那是随手就来，写"山"、写"水"目的何在？是为了"陋室"；说"仙"、说"龙"意欲何为？那是为了"德馨"。到此时，"斯是陋室，惟吾德馨"之句呼之即出，作者通过铺陈排比终于完成了这篇铭文的点睛之笔。

　　"德馨"体现在何处？假如没有足够的证据支撑，就有点夸大其词甚或有吹牛之嫌了。但作者先是虚晃一枪，对"陋室"环境进行描写，一写景千古名句脱口而出："苔痕上阶绿，草色入帘青。"意即"青苔在台阶上绿意盎然，青草映入窗帘郁郁青青"。对仗之工整，韵律之和谐，可谓神来之笔，兼之"上""入"两个动词写出植物的人之神态，一"绿"一"青"更勾勒了陋室的生机和活力。接着，作者开始对"德馨"进行重点铺陈，我的朋友圈是什么？是"谈笑有鸿儒，往来无白丁"。我日常在干什么呢？是"可以调素琴，阅金经"。过的简直是神仙般逍遥的日子，"无丝竹之乱耳，无案牍之劳形"。我们可以看出，刘禹锡作为和州任上的刺史，不与为官的打成一片，只与有知识的谈笑来往，表现出了他一般读书人出身做官的孤傲。我们从中还可看出，刘禹锡身处陋室，也要坚守住自己的德行与操守，做到室陋而人不陋。这真实地反映了刘禹锡不随流俗的一面：既是外迁，也要把守住自己的德行与操守，也要与那些德才兼备的人谈笑往来。

现代人很注重朋友圈的建设，你的圈子有多大，就意味着你的活动能力有多大。"不是喝什么酒，而是跟什么人喝"是一个严肃而又重大的问题。而刘禹锡同样注重他的朋友圈建设，上面的一些文字就是明证。

仅此而已，还不足以说明自己的"陋室不陋"，作者又把自己的"陋室"跟"南阳诸葛庐，西蜀子云亭"PK一下，觉得毫无逊色之处。从写作技法说，这两句是用典，可以说是文辞简约而意味无穷。前两句说出诸葛亮曾居南阳草庐、扬雄曾居小亭的事实，让人联想到这两人在后世如此有名气，如此受人景仰，并不是因为他们所住之地的简陋，而是由于他们有让人高山仰止的德行。在行文上，这暗合了"斯是陋室，惟吾德馨"的文章主题。

古人行文，讲究凤头豹尾，一句反问"孔子云：何陋之有"，犹如晴空霹雳、半夜惊雷，顿使文章意蕴深远，绵延不绝。《论语·子罕》原文是"君子居之，何陋之有"，在此，作者只引半句，更显文辞简约，惜字如金，而语义全明。

铭文虽短，寥寥八十一字；故事很长，几番搬迁笑对苦难。刘禹锡，永贞革新失败后，受"株连"被贬为安徽和州通判。按规定，他在和州衙门里应享有一套三室三厅的住房，但因和州知县是个势利小人，见刘禹锡是个被贬的下台干部，为讨好他的主子，便对刘禹锡百般刁难，先是让其搬出衙门，在城南门外面江而居。刘禹锡自是心知肚明，不但不生气埋怨，反而十分高兴，并顺手撰写对联一副贴于门上。上联为"面对大江观白帆"，下联是"身在和州思争辩"。和州知县见了，气就不打一处来，心说好小子，我不但没有制伏你，反倒为你办了个好事，如此这般我怎么向我的主子交代？于是，知县便心生一计，将刘禹锡从城南门搬到城北门，住房也由原来的三室减为一室半，看你怎么还"面对大江观白帆"？刘禹锡从城南门搬到城北门，慧眼独识，他发现此房虽小，也不临江，却位于德胜河边，岸边还有一排老柳树，风景十分秀丽。于是，他便又题作一联："杨柳青青河水平，人在历阳（和州秦代称历阳）心在京。"和州知县见刘禹锡实在是无可救药，便让他住进一间仅能容下一床一桌一凳的小屋。谁知刘禹锡因祸得福，他住进小屋，灵感突至，遂写下了流芳百代的传世佳作《陋室铭》："山不在高，有仙则名；水不在深，有龙则灵。斯是陋室，惟吾德馨……"并请人刻碑立于门前，表达了作者不慕名利、高风峻节的情操，及其富贵不能淫、威武不能屈的高贵品德。

2021. 6. 18

桃花源，安放文人灵魂的处所

——我读《桃花源记》

魏晋南北朝是中国历史上一个特殊的时代，是中国政治上最混乱、社会上最苦痛的时代，却也是精神史上极自由、极解放、最富于智慧、最浓于热情的一个时代。鲁迅先生将这一时期文人的政治思想概括为"魏晋风骨"，桃源陶令就是其中的代表人物。

陶渊明（352 或 365 年—427 年），字元亮，又名潜，私谥"靖节"，世称靖节先生，浔阳柴桑人，东晋末至南朝宋初期伟大的诗人、辞赋家，曾任江州祭酒、建威参军、镇军参军、彭泽县令等职，最末一次出仕为彭泽县令，八十多天便弃职而去，从此归隐田园。

在今天看来，陶渊明的行为让人觉得不可思议，在现实的体制下也不被容许。但是，陶渊明就是这样去做了，而且做得如此决绝，如此义无反顾。陶渊明的个体行为如果放在时代的大背景下来审视，大家就会觉得完全正常，没有什么大不了的。因为在那个时代，名士大多崇尚"无为而治"，以怪诞为时尚，以清谈为经济，形成了一代世风。"桃花源"的故事就是在这样的背景下写就的。

"晋太元中，武陵人捕鱼为业。"文章起笔，即交代了事情发生的时间、背景，让人感觉真真切切、有板有眼，一点也不让人置疑。忽然就看到了一番美丽的景色，"忽逢桃花林，夹岸数百步，中无杂树，芳草鲜美，落英缤纷"。我们不难想象桃花盛开的时候，漫天铺开、如火如霞、绚烂美丽的景象，令人既陶醉又震撼。"芳草鲜美"的"鲜美"二字，造语奇特，描摹生动，一个"鲜"字，也彰显出遍地青草的蓬勃生机。丛丛芳草，青翠欲滴，绿尽天涯，望之身心俱醉。在芳草的映衬下，"落英缤纷"，飘若红雨，真是人间奇景，美不胜收。如此美景，让"缘溪行，忘路之远近"的渔人"甚异之。复前行，欲穷其林"。

就是在这种好奇心的驱使下，渔人有了重大的发现，在"林尽水源"的地方，"便得一山，山有小口，仿佛若有光"。这个"光"是希望之光，是美丽之光，把渔人引入了一个美好的"共产主义社会"："土地平旷，屋舍俨然，有良田美池桑竹之属。阡陌交通，鸡犬相闻。其中往来种作，男女衣着，悉如外人。黄发垂髫，并怡然自乐。"这里的环境是美好的，土地平整，房屋整齐；这里的人是勤劳的，往来种作，男耕女织；这里的人是幸福的，老有所养，幼有所依。一片安宁祥和的美好世界，一片丰衣足食的世外桃源。

这里的人还是好客的："便要还家，设酒杀鸡作食。"这里的人也是热情的："村中闻有此人，咸来问讯。"一家有客，八家把盏："余人各复延至其家，皆出酒食。"一派其乐融融的景象。

"男女衣着，悉如外人"的桃花源居民不仅引起渔人的疑惑，也让今天读此文章的我们大感不解：他们何时来此绝境？他们又因何而来？循着这个疑问，陶渊明，不，是桃源人一一给我们做了回答，解开了我们心中的谜团："自云先世避秦时乱，率妻子邑人来此绝境，不复出焉，遂与外人间隔。问今是何世，乃不知有汉，无论魏晋。"

"怀旧空吟闻笛赋，到乡翻似烂柯人""天上一天，人间一年"的仙界传说正合乎此情此景。他们日出而作，日落而息，不知不觉间已经过了三百年，不管外面世界如何变幻，朝代如何更迭，这些与桃源人无关，他们始终过着"不知今夕是何年"的生活。

善良总会被丑恶欺骗，纯真总会被狡诈蒙蔽。虽然渔人被告知"不足为外人道也"，虽然渔人被"延至其家、皆出酒食"地待为上宾，但渔人刚刚出门，就"处处志之""及郡下，诣太守，说如此"。在此，外人和桃源人形成了鲜明的对比，人品尊卑高低立见，一个背信弃义、恩将仇报的世俗形象呈现在我们眼前。隔着纸面，我们都替桃源人惋惜，感觉先前的盛情是多么的不值。

"人算不如天算"，冥冥之中渔人的行为得到了报应。"太守即遣人随其往，寻向所志，遂迷，不复得路。"明明是做好标记的旧路，怎么就再也回不去了呢？这就是仙缘难辨，这就是仙人难寻。按照当今时髦的话说就是各有各的圈，各有各的道，一别两宽，互不打扰，各自安好。

凡夫俗子不得打扰，官僚贵胄难以寻找，那么"品行高尚"的"同道之人"怎样呢？"南阳刘子骥，高尚士也，闻之，欣然规往。未果，寻病终，后遂无问津者。"著名高士刘子骥的"规往未果"，为这件事画上了一个"圆满"的句号。说是"圆满"，对晋人虽有所"缺憾"，对桃源人来说，那是真正的"圆满"，在战乱频仍的年代，留下了一个平和的世界。这是作者之理想，也是今人之希望。

《桃花源记》的艺术手法也值得我们揣摩玩味。陶渊明成功地运用了虚景实写的手法，使人感受到桃源仙境是一个真实的存在，显示出高超的叙事写景的艺术才能。但《桃花源记》的艺术成就和魅力绝不仅限于此，陶渊明也不仅仅是企望人们确认其为真实的存在。所以，在虚景实写的同时，又实中有虚，有意留下几处似无非无，似有非有，使人费尽猜想也无从寻求答案的话题。桃源人的叮嘱和故事结尾安排的"不复得路""规往未果"等情节，虚虚实实，恍惚迷离，便是这些话题中最堪寻味之笔。它所暗示于世人的是似在人间非在人间，不是人间胜似人间，只可于无意中得之而不可于有意中求之。

2021.6.19

文章

美丽的富春江

——我读《与朱元思书》

现代人交往用电话、QQ、微信，而在古代，只有鸿雁传书了。又因路途遥远、关山阻隔，即使这个"书"传起来也不是特别顺畅，所以古人的书或许不是什么私密的，而是"隔空喊话""公开示爱"了。

《与朱元思书》实在算不上一封书信，因为它没有书信的一般格式，前有称谓，后有落款。之所以"书"不成"书"，这与吴均没有半毛钱关系，原本吴均的"书"是像"书"的，只不过我们现在看到的是书信的节选，历代文章家看重的是这篇书信的景物描写，录入集子的也是《艺文类聚》之类，所以，一篇好端端的书信就成了现在这半不拉的写景华章。

正是江南雨水丰茂时节，吴均在富春江一带游历，没有公务的忙碌，也没有归乡的催促。他坐在一条船上，任凭流水飘荡，忽东忽西。要是在岸上，那简直是信马由缰，现在是河中，也就是"信船由水"了。吴均抬头向远方望去，那真是"风烟俱净，天山共色"，烟雾消散净静，远山和天空融为一体，不分彼此。这就是自富阳到桐庐一百许里的航程中领略的画面，在作者眼中，这一段的山水假如说是第二，没有人敢称第一："奇山异水，天下独绝。"

让我们闪回一下，这样的镜头进入我们的视野：小小竹排江中游，巍巍青山两岸走，雄鹰展翅飞，哪怕风雨骤……小小竹排江中游，滔滔江水向东流，红星闪闪亮，照我去战斗……虽然这里有革命的火种，有战斗的豪情，但那"小小竹排江中游"的美景是一样的，"巍巍青山两岸走"的意境是相通的。

吴均低头看近处的江水，怎是一个"缥碧"了得："千丈见底，游鱼细石，直视无碍。"也难怪三百年后的白居易想起江南的水留下了这样的诗句："江南好，风景旧曾谙。日出江花红胜火，春来江水绿如蓝。能不忆江南？"

如果说平静的水似处子，那么湍急的水就是猛男："急湍甚箭，猛浪若奔。"这就是富春江，对比如此鲜明，反差如此巨大，真的是翻脸比翻书还快。我们可以想象，还有比飞箭更快的流水吗？还有比奔跑的骏马还猛的巨浪吗？这也是富春江，正因为大自然如此无常，才成就了富春江"天下独绝"的山水。

让我们随着吴均的目光走向远山吧，那又是一副什么样的美景呢："夹岸高山，皆生寒树，负势竞上，互相轩邈，争高直指，千百成峰。"在他的眼中，山是高大的，那些山峦凭依着高峻的形势，竞相朝上伸展，互相比高比远。它们都在争高峻，笔直地向上，形成千百座山峰。拟人化的手法，把山写得富有人情味，而且那种互相一较高低、互不服气的情态表现了出来，这就是"奇山"。

除此之外，山中有水："泉水激石，泠泠作响"；山中有鸟："好鸟相鸣，嘤嘤成韵"；山中有蝉："蝉则千转不穷"；山中有猿："猿则百叫无绝"。"奇山异水"已经构成了"天下独绝"的美丽画卷。山中"泠泠作响"的泉水、"嘤嘤成韵"的好鸟、"千转不穷"的鸣蝉，以及"百叫无绝"的猿猴，这又是一个神奇的世界，是一个修身养性的世界，更是一个让人流连忘返的世界。

"鸢飞戾天者，望峰息心；经纶世务者，窥谷忘反。"那些为了名利象鸢鸟一样极力往高处飞的人，看到这雄奇的山峰，就会平息那热衷于功名利禄的思想；那些忙于经营社会事务的人，看到这幽美的山谷，就会流连忘返。我们不妨停下我们匆匆的脚步，思考一下人生的意义。人活着到底是为了什么？是功名利禄，还是金银财宝？《增广贤文》有言："广厦千间，夜眠仅需六尺；家财万贯，日食不过三餐。"人生一世，就像白驹过隙，瞬间即逝。追求身心的自由当为第一要务，功名利禄、金银财宝都是浮云，把握当下，活好每一天才是王道。

结尾乃神来之笔，写得云淡风轻："横柯上蔽，在昼犹昏；疏条交映，有时见日。"短短四句，一十六字，写得不急不慢，简单的景物描写，让文章戛然而止。

吴均（469年—520年），南北朝梁代文学家、史学家，字叔庠，吴兴故鄣（今安吉县）人。散文以写景见长，文体清拔，时人或仿效之，称为"吴均体"。有人说，山水文学或者游记文学应是自吴均起，虽然有晋陶渊明之《桃花源记》在前，为我们展现了亦仙亦幻的美好世界，但那毕竟是虚构；也有北魏郦道元的《水经注》，具有很高文学价值的地理专著，但它也只是注疏。严格意义上说，吴均才是山水文学的鼻祖，可谓游记文化第一人。

纵观全文，一百余字，篇短意深，文辞简练；骈散互用，对仗工整，写景状物，生动逼真，读来恍若亲临其境，令人情逸神飞！不愧为千古传诵的写景佳作。

2021. 6. 20

天涯伯乐何处寻

——我读《马说》

先有蛋还是先有鸡的问题折磨了科学家好多年，"蛋鸡派"说：如果不是先有蛋，哪来鸡呢？"鸡蛋派"则反驳说：如果不是先有鸡，那又哪来蛋呢？同样的，社会学家关于"伯乐"与"千里马"的争论一直不休，到底是先有伯乐，还是先有千里马？直到唐朝的大文学家韩愈给了我们一个明确的回答。

韩愈，字退之，唐朝杰出的文学家、思想家、哲学家，政治家，河北昌黎人。韩愈文章气势雄伟，说理透彻，逻辑性强，被尊为"唐宋八大家"之首。时人有"韩文"之誉。杜牧把韩文与杜诗并列，称为"杜诗韩笔"；苏轼称他"文起八代之衰"。可见韩愈在中国文学史上曾是"马首"，别人都是"唯韩是瞻"。

"世有伯乐，然后有千里马。"韩愈在文章伊始，就旗帜鲜明地提出了自己的思想观点：世上先有伯乐，然后才能有千里马的出现。作者这一观点不是空穴来风，而是自己跌宕起伏的人生经历，或者说是惨痛的人生教训换来的："千里马常有，而伯乐不常有。"韩愈，出身寒门。贞元八年（792年），韩愈登进士第，两任节度推官，累官监察御史。贞元十九年（803年），因论事而被贬阳山，后历都官员外郎、史馆修撰、中书舍人等职。元和十二年（817年），出任宰相裴度的行军司马，参与讨平"淮西之乱"。元和十四年（819年），又因谏迎佛骨一事被贬至潮州。晚年官至吏部侍郎，人称"韩吏部"。长庆四年（824年），韩愈病逝，年五十七，追赠礼部尚书，谥号"文"，故称"韩文公"。元丰元年（1078年），追封昌黎伯，并从祀孔庙。

接着，作者笔锋一转，放下中心论点，做了一个大胆的假设：假如世上没有伯乐，那结局会怎么样呢？结局当然是可想而知的："故虽有名马，只辱于奴隶人之手，骈死于槽枥之间，不以千里称也。"也就是说即使有名贵的千里马，只能辱没在马夫的手里，跟普通的马一同死在槽枥之间，不以千里马著称。

　　作者于此哀叹千里马的命运，又何尝不是在哀叹自己的命运呢？韩愈本有"千里马"之才：七岁读书，言出成文。但后来随寡嫂郑氏避乱宣城，颠沛流离。十九岁时，韩愈至京师长安，从此开始了上上下下、起起伏伏的一生。从基层到高层，从中央到地方；从主管一方，到靠边闲人；从皇帝赏识，到被贬蛮荒。这一切的一切，都是因为没有伯乐的发现，没有明君的赏识。大好年华被虚度，经天之才被埋没，只落得个孤老病死，呜呼哀哉，悲矣！

　　在世俗的人看来，千里马永远是千里马，是金子到哪儿都会发光的。但是，现实很残酷，千里马不但不能显千里之能，到头来连普通之马能力都达不到，这是有深刻的原因的："马之千里者，一食或尽粟一石。食马者，不知其能千里而食也。是马也，虽有千里之能，食不饱，力不足，才美不外见，且欲与常马等不可得。"日行千里的马，吃一顿有时能吃尽一石粮食。饲养马的人不懂得它有能日行千里的能力而像普通的马来喂养它。这样的马，虽然有日行千里的才能，但吃不饱，力气不足，才能和品德就显现不出来，想要和普通的马等同都是不可能的。至此，我们总算明白"千里马"变成"常马"乃至"跛马"的原因，也深深同情千里马的遭遇。

　　面对此情此景，作者发出一声责问："安求其能千里也！"这是对庸庸碌碌马夫的控诉，更是对当时社会埋没人才的鞭挞。"策之不以其道，食之不能尽其材，鸣之而不能通其意"，这三个快句构成一组排比，表面上说的是御马之道，实际上也是用人之道。用人时统治者期待大家都是千里马，能够为国效劳，但选人时良莠不分，培养人更没有因材施教，所以，最终统治者只能发出"天下无马"的悲叹！这声"悲叹"实在叹错了方向，值得悲叹的是广大士子：人间无伯乐，天下无明君。

　　"呜呼！其真无马邪？其真不知马也。"结尾点题，这一声沉重的叹息，揭露了封建社会人才制度的弊端。"贵胄蹑高位，英俊沉下僚"，是中国几千年人才制度的通病，"世袭制""封分制"固化了代际传承，扼杀了阶层交替。要想解决这一问题，必须打破这一制度，但对于封建统治者来说，这又是何其难矣！

伯乐对于千里马的重要性，这里有两个小故事可以作一佐证，一是《战国策》：

人有卖骏马者，比三旦立市，人莫之知。往见伯乐曰："臣有骏马，欲卖之，比三旦立于市，人莫与言，愿子还而视之，去而顾之，臣请献一朝之贾。"伯乐乃还而视之，去而顾之，一旦而马价十倍。

二是成语"按图索骥"故事：春秋时期，秦国有个叫孙阳的人，因为擅长相马，被称为伯乐，伯乐的儿子把父亲用经验写的《相马经》背得很熟，以为自己也有了认马的本领。一天，伯乐的儿子在路边看见了一只癞蛤蟆。他想起书上说额头隆起、眼睛明亮、有四个大蹄子的就是好马。他想："这家伙的额头隆起来，眼睛又大又亮，不正是一匹千里马吗？"于是他去对他的父亲（伯乐）说："我找到一匹（千里）马，其他条件都符合，就是蹄子有点不够大！"伯乐知道儿子很笨，被他气得笑了起来，说："你找到的马太爱跳了，不能骑啊！"

最后，再赘言几句，《马说》一文出自韩愈《杂说》，共有四篇，分别为《龙说》《医说》《崔山君传》《马说》。

2021.6.21

为自己作传的陶渊明

——我读《五柳先生传》

传，是一种常见的文学形式，也称传记，文体名。中国人特别讲究"树碑立传"，假如能找个名人或大家给自己立个"传"，那恐怕死亦瞑目了。达不到什么级别，或者没有什么影响力，自己不妨给自己立个传，不管算是"自娱自乐"，还是盖棺论定，那都自有别人评说了。陶渊明的《五柳先生传》即属后者。

真实是传记的灵魂。五柳先生姓甚名谁，出身如何呢？作者实话实说：先生不知何许人也，亦不详其姓字。五柳先生籍贯不详，不知姓氏，不明字号，看来是一个泱泱世界的"凡夫俗子"，是一个生活在底层世界的小人物。这在讲究门阀制度的魏晋，他一不去攀高枝，二不去傍大腿，实在是个另类。但他为什么又叫"五柳先生"呢？原来"宅边有五柳树，因以为号焉"。自此，我们明白了这个"五柳先生"是个草根，对自己随性而洒脱，就因为自己宅边有五棵柳树，就给自己整了个"五柳先生"的号，要是宅边有个厕所，或者一条臭水沟怎么办呢？

"五柳先生"性格如何呢："闲静少言，不慕荣利。"有什么爱好呢："好读书，不求甚解；每有会意，便欣然忘食。"有什么特殊嗜好呢："性嗜酒，家贫不能常得。亲旧知其如此，或置酒而招之；造饮辄尽，期在必醉。既醉而退，曾不吝情去留。"这就是五柳先生，他安安静静，很少说话，也不羡慕荣华利禄。他喜欢读书，只领会要旨而不在一字一句的解释上过分探究；每当对书中的内容有所领会的时候，就会高兴得连饭也忘了吃。他生性喜爱喝酒，家里贫穷常常不能得到满足。亲戚朋友知道他这种境况，有时摆了酒席来招待他。他去喝酒就喝个尽兴，希望一定喝醉；喝醉了就回家，竟然说走就走。

文人嗜酒似乎是个通病，在魏晋时期简直就是不治之症。有例为证：

刘伶病酒，渴甚，从妇求酒。妇捐酒毁器，涕泣谏曰："君饮太过，非摄生之道，必宜断之！"伶曰："甚善，我不能自禁，唯当祝鬼神自誓断之耳！便可具酒肉"妇曰："敬闻命。"供酒肉于神前，请伶祝誓。伶跪而祝曰："天生刘伶，以酒为名，一饮一斛，五斗解酲，妇人之言，慎不可听！"便引酒进肉，隗然已醉矣。

但五柳先生的嗜酒似乎又与其他人有所不同，他是借酒浇愁吗？他似乎没有愁可浇。他是自我麻醉吗？他似乎又没有什么要逃避。他的嗜酒是出于天性，所以就有了招之即饮，饮之辄醉；所以就有了说走即走，不吝去留。他的潇洒与率真让我想到了"说走咱就走啊，风风火火闯九州啊"的任性与自由。

五柳先生的穷是必然的。因为他不事农桑，要是给勤劳的中国大妈拾掇家庭，宅边栽什么柳树？把它砍了，种点白菜萝卜，维生素问题解决了；还有余地，种点小麦玉米也行，紧急情况可以充充饥。什么？对柳树情有独钟，舍不得？也行，砍掉四棵，意思一下就行。他还不事经营，不去为门阀权贵站台，就拉不到什么赞助，自然也没有免费的酒可喝，喝酒会使他的生活更加捉襟见肘。五柳先生的贫穷应该是出了名的："环堵萧然，不蔽风日；短褐穿结，箪瓢屡空。"简陋的居室里空空荡荡，遮挡不住风雨和烈日，粗布短衣上打满了补丁，盛饭的篮子和饮水的水瓢里经常是空的。面对"穷家破日"，五柳先生则是"晏如也"。颇有颜渊的风采："一箪食，一瓢饮，人不堪其忧，回不改其乐。"

五柳先生还有另一爱好，即"常著文章自娱，颇示己志。忘怀得失，以此自终"。常常写文章来自娱自乐，也稍微透露出他的志趣。他从不把得失放在心上，就这样过完自己的一生。

面对这样一个狷客，一个狂者，我们该怎么评说呢？黔娄之妻有言："不戚戚于贫贱，不汲汲于富贵。"不为贫贱而忧虑悲伤，不为富贵而匆忙追求。这是对五柳先生的高度评价，像这样一边喝酒一边作诗，为自己抱定的志向而感到快乐的人当今世界还有吗？我敢肯定，一定没有，那他又是何方神圣呢？是无怀氏时代的人呢？还是葛天氏时代的人呢？作者在此推测，这样的人只能出现在上古时代，在当今世界是无法立足的，即使能仅存于现世，那一定是贤士中的贤士，高人中的高人。

2021.6.22

满井，北国江南

——我读《满井游记》

公安"三袁"在中国文学史是占有一席之地的。"三袁"是指明代晚期三位袁姓的散文家兄弟，他们分别是袁宗道、袁宏道、袁中道。由于三袁是荆州公安县长安里人，其文学流派世称"公安派"或"公安体"。其中老二袁宏道文学成就最高。

文人喝酒、游玩、写作是日常工作，"诗和远方"是个人梦想。袁宏道概莫例外，无奈"燕地寒，花朝节后，余寒犹厉。冻风时作，作则飞沙走砾。局促一室之内，欲出不得。每冒风驰行，未百步辄返"。时令已经是花朝节过后，平民百姓都会在这个时候去寻找春天，踏青赏花，何况更好附庸风雅的文人呢？

一直关注天气变化的诗友们，一旦看到"天稍和"，马上就组织三五好友外出游玩，去哪里呢？城东满井就是一个不错的去处。满井，明清时期北京东北角的一个游览地，因有一口古井，"井高于地，泉高于井，四时不落"，所以叫满井。路程不远，说到就到。

城里冬天余下的寒气还没有褪去，冷风时常刮起，刮起就飞沙走石。而城外已然是"高柳夹堤，土膏微润，冰皮始解，波色乍明，鳞浪层层，清澈见底"的春天景象，一副城里城外两重天的样子。日本的一首《北国之春》给了一个很好的注解：亭亭白桦，悠悠碧空，微微南来风。木兰花开山岗上北国的春天，啊，北国的春天已来临（北国之春已来临）。城里不知季节（已）变换，不知季节已变换……

"若脱笼之鹄"的作者，看到了不一样的二月春光，心情是超级爽，眼中的水波光才刚刚开始明亮，像鱼鳞似的浪纹一层一层，清澈得可以看到河底，光亮的样子，好像明镜新打开，清冷的光辉突然从镜匣中射出来一样；眼中的山峦被晴天融化的积雪洗过，美好的样子，好像刚擦过一样；娇艳光亮，像美丽的少女洗了脸刚梳好的髻鬟一样；眼中的田野有些湿润，麦苗破土而出；眼中的树则是"柳条将舒未舒，柔梢披风"；眼中的人是各种各样："泉而茗者，罍而歌者，红装而蹇者"；鸟在"曝沙"，鱼在"呷浪"，都是悠然自得。至此，作者终于明白"郊田之外未始无春，而城居者未之知也"，郊野之外未曾没有春天，可住在城里的人却不知道啊！

文章结尾作者还不忘调侃一下自己，颇有苏轼"闲人"的异曲同工之妙：不会因为游玩而耽误公事，能无拘无束潇洒在山石草木之间游玩的，恐怕只有我这个身居闲职的人了吧。而此地正好离我近，我的郊游打算从这里开始，怎能没有记述？

袁宏道不愧为"公安派"领袖人物，写景状物很见功夫。比如写鸟，用的是"曝沙"；写鱼，用的是"呷浪"；写水，用的是"冰皮始解，波色乍明"；写山，用的是"晴雪所洗，娟然如拭，鲜妍明媚，如倩女之靧面而髻鬟之始掠也"；麦田也是"浅鬣寸许"，柳树是"将舒未舒"，刻画得非常细腻传神。这和"公安派"的文学主张"独抒性灵，不拘格套"不谋而合。

这篇文章在结构上也颇具特色，短短一百来字的游记写得一波三折。开头写"不能游"，大写气候恶劣；接着写"冒险游"，结果是"未百步辄返"；然后作者突然笔锋一转去写"春游"，一副早春二月风光展现在读者面前，让人心旷神怡、流连忘返了。

燕赵自古是苦寒之地，亦多慷慨悲歌之士，但这篇文章展现的城郊满井却有江南风味，我们不得不佩服作者的功力和审美思想。袁宏道在这里为满井做了一个很好的广告，不知现在满井是什么样子，我很想去看看。

2021.6.23

先天下之忧而忧的范仲淹

——我读《岳阳楼记》

诗文是文人的名片，我们因为经典名句而记住了这个人，像"海内存知己，天涯若比邻"的王勃、"抽刀断水水更流，举杯消愁愁更愁"的李白、"人有悲欢离合，月有阴晴圆缺"的苏轼、"无可奈何花落去，似曾相识燕归来"的晏殊，以及"先天下之忧而忧，后天下之乐而乐"的范仲淹。这些诗句无不体现作者高超的艺术水平和人生情怀，下面就让我们一起走进范仲淹的《岳阳楼记》。

"昔闻洞庭水，今上岳阳楼。吴楚东南坼，乾坤日夜浮。"岳阳楼既因洞庭湖而声显，更因范仲淹而名扬。岳阳楼作为江南四大名楼之一，坐落在洞庭湖的长江边上。在庆历四年春的时候，它迎来了一个特殊的主人：滕子京谪守巴陵郡。这滕子京看来还是有两把刷子，短短一年时间，就把自己的治所巴陵郡治理得"政通人和，百废具兴"。文人有个通病，干点成绩出来就想"百世流芳"，最好的办法一是搞个"形象工程"："重修岳阳楼，增其旧制，刻唐贤今人诗赋于其上"；二是请"同道之人""勒石纪念"："属予作文以记之"。

范仲淹是滕子京的"男闺蜜"，自然是惺惺相惜，朋友有邀，焉有不从之礼，于是就甩开如椽大笔，对"巴陵胜状，洞庭一湖"进行了一番描写："衔远山，吞长江，浩浩汤汤，横无际涯；朝晖夕阴，气象万千。"这就是岳阳楼的宏大的景象，可惜的是"前人之述备矣"。但这些难不倒文坛大腕范仲淹，作者宕开一笔，另辟蹊径，他发现了洞庭湖特殊的地理位置："北通巫峡，南极潇湘"，所以"迁客骚人，多会于此"，他们"览物之情，得无异乎"，这一下子让作者找到了突破口，于是，一千古名篇便横空出世。

"情因景而生，景因情而变。"在"淫雨霏霏，连月不开，阴风怒号，浊浪排空；日星隐曜，山岳潜形；商旅不行，樯倾楫摧；薄暮冥冥，虎啸猿啼"之时，面对一幅萧瑟、凄冷、悲凉的景象登上岳阳楼，一定会有"去国怀乡，忧谗畏讥，满目萧然，感极而悲者矣"之感。作者宕开一笔，又展开了想象的翅膀，大胆假设了一下："春和景明，波澜不惊，上下天光，一碧万顷；沙鸥翔集，锦鳞游泳；岸芷汀兰，郁郁青青。而或长烟一空，皓月千里，浮光跃金，静影沉璧，渔歌互答。"在此等明丽秀美、如诗如画的意境之下，登楼者感叹"此乐何极"！此时心情一定是"心旷神怡，宠辱偕忘，把酒临风，其喜洋洋者矣"。

面对两种截然不同的自然景色，"迁客骚人"的感受反差竟然如此之大，这在作者的眼中是不正常的，个人志向呢？家国情怀呢？当年"致君尧舜上，再使风俗淳"的理想呢？难道都随着人生的起起伏伏而烟消云散了吗？"黄沙百战穿金甲，不破楼兰终不还"的雄心壮志都因"可怜夜半虚前席，不问苍生问鬼神"而置之脑后了吗？作者认为，这不是"古仁人之心"。"古仁人之心"是"不以物喜，不以己悲"：不因外物好坏、自己得失而或喜或悲。

"居庙堂之高则忧其民，处江湖之远则忧其君"：在朝廷上做官时，就为百姓担忧；在江湖上不做官时，就为国君担忧。《岳阳楼记》的著名，不仅是因为作者的艺术功力，最重要的是它的思想境界崇高。作者虽身居江湖，仍心忧国事，虽遭迫害，仍"不坠青云之志"。

和范仲淹同时的另一位文学家欧阳修在为他写的碑文中说，他从小就有志于天下，常自诵曰："士当先天下之忧而忧，后天下之乐而乐也。"可见《岳阳楼记》末尾所说的"先天下之忧而忧，后天下之乐而乐"，是范仲淹一生行为的准则。孟子说："达则兼济天下，穷则独善其身。"这已成为封建时代许多士大夫的信条，更是范仲淹和他的朋友们的人生信条。

本文写景历来为人们称颂，不管是"淫雨霏霏"的悲景，还是"春和景明"的乐景，都写得非常有气势，很好地渲染了情绪，为下文抒情议论做了有力的铺垫，写景文字也被后人传承下来，固化成了当今人们熟知的成语：百废俱兴，政通人和，气象万千，心旷神怡，心境开阔，浩浩汤汤，岸芷汀兰，先忧后乐，波澜不惊，春和景明，皓月千里，阴风怒号……这就是语言的魅力，这就是文字的力量。

2021. 6. 24

鞠躬尽瘁，死而后已

——我读《出师表》

唐代诗圣杜甫在结束了为时四年的颠沛流离生活之后，来到了成都，在朋友的资助下，定居在浣花溪畔。他在唐肃宗上元元年（760 年）春天，探访了诸葛武侯祠，写下了感人肺腑的千古绝唱："三顾频烦天下计，两朝开济老臣心。出师未捷身先死，长使英雄泪满襟。"对诸葛亮的一生给予高度的评价。

诸葛亮，字孔明，号卧龙（也作伏龙），汉族，徐州琅琊阳都（今山东临沂市沂南县）人，三国时期蜀汉丞相，杰出的政治家、军事家、散文家、书法家、发明家。在世时被封为武乡侯，死后追谥忠武侯，东晋政权因其军事才能特追封他为武兴王。《出师表》一文即是他在刘备之后准备北伐、临行前写的一篇表文。

文章开头首先是对国家形势的分析："先帝创业未半而中道崩殂，今天下三分，益州疲弊，此诚危急存亡之秋也。然侍卫之臣不懈于内，忠志之士忘身于外者，盖追先帝之殊遇，欲报之于陛下也。建议陛下应该做的则是：诚宜开张圣听，以光先帝遗德，恢宏志士之气，不宜妄自菲薄，引喻失义，以塞忠谏之路也。"

接着讲到制度建设。虽说是君王当有宽厚仁爱之心，但在制度面前应该是人人平等的，所以在执行制度方面要做到："宫中府中，俱为一体，陟罚臧否，不宜异同。若有作奸犯科及为忠善者，宜付有司论其刑赏，以昭陛下平明之理，不宜偏私，使内外异法也。"

继而是人事安排。人是最大的生产力，能够做到"事事有人干，人人有事干"，积极性调动起来了，必将产生无穷的效能："侍中、侍郎郭攸之、费祎、董允等，此皆良实，志虑忠纯，是以先帝简拔以遗陛下。愚以为宫中之事，事无大小，悉以咨之，然后施行，必得裨补阙漏，有所广益。那么将军向宠，他是一个好人、能人：性行淑均，晓畅军事，试用之于昔日，先帝称之曰能，是以众议举宠为督。愚以为营中之事，悉以咨之，必能使行阵和睦，优劣得所。"

然后讲榜样引领。最好的制度需要人去执行，而这执行制度的总指挥、总司令就是陛下，所以陛下的一举一动对全国都有很大的影响，惨痛的历史教训似乎还在耳边："亲贤臣，远小人，此先汉所以兴隆也；亲小人，远贤臣，此后汉所以倾颓也。先帝在时，每与臣论此事，未尝不叹息痛恨于桓、灵也。侍中、尚书、长史、参军，此悉贞良死节之臣，愿陛下亲之信之，则汉室之隆，可计日而待也。"

最后是深情的回顾，自己从一个草根逆袭成"一人之下，万人之上"的人物，对先帝还是心怀感激的："臣本布衣，躬耕于南阳，苟全性命于乱世，不求闻达于诸侯。先帝不以臣卑鄙，猥自枉屈，三顾臣于草庐之中，咨臣以当世之事，由是感激，遂许先帝以驱驰。后值倾覆，受任于败军之际，奉命于危难之间，尔来二十有一年矣。"

在这千载难逢的大变革时期，在这百年一遇的关键时刻，诸葛亮劝诫陛下应该抓住机遇："今南方已定，兵甲已足，当奖率三军，北定中原，庶竭驽钝，攘除奸凶，兴复汉室，还于旧都。此臣所以报先帝而忠陛下之职分也。至于斟酌损益，进尽忠言，则攸之、祎、允之任也。"

最后，诸葛亮写下了保证书，立下了军令状："愿陛下托臣以讨贼兴复之效，不效，则治臣之罪，以告先帝之灵。"据《三国志》记载：先主泣曰："君才十倍曹丕，必能安国，终定大事。若嗣子可辅，辅之；如其不才，君可自取。"诸葛亮终以实际行动不辜负先帝临终之托。至于其他工作："若无兴德之言，则责攸之、祎、允等之慢，以彰其咎。"对陛下而言："亦宜自谋，以咨诹善道，察纳雅言，深追先帝遗诏，臣不胜感激。"至此，一篇雄文完成，作者拳拳之心跃然纸上。

"鞠躬尽瘁，死而后已"是诸葛亮一生人格的光辉写照。诸葛亮作为蜀汉的丞相，安抚百姓、遵守礼制、约束官员、慎用权利，对人开诚布公、胸怀坦诚。为国尽忠效力，即使是自己的仇人也加以赏赐，玩忽职守犯法的就算是他的亲信也给予处罚，真正做到了"举贤不避亲，举亲不避嫌"。只要诚心认罪伏法就是再重的罪也给予宽大处理，巧言令色逃避责任就是再轻的过错也要从严治理，再小的善良和功劳都给予褒奖，再小过错都予以处罚。他处理事务简练实际，能从根本上解决问题，不计较虚名而重视实际，贪慕虚荣的事他都不做；终于使蜀国上下的人都害怕却敬仰他，使用严刑峻法却没有人有怨言，这是因为他用心端正坦诚的缘故。可以说他是治理国家的优秀人才，其才能可以与管仲、萧何相媲美。

"今当远离，临表涕零，不知所言。"诸葛亮真的"不知道自己说的是什么"吗？如果这样理解，就失于肤浅了。在这篇上表中，作者的政治才能、军事才能尽显无遗，对天下大势了然于胸，对人情世故、君臣关系、皇帝心理揣摩得准确到位，所以后人有评价说："出师一表真名世，千载谁堪伯仲间。"足见此表实乃"真知灼见，千古奇文"。

2021. 6. 25

文
章

将来，你会感谢现在拼搏的自己

——我读《送东阳马生序》

赠序始于唐代，是我国古代的一种散文文体。一般是在送别朋友时所作，内容多是一些安慰、勉励的话，还有一些推崇、赞许之辞。赠序往往因人立论，阐明某些观点，言辞恳切而意味深长，相当于议论性散文的写法。

《送东阳马生序》是明代文学家宋濂创作的一篇赠序。这篇赠序有别于一般赠序，文章中写赠送对象的少，而是叙述自己的多，重点是早年虚心求教和勤苦学习的经历，生动而具体地描述了自己借书求师之难、饥寒奔走之苦，给人一种别具一格之感。

宋濂（1310 年—1381 年），字景濂，号潜溪，别号玄真子、玄真道士、玄真遁叟，谥号文宪，浦江（今浙江浦江）人，汉族，明初文学家，曾被明太祖朱元璋誉为"开国文臣"。因其长孙宋慎牵连胡惟庸党案，全家流放茂州。其散文质朴简洁，或雍容典雅，各有特色。他推崇台阁文学，文风淳厚飘逸，为其后"台阁体"作家的文学创作提供范本。其作品大部分被合刻为《宋学士全集》七十五卷。

这篇赠序起笔直写自己幼年求学情形："幼时即嗜学。家贫，无从致书以观，每假借于藏书之家，手自笔录，计日以还。天大寒，砚冰坚，手指不可屈伸，弗之怠。录毕，走送之，不敢稍逾约。"因为家贫，无以读书，只好借书抄录，不避寒冷，定期归还，不敢失信于人。一个"勤且艰"的书生形象呼之欲出。

因为良好的信誉，再加上勤勉的样子，因此"人多以书假余，余因得遍观群书"。随着年龄的增长，"益慕圣贤之道，又患无硕师、名人与游，尝趋百里外，从乡之先达执经叩问。先达德隆望尊，门人弟子填其室，未尝稍降辞色。余立侍左右，援疑质理，俯身倾耳以请；或遇其叱咄，色愈恭，礼愈至，不敢出一言以复；俟其欣悦，则又请焉。故余虽愚，卒获有所闻"。这段外出百里请教的经历在作者的记忆中是非常深刻的，以至于过了多年还是如此清晰，也可以看出当年宋濂求学之路是非常艰辛的。

寻师读书又是一番艰苦经历："负箧曳屣，行深山巨谷中，穷冬烈风，大雪深数尺，足肤皲裂而不知。至舍，四支僵劲不能动，媵人持汤沃灌，以衾拥覆，久而乃和。寓逆旅，主人日再食，无鲜肥滋味之享。"当我寻师时，背着书箱，把鞋后帮踩在脚后跟下，行走在深山大谷之中，严冬寒风凛冽，大雪深达几尺，脚和皮肤受冻裂开都不知道。到学舍后，四肢僵硬不能动弹，仆人给我灌下热水，用被子围盖身上，过了很久才暖和过来。住在旅馆，我每天吃两顿饭，没有新鲜肥嫩的美味享受。就是这样的读书环境，宋濂是"穷且益坚，不坠青云之志"。没有顽强的毅力和刻苦的精神，是成不了一番学业的，但是宋濂能够"犹幸预君子之列，而承天子之宠光，缀公卿之后，日侍坐备顾问，四海亦谬称其氏名"。这是人生骄傲的资本。

面对条件优渥的同学"皆被绮绣，戴朱缨宝饰之帽，腰白玉之环，左佩刀，右备容臭，烨然若神人"，宋濂则是"缊袍敝衣处其间，略无慕艳意"。因为心中有足以使自己高兴的事，并不觉得吃穿的享受不如人家，我的勤劳和艰辛大概就是这样。

时代不同了，条件也不一样了。今天的太学生活不可与过去"同日而语"："县官日有廪稍之供，父母岁有裘葛之遗，无冻馁之患矣；坐大厦之下而诵《诗》《书》，无奔走之劳矣；有司业、博士为之师，未有问而不告，求而不得者也；凡所宜有之书，皆集于此，不必若余之手录，假诸人而后见也。"他们中如果学业有所不精通，品德有所未养成的，如果不是天赋、资质低下，就是用心不如我这样专一，难道可以说是别人的过错吗！

文章最后切入主题，对赠序人马生进行了一番夸赞和勉励："东阳马生君则，在太学已二年，流辈甚称其贤。余朝京师，生以乡人子谒余，撰长书以为贽，辞甚畅达，与之论辩，言和而色夷。自谓少时用心于学甚劳，是可谓善学者矣！其将归见其亲也，余故道为学之难以告之。谓余勉乡人以学者，余之志也；诋我夸际遇之盛而骄乡人者，岂知余者哉！"

宋濂为人宽厚诚谨，谦恭下人。此文也是一如其人，写得情辞婉转，平易亲切。其实按他的声望、地位，他完全可以摆出长者的架子，正面说理，大发议论，把这个青年教训一通的。然而他却另辟蹊径，只是说"我"曾经怎样怎样，自己放在与对方平等的地位上，用自己亲身的经历和切身的体会去和人谈心。不仅从道理上，而且从形象上、情感上去启发影响对方，使人感到在文章深处有一种崇高的人格感召力量。在阅读过程中，读者会在不知不觉中缩短与作者思想上的距离，赞同他的意见，达到同频共振。

2021. 6. 26

雪夜寻访湖心亭

——我读《湖心亭看雪》

　　雪，历来是文人雅士吟咏唱和的对象，古有岑参的"北风卷地白草折，胡天八月即飞雪。忽如一夜春风来，千树万树梨花开"，用春花写冬雪，写出了雪的妖娆多姿。今有毛泽东的"北国风光，千里冰封。望长城内外，惟余莽莽。大河上下，顿失滔滔"，写出了河山的气势与雪景的壮美。明人张岱眼中的雪又是另一番景致。

　　张岱（1597 年 10 月 5 日—1689 年？），一名维城，字宗子，又字石公，号陶庵、陶庵老人、蝶庵、古剑老人、古剑陶庵、古剑陶庵老人、古剑蝶庵老人，晚年号六休居士，浙江山阴（今浙江绍兴）人，祖籍四川绵竹（故自称"蜀人"），明清之际史学家、文学家。其最擅长散文，著有《琅嬛文集》《陶庵梦忆》《西湖梦寻》《三不朽图赞》《夜航船》等绝代文学名著。

　　张岱作为晚明遗老，心情非常寂寥，但在那特殊的历史时期，他只能选择消极避世，于是就有了冬夜看雪的痴人之举，成就了一段风流雅事。

　　短文首先交代了时间：崇祯五年十二月；地点：余住西湖；天气：大雪三日；环境：湖中人鸟声俱绝。这寥寥几笔，写得极为干净，彰显了作者非凡的语言功力。尤其是"湖中人鸟声俱绝"一句，用声音写雪景，可谓别具匠心。此时我们眼中会浮现出熟悉的画面："千山鸟飞绝，万径人踪灭。孤舟蓑笠翁，独钓寒江雪。"寒江独钓图与"人鸟声绝图"相得益彰，都让我们看到了主人翁的孤寂和清冷。

　　让我们跟着作者的足迹，去欣赏一下雪后的西湖。张岱撑着一叶小舟，穿着毛皮衣，带着火炉，独往湖心亭看雪，看到了"雾凇沆砀，天与云与山与水，上下一白"的独特角色：湖面上冰花一片弥漫，天与云与山与水，天光湖色全是白皑皑的。除此之外，就是"惟长堤一痕、湖心亭一点、与余舟一芥，舟中人两三粒而已"。

　　作者这段写景功夫何曾了得，简要精当，字字珠玑，描摹出了一幅朦朦胧胧的"湖山夜雪图"。"雾凇沆砀"是形容湖上雪光水气，一片弥漫。"与云与山与水"，上下一白，浑然一体，茫茫难辨。作者先总写一句，犹如摄取了一个"上下皆白"的全景，从看雪来说，很符合人的第一感觉。接着变换视角，化为一个个诗意盎然的特写镜头："长堤一痕""湖心亭一点""余舟一芥""舟中人两三粒"等等。作者对数量词的锤炼功夫，不得不使我们惊叹。在我们眼中，这是简约的画，梦幻般的诗，给人一种似有若无、依稀恍惚之感。

　　下面作者写不期而遇："到亭上，有两人铺毡对坐，一童子烧酒炉正沸。"本来就是深夜寻访，隆冬看雪，而且是"湖中人鸟声俱绝"，现在居然遇到了两个人，铺好了毡子相对而坐，一个童子正把酒炉里的酒烧得滚沸。意外吗？高兴吗？激动吗？应该是吧。但张岱在此却是避而不谈自己，而是把镜头对准客人："见余，大喜曰：'湖中焉得更有此人！'拉余同饮。"人生有三大得意之时，即"洞房花烛夜，金榜题名时，他乡遇故知"，在湖中亭上遇到的二客难道不是"故知"吗？偶遇知己，那只有"千杯嫌少"了。无奈酒量有限，只好"强饮三大白"，告别之时"问其姓氏"，才知是"金陵人，客此"。原本是一场不期之遇，心灵之会，奈何是一个客居的外乡人。原本认为无意中找到一位灵魂之友、同道之人，却转眼就可能天涯孤旅，各奔东西。怎不让人遗憾！怎不令人伤感！作者的这一补叙之笔，透露出了无限怅惘：茫茫六合，知己难逢，人生如雪泥鸿爪，转眼各复西东。言念及此，岂不怆神！

　　作者至此意犹未尽，复笔写了这样几句："及下船，舟子喃喃曰：'莫说相公痴，更有痴似相公者！'"读至此，真使人拍案叫绝！前人论词，有点、染之说，这个尾声，可谓融点、染于一体。借舟子之口，点出一个"痴"字；又以相公之"痴"与"痴似相公者"相比较、相浸染，把一个"痴"字写透。所谓"痴似相公"，并非减损相公之"痴"，而是以同调来映衬相公之"痴"。"喃喃"二字，形容舟子自言自语、大惑不解之状，如闻其声，如见其人。这种地方，也正是作者的得意处和感慨处。文情荡漾，余味无穷。痴字表明特有的感受，来展示他钟情山水、淡泊孤寂的独特个性。

这一篇小品，融叙事、写景、抒情于一炉，偶写人物，亦口吻如生。淡淡写来，情致深长，而全文连标点在内还不到二百字。光是这一点，就很值得我们借鉴和学习！

《湖心亭看雪》是张岱《陶庵梦忆》中的一篇叙事小品，于明王朝灭亡后所写，作者在其中寄托了自己对故国往事的怀念，融山入水，笔触浅淡。

2021.7.1

美哉，三峡

——我读《三峡》

三峡是中国的一张靓丽名片，不论是自然风光，还是三峡大坝，在世界都享有盛誉。毛泽东的"更立西江石壁，截断巫山云雨，高峡出平湖。神女应无恙，当惊世界殊"梦想已经成为现实，高峡平湖更是惊艳了世界。

而一千五百年前郦道元眼中的三峡却呈现完全不同的态势，下面就让我们走进南北朝时期的三峡，走进它的山山水水，走进它的春夏秋冬。《水经注》中的三峡可以用四幅图画来概括。

群山蔽日图。在七百里的三峡中："两岸连山，略无阙处。重岩叠嶂，隐天蔽日，自非亭午夜分，不见曦月。"两岸都是连绵的高山，完全没有中断的地方；重重叠叠的悬崖峭壁，遮挡了天空和太阳。若不是在正午半夜的时候，连太阳和月亮都看不见。

夏水狂奔图。夏天是雨水暴涨的季节，江水漫上小山丘的时候，下行或上行的船只都被阻挡了，有时候皇帝的命令要紧急传达，这时只要早晨从白帝城出发，傍晚就到了江陵，这中间有一千二百里，即使骑上飞奔的马，驾着疾风，也不如它快。"乘奔御风"写得极为精彩，用"飞奔的马，疾驰的风"来形容水速的快，可谓别具一格。

春冬清幽图。春冬之时，三峡又为我们展现了另一番美丽的景象："素湍绿潭，回清倒影，绝巘多生怪柏，悬泉瀑布，飞漱其间，清荣峻茂，良多趣味。"我们看到了白色的急流，回旋的清波。碧绿的潭水倒映着各种景物的影子。极高的山峰上生长着许多奇形怪状的柏树，山峰之间有悬泉瀑布，在之上飞流冲荡。水清，树荣，山高，草盛，大家一定感觉到"确实趣味无穷"。

寒秋凄婉图。"每至晴初霜旦，林寒涧肃，常有高猿长啸，属引凄异，空谷传响，哀转久绝。故渔者歌曰：'巴东三峡巫峡长，猿鸣三声泪沾裳。'"等到秋天来临，三峡则是另一番景象：每到初晴的时候或下霜的早晨，树林和山涧显出一片清凉和寂静，经常有高处的猿猴拉长声音鸣叫，声音持续不断，非常凄凉怪异，空荡的山谷里传来猿叫的回声，悲哀婉转，很久才消失。所以三峡中渔民的歌谣唱道："巴东三峡巫峡长，猿鸣三声泪沾裳。"

"一切景语皆情语。"《三峡》全文以凝练生动的笔墨，写出了三峡的雄奇险拔、清幽秀丽。写山，突出连绵不断、遮天蔽日；写水，则描绘四季特色：夏天，江水襄陵，沿溯阻绝；"春冬之时，则素湍绿潭，回清倒影。绝巘多生怪柏，悬泉瀑布，飞漱其间"；而秋天，则"林寒涧肃，常有高猿长啸"，那凄异的叫声持续不断，在空旷的山谷里"哀转久绝"。三峡的"奇山异水"，被描绘得淋漓尽致。作者写景，采用的是大笔点染的手法，寥寥一百五十余字，就把七百里三峡万千气象尽收笔底。写春冬之景，用"素""绿""清""影"四字；写秋季的景色，则"寒""肃""凄""哀"四词，便将景物的神韵生动地表现了出来。文章先写山，后写水，布局自然，思路清晰。写水则分季节，描景则分动静。在文章的节奏上，也是缓急相对，摇曳多姿。高峻的山峰，汹涌的江流，清澈的碧水，飞悬的瀑布，哀转的猿鸣，悲凉的渔歌，构成了一幅幅风格迥异而又自然和谐的画面，给读者以深刻的印象。引用的诗句表现了山高水长的特点，同时渲染三峡秋色悲寂凄凉的气氛。

最后补叙一笔，算是狗尾续貂：郦道元其实没有去过三峡，他所处的时代，正是北魏中后期、南朝齐梁时代，南北对立，常年互有攻伐，三峡属于南朝，郦道元也没有出使过南朝，因此，他不可能到三峡，更不可能在南朝的土地上自由游历，《水经注》对南方的水系记载不是很详细，就是这个缘故。但对三峡的出神描写，应该是参考了同时代文人的记述。这在《三峡》课下注释中已经说明，不知你注意到了没有。

2021. 7. 3

文章

醉翁之意不在酒

——我读《醉翁亭记》

"醉翁之意不在酒"，现在要是说某人这句话，对方一定会反问：你啥意思？但在一千年前的北宋时期，这句话却是欧阳修的自夸之词。"饮少辄醉"的醉翁在乎什么呢？原来是"在乎山水之间也"。

欧阳修是世间少有的"直肠男"，身为历史学家，不能以史为鉴；身为文学家，不能口吐莲花。作为谏官，倒是合乎身份，以直言敢谏见长。话说宋仁宗庆历五年（1045年），参知政事范仲淹等人遭谗离职，欧阳修上书替他们分辩，皇帝龙颜一怒，将其贬到滁州做了两年知州。到任以后，他内心抑郁，但还能发挥"宽简而不扰"的作风，他发展生产，使当地老百姓过上了一种和平安定的生活。年丰物阜，又有一片令人陶醉的山水，这是使欧阳修感到无比快慰的。

欧阳修陶醉痴情的山水在哪里呢？原来在滁州的西南，那里"林壑尤美"，远远望过去树木茂盛，又幽深又秀丽的，是琅琊山。"山行六七里"，这里有"水声潺潺而泻出于两峰之间者"的酿泉，这里有"翼然临于泉上者"的醉翁亭，还有造亭的或者说亭子的主人"山之僧智仙也"。亭子名称何来？原来是"太守自谓也"。太守何以如此命名，原来是"太守与客来饮于此，饮少辄醉，而年又最高，故自号曰醉翁也"。

文章开头这一段落，历来为文人骚客所欣赏，作者用慢镜头，从大到小，从面到线，又从线到点，层层推进，最后聚焦文章的"主角"——醉翁亭。作者在此一共用了九个"也"字，娓娓道来，使文气上下贯通，结构浑然一体。

醉翁亭绝对是一个极佳的踏青赏玩之地，这里早晚景色有异："日出而林霏开，云归而岩穴暝，晦明变化者，山间之朝暮也。"四时景色不同："野芳发而幽香，佳木秀而繁阴，风霜高洁，水落而石出。"让我们感受到了美丽的风光：早晨太阳升起了，山林里的雾气散了；傍晚烟云聚拢来，山谷就显得昏暗了；朝则自暗而明，暮则自明而暗，这就是山中的朝暮。野花开了，有一股清幽的香味；好的树木枝繁叶茂，形成一片浓密的绿荫；风高霜洁，水落石出，山中四季景色可谓各领风骚。作者在此感受到了四时之景，山水之乐。

"独乐不如群乐。"自古文人雅士深谙其道，更何况兼有"民之父母官"身份的欧阳修呢？能够"与民同乐"便成了他的精神追求，有政绩佐证："负者歌于途，行者休于树，前者呼，后者应，伛偻提携，往来而不绝者，滁人游也。"老百姓在衣食无忧之时才追求精神享受，滁人背着东西在路上欢唱，走路的人在树下休息，前面的人呼喊，后面的人应答，老人弯着腰走，小孩子由大人领着走。这样其乐融融的旅游图就是给欧阳修做的最好的广告。

如此良辰美景，如此安享太平，太守怎能不锦上添花呢："临溪而渔，溪深而鱼肥。酿泉为酒，泉香而酒洌；山肴野蔌，杂然而前陈者，太守宴也。"到溪边钓鱼，溪水深并且鱼肉肥美；用酿泉造酒，泉水清并且酒也清；野味野菜，酒杯和酒筹交互错杂；这就是太守的野外自助餐，这就是太守的山林"庆功宴"。光有自助餐还不尽兴，最起码应该有个 Party："宴酣之乐，非丝非竹，射者中，弈者胜，觥筹交错，起坐而喧哗者，众宾欢也。"酒足饭饱之余，大家做做游戏，下下围棋，聊聊感情，大声喧闹，宾客们算是彻底放开了，玩嗨了。在这其中，有一个人显得很特别："苍颜白发，颓然乎其间者，太守醉也。"真是醉翁，一个"饮少辄醉"的人。

醉翁何以"饮少辄醉"呢？是酒量不行？这很不符合当今时代的"用人标准"。是借酒浇愁？滁州如此大治，百姓和睦，愁从何来？他的醉也许是在掩饰自己：空有经天纬地之才，却仕途不顺，沦落乡野，他的醉此时无解，只待后人去慢慢追寻。

结尾乃神来之笔："已而夕阳在山，人影散乱，太守归而宾客从也。树林阴翳，鸣声上下，游人去而禽鸟乐也。然而禽鸟知山林之乐，而不知人之乐；人知从太守游而乐，而不知太守之乐其乐也。醉能同其乐，醒能述以文者，太守也。太守谓谁？庐陵欧阳修也。"太守的自得、自负跃然纸上：能写文章的没有我治理地方好，治理地方好的没有我能写文章。

当年欧阳修文章刚写好时，总觉得开头啰里吧嗦，写了一堆关于山的文字，改来改去也不满意，最后干脆全删了，只写"环滁皆山也"，五字就把周围全写了，反而成了名文，成了一段佳话。

没有醉翁亭，也就没有《醉翁亭记》，也成就不了欧阳修的文坛盛名。那么醉翁亭是谁建造的呢？文中已有交代："山之僧智仙也。"智仙是琅琊山寺庙住持，是和尚中的大 BOSS，和欧阳修交好。一次，欧阳修在山中游玩下棋，被大雨浇了个透心凉。看到好友如此遭遇，智仙和尚于心不忍，于是就为好友建设了一座亭子，欧阳修将其命名为"醉翁亭"。从此，喝酒有场子，宴请无忧虑，游玩有地方了。

2021. 7. 4

Chapter

04

文旅

读万卷书，行万里路，这是许多古代文人的梦想。于是，许多怀揣梦想的文人背起简单的行囊开始了自己的远征。他们或"登泰山而小天下"，或"历深涧而见神奇"；他们或形单影只遍尝百草，或传播儒道周游列国；他们或远行大漠开辟丝绸之路，或不远万里取回佛经。他们在布道，他们在远行……

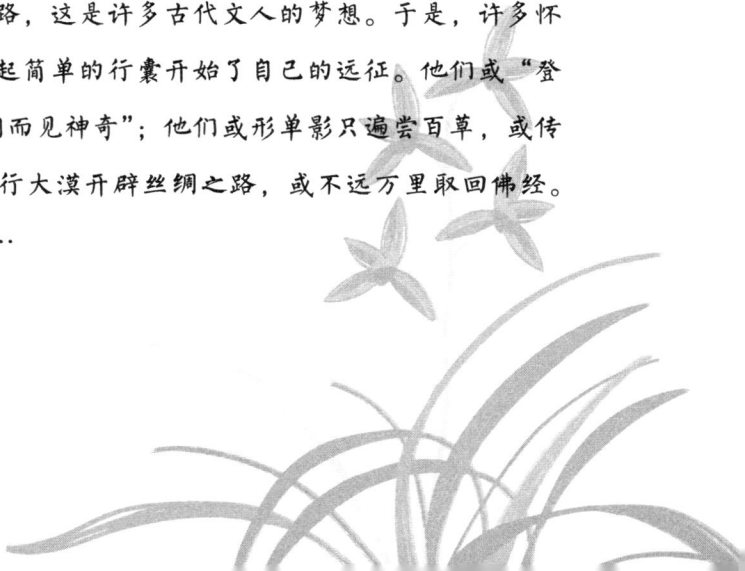

儒家思想的播种机

——背包客之孔子

　　孔子被尊为万世师表、至圣先尊，但在孔子的思想里却有"致君尧舜上，再使风俗淳"的情怀，他为了实现自己的政治理想，曾经开始过历时十四年的周游列国生活。

　　孔子（前551年—前479年），春秋末期的思想家和教育家，儒家学派的创始人。名丘，字仲尼，东周时期鲁国陬邑（今山东曲阜市南辛镇）人，祖上为宋国（今河南商丘）贵族。公元前497年，正值春秋末期"礼崩乐坏"的变革时代，孔子因和当时鲁国国君政见不合，郁郁不得志而离开鲁国。

到东都去

　　孔子从小就对周王朝非常向往，这个念头随着年龄的增长愈加浓烈，因此，他很想到周都洛阳去看一看。不久，一个偶然的机会让他的夙愿变成了现实。

　　鲁国大夫孟僖子的儿子南宫敬叔是孔子的学生。一天，孔子对南宫敬叔表达了想到洛阳走一遭的愿望，南宫敬叔就向鲁昭公进言说：家父曾经说孔子是圣人的后裔，现在，孔子希望到周都洛阳去参观先王的遗制，考察礼乐，请允许我陪他一同去吧！

　　鲁昭公答应了南宫敬叔的请求，并且送给孔子一辆旅行用的马车。于是，孔子和南宫敬叔兴致勃勃地朝洛阳出发了，开始了他人生中的第一次远行。

师徒俩到达了洛阳，先后拜访参观了周王族庙和大礼堂，尤其是瞻仰了礼堂四壁的画像。后来，他们又参观了太祖后稷的庙，在庙的石阶前面，立着一尊人像，北面刻着一句戒言："古之慎言人也，戒之哉！"这句话对孔子触动很大，甚至影响了孔子的一生。

有一天，孔子到国家图书馆去拜访老子，那时老子是周朝国家图书馆的馆长，兼任周王朝的史官。老子，被尊为道家的始祖，有《道德经》五千字传世。孔子在郑重其事地行过礼后，开始向老子请教"周礼"和古代的制度以及其他一些文化常识，老子都一一做了回答。孔子虽然尊重老子，但他并不认可老子的处世态度。孔子主张入世，主动为世人做点事情，而老子则主张无为遁世。

在洛阳期间，孔子还曾向苌弘请教音乐，苌弘很佩服孔子的为人。

到齐国去

孔子第二次出国，是在鲁昭公出逃齐国之后。孔子在鲁国感到实在待不下去，就带着弟子子路、颜回和其他几个人，前往齐国去了。

在前往齐国的途中，孔子一行来到了泰山脚下，听到一个妇人的哭声，于是，就派子贡前往打听，听到了"昔者吾舅死于虎，吾夫又死焉，今吾子又死焉"的回答。于是孔子对着他的弟子，发出了千古一叹："苛政猛于虎也！"

在齐国，孔子有一段美好的时光。因为他第一次听到了古代帝王舜所作的韶乐，马上被这优美的旋律给迷住了。于是，他即刻拜齐国音乐家为师，认真学习，竟然"三月不知肉味"，可见孔子对音乐的专心程度了。

在齐国，齐景公曾经向孔子问政：怎样才能把国家治理好呢？孔子的答复是"君君、臣臣、父父、子子"。意思是说，君主要像个君主的样子，臣子要像个臣子的样子，父亲要像个父亲的样子，儿子要像个儿子的样子，各有各的职守和本分。齐景公听后非常赞同：答得好，假如君不君、臣不臣、父不父、子不子的话，那国家就非常危险而无法安定了。

孔子在齐国无法施展自己的政治抱负，而且还有生命危险，于是，他带着弟子们又回到了鲁国。

在孔子五十二岁那年，也就是定公九年，孔子出任中都宰，他根据自己的理想，锐意改革陋政，实施礼仁治国。在此期间，孔子奉命和鲁定公出席夹谷会议，这是孔子一次重大的外交胜利，为鲁定公和鲁国挣得了颜面，还让齐景公把侵占的鲁国土地归还给了鲁国。

孔子受到鲁国大臣的排挤和挑拨，鲁定公疏远了他，于是他开始了一次最长的出国旅行，时间十四年，国家九个。

到卫国去

孔子离开鲁国一路西行，目的地是卫国。卫国的先祖就是周武王的弟弟康叔封，卫国和鲁国说起来还是亲戚关系。

在卫国边境，孔子会见了一个卫国官吏，这位七十有五的老人对孔子敬佩有加：孔先生这样有才华的人封闭在鲁国是周王朝的一大损失，孔先生就应该出来走走，恢复已经丧失良久的天下之道，天将以孔夫子为木铎，来传布道声。

在卫国，孔子和弟子谈到了国家的治理："名不正，则言不顺；言不顺，则事不成；事不成，则乐不兴。"后来，他们见到了卫国的国君卫灵公，卫灵公以"俸米六万斗"的待遇任用了孔子。但是没过多久，一些无聊的大臣就开始向卫灵公挑拨，说孔子的坏话。卫灵公信以为真，就不再信任孔子，孔子非常失望。

孔子在卫国居住了十个月后，离开了卫国，朝南方的陈国出发，中途经过宋国的匡镇，被一队匡地的士兵围住了。孔子被误以为是鲁国的阳虎，阳虎出逃鲁国后曾经在这个地方祸害作乱。在危急关头，孔子不急不躁，和着琴歌唱，曲音哀婉，风度从容不迫，匡兵听了，才消除了误会，谢罪解围而去。

到郑国去

匡兵之围被解后，孔子一行没有到陈国去，而是折返卫国，经过南子夫人事件之后，他失望地离开卫国。他们经过曹国，到达宋国，遭到了宋国司马桓魋的迫害，迫不得已逃到了郑国。

孔子适郑，与弟子相失，孔子独立郭东门。郑人或谓子贡曰："东门有人，其颡似尧，其项类皋陶，其肩类子产，然自要以下不乃禹三寸，累累若丧家之狗。"子贡以实告孔子，孔子欣然笑曰："形状，末也。而谓似丧家之狗，然哉！然哉！"

孔子和弟子们四下逃散，到郑国时，孔子和弟子们已经失去了联络，独自一个人站立在城门外边。有个郑国人对子贡说：东门口有个人。他的额头像尧，他的后颈像皋陶，他的肩膀像子产，但是腰部以下不到大禹的三寸，憔悴颓废得像失去主人的狗。子贡听说之后如实将情况告诉了孔子。孔子欣然笑了，说：形容我的样子，是细枝末节的小事。然而说我像失去主人的狗，确实是这样啊！确实是这样啊！

孔子的狼狈"惶惶如丧家之犬"，但孔子期盼的得到郑君重用始终没有实现，他的政治理想也不能够付诸实施，无奈的孔子只好离开了郑国，经由宋国，前往陈国。陈国对孔子一行相对友好，他们在陈国一住就是三年。

到晋国去

由于陈国的治安形势恶化，孔子不得不离开了陈国，第三次来到卫国。因为卫灵公年老，对政治感到厌倦，没有任用孔子，孔子决定到晋国去。

那时，孔子接到晋国大夫佛肸的邀请，孔子应邀，准备前往。佛肸在晋国的中牟镇当镇长，以中牟为根据地准备反叛大臣赵简子，他想借用孔子的力量完成计谋。子路对此表示反对，问道：老师曾经说过，其身亲为不善者，君子不入也。佛肸是反叛上司的恶徒，老师却去帮助他，岂不是违反君子之道吗？

孔子解释说：是的，我曾经说过这句话，但是，这还得因人而异的。是个真正坚强的人，就不怕被不善者加害了。

孔子继续说：我当然不喜欢和佛肸这一类人交往，只是想，他既然来邀请了，还是去看看，说不定在他那里，还有弘道的机会呢。

文
旅

227

子路明白孔子的意思，更加感佩老师为天下弘道的热肠。

最终，孔子也没有去成晋国。等到他们有一天好不容易地到达晋国国境的时候，就在要准备登船过河时，获得了一个重要的消息：窦鸣犊、舜华两个人被赵简子杀死了，孔子非常惊诧。

窦鸣犊和舜华是晋国的大夫，而且是赵简子的伯乐。在赵简子尚未得志的时候，就是依靠这两人的推荐从政的。现在，赵简子已经手握重权，却把这两个人杀了，实在太没有道义了。孔子认为，到这种地方去，有什么用呢？

于是，他们一行第四次前往卫国。

陈国、蔡国、叶国间徘徊

孔子回到卫国不久，见卫灵公昏头昏脑，就决心离去，前往陈国。在陈国待了一年，无所作为，就到了蔡国，又过了一年，他们到了叶国。

叶公向孔子问政，孔子干脆利落地回答："来远附迩。"就是说，政治如果要好，就是使离你近的人附和你，离你远的人来归顺你。

孔子说这番话是很有深意的。因为孔子知道叶公苛捐杂税，非常不得人民的爱戴，甚至有很多人不愿留在叶国，搬到别的国家居住。

不久，孔子离开了叶国，再次来到蔡国，在前往蔡国的途中，孔子一行遇到了一件"伤心往事"。子路赶车来到了一个十字路口，不知哪条路能够到达渡口，就问在地里耕田的两个老农，结果直接遭到无视，而且还连讽带刺地批评了他们一通。原来这两位老农是隐居避世的隐士，他们的人生态度跟孔子截然不同。孔子感叹道："鸟兽不可与同群……天下有道，丘不与易也。"

这两个隐士隐居避世的生活方式，固然是洁身自好、独善其身的好办法，但人既生为人，就应该和人相处，参加社会生活，不可离开人群去和鸟类同处。

孔子到了蔡国，生活了三年，其间，因为吴国、陈国、楚国之间的矛盾，孔子被围困在陈、蔡之间的荒野里，生活一天天变得困难，马上到了断粮的地步。子路愠见曰："君子亦有穷乎？"子曰："君子固穷，小人穷斯滥矣。"孔子对生气的子路说：君子固然也有穷困的时候，但不像小人那样，一穷就为非作歹了。

终回母邦

孔子一行趁着空隙，和楚军取得了联系，被他们救了出去，然后被护送到楚都，孔子来到了楚国。因为令尹子西的反对，楚昭王改变了任用孔子的决定，孔子第五次迁入卫国。

在这个时候，鲁国任命孔子的弟子冉求为将帅，率军打败了齐国，冉求的老师孔子再一次被鲁国重视，鲁国的权臣季康子派人到卫国礼请孔子，孔子非常高兴，满怀希望地踏上了归国的旅途。

此时正值春季，野花遍地，绿草如茵，阳光明媚，景色宜人。孔子想起了一次和子路、曾皙、冉求、公西华一起闲谈的情景。那次，孔子询问他们四个人的理想：假如有君王信任你，让你选择自己喜欢做的事情，你们要做什么呢？

子路率先说："千乘之国，摄乎大国之间，加之以师旅，因之以饥馑；由也为之，比及三年，可使有勇，且知方也。"

冉求则答道："方六七十，如五六十，求也为之，比及三年，可使足民。如其礼乐，以俟君子。"

公西华说道："非曰能之，愿学焉。宗庙之事，如会同，端章甫，愿为小相焉。"

三个人都说出了自己的志愿，最后，孔子要曾皙发表意见。

曾皙说："莫春者，春服既成，冠者五六人，童子六七人，浴乎沂，风乎舞雩，咏而归。"

在明丽的春天，穿着新衣，和五六位青年，或者六七位少年同伴，到郊外温泉沐浴，再在树荫下休息，然后唱着歌，信步地回来。

孔子听了曾皙的回答，愉快地说：曾皙啊，你想做的，也是我所向往的啊！

"不戚戚于贫贱，不汲汲于富贵。"孔子安然地享受着身边的幸福，不自暴也不自弃，踏踏实实、一步一步地去实现自己的人生理想。

背包客的生活，是颠沛流离的生活；周游列国的十四年，也是理想被现实无情粉碎的十四年。从此，孔子卸下了身上的背包，熄灭了匡扶天下的雄心，重新操起自己曾经的主业：培育英才，教书育人。

"达则兼济天下，穷则独善其身。"这就是孔子的理想，也是他的人生信条。

2022. 11. 15

一路放逐一路歌

——背包客之屈原

一谈起中国古典文学，必然就会说起楚辞、汉赋、唐诗、宋词、元曲、明清小说，而楚辞的代表作家就是屈原，屈原是楚辞的创立者，被誉为"楚辞之祖"。

屈原，名平，生于楚国丹阳，和楚王同宗，先辈是楚国贵族。屈原是中国文学史上第一位伟大的爱国诗人，是浪漫主义诗人的杰出代表。

背包客屈原的背包里装的不是被褥行囊，也不是饮料零食；他出发既不是游花看景，也不是回归故里，他的行程是放逐，是远离庙堂。他的背包里装的是满腔的怒火，是满腹的牢骚。他就带着这个背包，开启了他的"路漫漫其修远兮，吾将上下而求索"的征程。

流放汉北

战国时代，称雄的齐、楚、燕、韩、赵、魏、秦七国，争城夺地，互相杀伐，连年不断混战。那时，楚国的大诗人屈原，正当青年，为楚怀王的左徒官。他见百姓受到战争灾难，十分痛心。屈原立志报国为民，劝怀王任用贤能，爱护百姓，很得怀王的信任。

那时西方的秦国最强大，时常攻击六国。名士苏秦提出合纵，即联合六国一同抗秦，屈原积极参与此事，与苏秦一起促成楚、齐、燕、赵、韩、魏六国君王齐集楚国的京城郢都，结成联盟，并使怀王成了联盟的领袖，因此得到了怀王的重用，很多内政、外交大事，都凭屈原作主。

屈原的改革措施和一些政治主张，触犯了一部分位高权重的既得利益者，他们开始敬献谗言，离间屈原和楚怀王之间的关系，尤其是怀王的幼

文旅

子子兰、怀王的宠姬郑袖以及上官大夫靳尚等人，更是在楚怀王面前不遗余力地诽谤。

公元前304年，楚怀王疏远了屈原，屈原流浪汉北（汉江以上，今河南南阳西峡、淅川一带）。秦楚复合，与屈原谋划相反，而奸人必有谗言害之，避地汉北，当有不得已之情在，故《九章·抽思》有欲归不得之意。

公元前302年，齐、魏、韩三国联军攻打楚国，楚怀王派太子横到秦国为人质，请求秦出兵援救。秦王命客卿通率兵救楚，击退了三国联军。次年，秦国一大夫与太子横因为私事争斗被杀死。太子横惧怕秦昭王怪罪，私自逃回楚国。此事使秦、楚两国关系迅速恶化，导致了此后秦国对楚国的频繁进攻。"屈原憎恨楚怀王听信小人谗言，让不真实的语言蒙蔽了正确的语言，这些谣言将会损害楚国的利益，是方正的人不能容忍的，所以屈原在忧愁幽思中创作了《离骚》。"

出使齐国

楚怀王十六年，秦国派张仪来楚，离间楚、齐关系。张仪应允，如楚与齐绝交，秦国愿送楚国六百里土地。怀王贪心而受骗，张仪回秦等楚、齐交恶便毁约。

怀王大怒，派军队两次攻秦，结果都被打得大败而归，损兵折将，丧城失地。怀王只得重新启用屈原，再派屈原出使齐国，去寻求齐国的谅解，目的是让齐、楚两国缔结新的联盟。这时，秦出于外交考虑，又想与楚议和，以孤立齐国，便答应归还刚夺得的土地。怀王气愤不过，向秦索要张仪解恨。张仪先用厚礼贿赂怀王宠姬郑袖与宠臣靳尚，然后来楚巧言诡辩，而怀王听信郑袖、靳尚之言，竟放了张仪。

屈原虽身在齐国，却时刻焦虑着国事。他见楚国又被秦国如此玩弄，气愤不已，便贸然从齐国赶回朝中，谏怀王杀了张仪。在屈原忠诚凛然的苦谏下，怀王有些后悔放了张仪，赶忙派人去追张仪，然而此时张仪已出国境。公元前304年，楚国正式与秦国联盟，再次失信于齐国而投入秦国的怀抱，屈原联齐的成果被轻易葬送了。屈原在此事中始终反对怀王亲秦背齐，一再苦谏。

放逐江南

公元前 299 年，屈原此时已从汉北的流放地返回，和昭雎等一起，力劝怀王不要赴会，说："秦，虎狼之国，不可信，不如无行。"可怀王的幼子子兰怕失去秦王欢心，竭力怂恿怀王前去。结果怀王一入武关，就被秦军扣留，劫往咸阳，要挟他割让巫郡和黔中郡。楚怀王被劫往咸阳后，楚由齐迎归太子横，立为顷襄王，公子子兰为令尹，楚国不肯向秦割让土地，秦又发兵攻楚，大败楚军，斩首五万，取十六城。

公元前 296 年，楚怀王死于秦国，秦国将他的尸体送回楚国安葬。诸侯由此认为秦国不义。秦国、楚国绝交。屈原于周赧王十九年被免去三间大夫之职，放逐江南。他从郢都出发，先到鄂渚，然后入洞庭。

公元前 295 年，屈原到达长沙，在这楚先王始封之地遍览山川形势，甚起宗国之情。

公元前 294 年到公元前 279 年，屈原第二次被流放到南方的荒僻地区。这次流放的路线，按《九章·哀郢》分析，是从郢都（湖北江陵县）出发，先往东南顺江而下经过夏首（湖北沙市东南）、遥望龙门（郢都的东门）经由洞庭湖进入长江，然后又离开了夏浦（湖北汉口），最后到了陵阳（据说是今安徽青阳县南）。

屈原从陵阳溯江而上，到了鄂渚（今湖北武昌一带），弃舟改走陆路，然后渡湘水，入洞庭，乘船溯沅水而西，路径枉渚（今湖南常德附近）、辰阳，再由辰阳到了溆浦（今湖南溆浦）。溆浦乃湘西蛮荒之地，在这穷乡僻壤，屈原面临艰苦的物质生活和精神生活没有屈服，时间长达十六年。在这期间，屈原一边流浪，一边写下了大量优秀的文学作品，如《九章·悲回风》。

自投汨罗

秦国对楚王的妥协退让并不满足。楚顷襄王十九年（前 280 年），秦将司马错攻楚，楚割让上庸、汉北地；第二年，秦白起攻楚，取邪、邓、西陵；顷襄王二十一年（前 278 年），白起更进一步攻下了郢都。

楚国都城郢都被秦国占领的消息传来，屈原心哀若死。屈原披头散发地游荡到了江边，他在汨罗江边一边吟唱着诗歌一边行走。有一个在江边打鱼的渔夫看到屈原形容憔悴，身如枯槁，于是好奇地问他："您不是三闾大夫吗？为什么衣冠不整地来这里？发生什么事了吗？"屈原回答道："众人皆醉我独醒，整个朝堂都是昏庸不堪的，只有我一个人是清白的。他们不愿听见正确的声音，所以我被流放到这里了啊。"

　　渔夫追问说："我听说古时候的圣人，外界的事物不能影响束缚他，他融入世俗之中随着世俗的变动而变化。如果朝堂之上都是昏聩不智之人，为什么不隐于众人而要出来反对所有人呢？为什么不随波逐流呢？为什么一定要洁身于淤泥之中，显耀于污秽之上，却使得自己遭受不应该承受的流放呢？"

　　屈原正色道："我们都知道，刚清洗过头发的人戴上冠帽之前一定要拍去冠帽上的灰尘，刚刚沐浴的人要穿清洗过的衣裳。谁会忍受自己清白的身躯蒙受尘土的污染呢？对我来说，我宁可远离那混沌的庙堂也不能忍受与他们同流合污。哪怕要投入这汨罗江中葬身鱼腹，我也不愿让自己的品德沾染上不洁的污垢。"于是屈原怀抱石头，以身投入汨罗江。

　　屈原的一生，充满了爱国主义的悲伤情怀，他空有满腔的报国情怀却郁郁不得志，两度遭到流放。眼见故国沦丧却无能为力，愤懑之情充溢他的胸怀，最后只能以身殉国。

　　贾谊在《吊屈原赋》中这样描写屈原所处的时代：猫头鹰在天上飞翔，鸾凤却深藏起来；小人得志尊显，圣贤却不得其用；正直廉洁的人受到诬蔑，强横残暴的人却得到称誉；宝剑被贬为钝口，铅刀却被说成锋利；国之重宝周鼎被抛弃，空瓦罐被当成宝物；疲牛跛驴骖驾着马车，千里马却拉着沉重的盐车；帽子本应戴在头上，却被垫在脚下被汗水湿透。这就是楚国的时局。

　　屈原的悲剧不仅仅是他个人的悲剧，也是一个时代的悲剧。但他的爱国情怀、为民情结永远值得我们铭记。毛泽东说："屈原的名字对我们更为神圣。他不仅是古代的天才歌手，而且是一名伟大的爱国者，无私无畏，勇敢高尚。他的形象保留在每个中国人的脑海里。无论在国内国外，屈原都是一个不朽的形象。我们就是他生命长存的见证人。"

合纵之路抗强秦

——背包客之苏秦

战国时代，是老百姓的坟场，也是野心家的乐园。大国间冲突加剧，外交活动也更为频仍，出现了合纵和连横的斗争。合纵、连横的实质是大国为拉拢别国而进行的外交、军事斗争。合纵就是南北纵列的国家联合起来，共同对付强国，阻止齐、秦两国兼并弱国；连横就是秦或齐拉拢一些国家，共同进攻另外一些国家。合纵既可以对齐，又可以对秦；连横既可以联秦，也可以联齐，这就是所谓"朝秦暮楚"。后来，因为秦国的势力不断强大起来，成为东方六国的共同威胁，于是合纵成为六国合力抵抗强秦的战略选择。

苏秦，就是那个"头悬梁、锥刺股"的韩国青年，在这个关键时刻粉墨登场了。他曾经拜鬼谷子为师，学习纵横家之术。学成之后，他曾先后去东周和秦国宣传自己的治国之策，希望得到重用以施展抱负，结果无功而返。

碰了钉子之后，苏秦认真反思，并对当时各国的形势做了深入的研究。他认为，在列国之中，齐、楚、燕、韩、赵、魏、秦最为强盛，俗称"战国七雄"，而七国之中又首推秦国最强。秦国心怀包宇天下、兼并六国之志，而弱国之间，彼此明争暗斗，不难被各个击破。弱国要想自保，就需要联合。于是苏秦审时度势，形成了一个促六国结盟以共同对抗秦国的合纵战略思想。苏秦怀揣着新战略思想，再次离家，开始了他的合纵之路。

合纵第一站——燕国

苏秦首先来到七国中最为弱小的燕国。时值燕昭王筑黄金台，延揽四

文旅

方贤士之时。他向燕文侯陈述了燕与别的国家结盟的必要。燕国之所以能够安乐无事，不受强秦的侵犯，是因为南面有赵国做屏障。秦要攻打燕国，必须跋涉千里，赵要攻燕，只需百里即抵燕都。赵国之所以不攻打燕国，全因为强秦在后面牵制。而燕却正好可以利用这个机会与赵国结盟，燕赵两国就好比唇齿，唇亡则齿寒。

一番形势分析之后，苏秦提出了自己的设想：大王您要和赵王结盟联合，共同抵抗强秦，防患于未然。所谓"夫下忧百里之患而重千里之外，计无过于此者"。燕国再与其他各国联盟抗秦，这样，燕国就可保安全。他出色的口才和一语中的的言论打动了燕文侯。于是燕文侯拿出马匹和金帛，资助他去各国游说。

合纵第二站——赵国

苏秦前往赵国，身份地位大大提高，他已经不是那个到处乱窜的穷书生，而是堂堂燕国的使者。他来到赵国，晋见赵侯。他同样是一番形势分析，苏秦向赵肃侯指出：秦国强大，早就有入侵中原之念。凭各国的实力，都不足以单独抵抗强秦，如若各国都争相讨好秦国，将来势必被秦国各个击破。若各个国家联合，则"地五倍、兵十倍于秦"。秦攻一国而各国援助，则秦虽强，亦不敢轻举妄动，各国亦可相安无事。

接着苏秦建议说："六国将军在洹水之上，结成联盟，让楚国、齐国和魏国各派出精兵抵抗强秦，韩国为这三国提供粮草，燕国在常山以北抵抗秦军。那时候，秦国如果攻打韩魏，楚就断秦军的后方，齐国出兵响应楚国，赵国和燕国各守一方抵抗秦军。这样就可以战胜秦军。"接着苏秦又一一分析了秦国攻打其他五国，六国该如何抵抗的策略。他说得有理有据，赵王听后拍手称赞。

因此，苏秦请赵侯出面，倡议六国合纵抗秦。赵侯当即就采纳了苏秦的建议，并且拜他为相国，赐给他黄金万两，白璧百双，还有许多绫罗绸缎，命他游说其他国家，以订立合纵盟约。苏秦遂又以赵国使者的身份，前往其他国家继续游说。

合纵第三站——韩国

成功说动赵王之后，苏秦兴奋异常，因为他知道赵国是实力雄厚的国家，赵王有号令诸侯的影响力。他离开赵国，出访的第一站是韩国的首都新郑。四年前，韩国国君韩昭侯去世，其子韩康即位，史称韩宣王。

苏秦见到韩宣王后开口说道：大王，韩国北有巩和成皋这样的坚固城池，西有宜阳和商阪这样的要塞，东有宛、穰和洧水，南有陉山，地方九百余里，军队有数十万，天下的强弓劲弩都来自韩国。韩国出产的剑戟，锋利无比，能够刺穿坚固的甲胄。以韩国武士的勇猛，再加上他们披着坚固的铠甲，带着强弩和利剑，真可谓"一夫当关，万夫莫开"。但是，以韩军的强劲和主上的贤明，却向秦国俯首称臣，这不是令国家蒙羞、让天下人耻笑吗！

韩国，是当年三家分晋中版图最小的，国力也是最弱的。韩国主要依附于魏国，有时候也向楚国和秦国卑躬屈膝，求的就是夹缝中的生存。马陵之战因魏国入侵韩国而起，但是马陵之战后魏惠王三次朝觐齐威王，韩昭侯都步步跟随，原因其实很简单，韩国需要和魏国抱团取暖，这样它才能抵抗秦国的扩张。

见到韩宣王思想有所松动，苏秦接着说道：大王，您如果继续向秦国卑躬屈膝，秦国必定会不停地向您索取土地。您今年给了，明年还得再给。韩国的土地是有限的，而秦国的索取则是无限的，以有限的土地去满足无限的欲望，结果您还用我多说吗？这俗话说得好啊，宁为鸡头，不为牛后。您如果西面事秦，这与牛后有什么区别呢？以主上的贤明，挟强韩之兵，却落个牛后的名声，我实在是为您感到羞愧啊！

听完苏秦极具煽动力的话，韩宣王坐不住了，他握紧拳头，怒目圆睁，仰天长啸道：哼，寡人虽不肖，但也绝不是卑躬屈膝之辈。请您回去转告赵侯，韩国愿意加入合纵联盟。

合纵第四站——魏国

走出韩国王宫大门，苏秦并没有长舒一口气，反而愈发心事重重。这虽然合纵联盟第一步达成了共识，然而后面的才是艰巨的使命。

苏秦为了完成赵王合纵使命，他来到了魏国，通过私人关系见到了魏王。他对魏襄王道：大王的国土，南边有鸿沟、陈地、汝南，还有许地、鄢地、昆阳、召陵、舞阳、新郑；东边有淮水、颍水、沂水、外黄、煮枣、海盐；西有长城边界；北有河外、卷地、衍地、酸枣，土地纵横千里。地方名义上虽然狭小，但房屋田舍十分密集，甚至没有放牧牛马的地方。人民众多，车马成群，日夜奔驰，络绎不绝，其声势和三军士兵相比没有什么区别。我私下里估计，大王的国力不亚于楚国。然而那些主张连横的人却劝说大王结交像虎狼一样强暴的秦国，若国家因此遭受祸患，他们又不肯为您分忧。他们依仗强秦的势力，在国内胁迫君主，罪过没有比这更大的了。再说魏国是天下的强国，大王是天下贤明的君主，如今竟有意投向西方屈服于秦国，自称是秦国东方的属国，建筑秦帝行宫，接受秦的封赏，春秋两季给它进贡助祭，我心里真替大王惭愧。

魏王静静地听着，苏秦继续说道：听说越王勾践靠三千残兵败将，在于隧擒获了夫差；周武王也仅有三千士兵、三百辆战车，在牧野杀死了纣王。难道是他们士兵多吗？实在是因为他们能振奋自己的雄威啊！如今我听说大王的兵力，常备军二十万，青布裹头的士兵二十万，精兵二十万，勤杂部队十万，还有六百辆战车、五千匹战马。这肯定远远超过越王勾践和武王的力量！如今您却迫于谗臣的邪说，想要臣服于秦国。事奉秦国一定得割让土地送上人质，因此军队还没用上而国家的元气已经亏损了。群臣之中凡是主张事奉秦国的人，都是奸臣，绝不是忠臣。作为臣子却割让君主的土地与外国勾结，窃取一时的功名和好处，却不顾及后患，损害国家的利益，去满足个人的私利与欲望，在国外仰仗强秦威势，在国内胁迫自己的君主割让土地，对于如此卑劣行为，希望大王慎重考虑！

接着苏秦又以防微杜渐来说事。他讲《周书》上说：草木滋长出微弱的嫩枝时，要不及时修剪，等到长得粗壮了就得用斧头砍了。事前不考虑成熟，事后必有灾祸临头，那时对它将怎么办呢？大王果真能听从我的建议，六国联合相亲，专心合力，一个意志，就一定没有强秦侵害的祸患了。所以赵王派我来献上不成熟的策略，奉上详明的公约，全赖大王的响应并说服群臣了。

在苏秦的一番游说下，魏王签字入伙，合纵之事又向前成功了一步。

合纵第五站——齐国

在苏秦合纵之路如火如荼之时，抗秦联盟出现了内乱，苏秦立刻出发，来平息这场"内乱"，维护来之不易的团结局面。

当时，秦国得知六国合纵抗秦之后甚为吃惊。随即，秦惠文王采纳了张仪等大臣们的建议，用软硬兼施的方法引起六国之间相互猜疑，以拆散合纵。首先派人去最近的魏国，归还了从魏国夺来的几座城池，然后又派人去最远的燕国，将女儿嫁给了燕国大子。于是。魏燕两国同秦国和好了。

苏秦首先又来到燕国。此时，燕文侯已死，太子即位，是为易王。齐国趁燕国办丧事之机攻燕，连克城池十余座。燕王便以齐国归还城池为条件，命苏秦以"从约长"的身份出使齐国。如若齐国归还城池，燕国同秦国断绝来往。

苏秦去齐，面见齐成王，先行祝贺之礼，接着又行哀悼之礼。齐成王不解，惊问其原因。苏秦道，人饿得再厉害不会去吃乌头籽，吃得越多，死得也就越快。燕和秦是联姻之国，齐国占领燕国的城池就等于是强占了秦国的城池一样，这与吃乌头籽有什么两样！齐国实在是大难即将临头。齐成王闻言大惊，忙向苏秦请教解危之法。于是苏秦就建议齐国归还占领的城池，这样燕王喜欢，秦王也定会高兴。齐成王认为很有道理，立刻照办。

齐王对燕怀有顾虑。苏秦就对齐王说："燕国国力弱小，一向依附于齐国，而齐国能够号令天下，燕国也出了不少力。燕国人怎么会对齐国怀有异心呢？"这样齐王才放下心来，加入抗秦联盟。

合纵第六站——楚国

楚国是南方大国，所谓的蛮荒之地，国土面积广大，物产资源丰富。它自成一体，一开始跟中原国家几乎没有什么瓜葛。

苏秦来到楚国。过了三日，才得到被楚王召见的机会，交谈完毕，向楚王辞别就要离开。楚王说："我听说先生大名，就像听到古代贤人一样。现在先生不远千里来拜见我，连留下都不愿留下，希望听听您的理由。"苏秦回答说："楚国的粮食比宝玉还要贵，楚国的柴木比桂树的价格还要高，传达人员像小鬼一样难得看见，大王似天帝一样难得见面。现在要我吃玉烧桂，通过小鬼来拜见天帝。"楚王说："请先生到客舍住下吧，我遵命了。"

苏秦对楚威王说："楚国其实是个强国。楚国地多，人多，钱也多，这样霸主的资格，是无人能敌的！您和秦国现在势不两立，不如联合其他国家，您做大王，我让那些小国马上给您进贡来，您怎么能放着这眼前的利益都不要，反而要去割地向秦求和呢？"

接着，苏秦又对楚威王分析了合纵与不合纵的种种利害关系。经过一番唇枪舌剑后，最终楚威王也采纳了苏秦的合纵主张。

从公元前334年起，苏秦开始到六国去游说，宣传"合纵"的主张，仅仅过了一年后，他就大功告成。在苏秦的一手策划下，赵、楚、齐、魏、韩、燕六国国君于赵国洹水（今河南境内）之上，歃血为盟，订立了合纵条约，形成了合纵抗秦的阵营，大家共同抗秦。封苏秦为"从约长"，佩六国相印，被赵王封为武安君，一时间名声显赫。苏秦派人将六国盟约之事向秦国通报。自此之后，秦国竟有十五年之久不敢越函谷关雷池一步。

后来，秦国派犀首欺骗了齐、魏两国，两国出兵攻赵，害怕受到牵连的苏秦离开了赵国前往燕国，六国联盟宣告瓦解。

苏秦到达燕国之后，得到了燕王的封赏。不久，苏秦又到了齐国，齐威王用他为客卿，结果被疑忌他的大臣派人刺杀。苏秦向齐王建议，在他死之后，以大罪车裂于市，并悬赏行刺之人，这样就定能抓到刺客。齐王依计行事，果然不久刺客就落网被诛。

一代纵横家也就以这样惨壮的形式，结束了他传奇的一生。

2022. 11. 18

丝绸之路的开拓者

——背包客之张骞

"一带一路"是我们国家重要的发展战略，它的目标是要建立一个政治互信、经济融合、文化包容的利益共同体、命运共同体和责任共同体，是包括欧亚大陆在内的世界各国，构建一个互惠互利的利益、命运和责任共同体。"一带"是指"丝绸之路经济带"，"一路"则是"21世纪海上丝绸之路"。"丝绸之路"就是由著名的外交家汉代的张骞开拓的。

张骞，字子文，汉中郡城固（今陕西省汉中市城固县）人，中国汉代杰出的外交家、旅行家、探险家，因军功被汉武帝封博望侯。

建元二年（前139年），他奉汉武帝之命，目的是联合大月氏，沟通西域，在葱岭东西打破匈奴的控制局面，建立起汉朝的威信和影响，孤立和削弱匈奴，配合军事行动，最后彻底战胜匈奴。此次出使由甘父做向导，张骞率领一百多人出使西域，最终打通了汉朝通往西域的南北道路，即赫赫有名的丝绸之路。

西汉建国时，北方即面临一个强大的游牧民族的威胁，这个民族就是匈奴。春秋战国以后，匈奴跨进了阶级社会的门槛，各部落分别形成奴隶制小国，其国王称"单于"。楚汉战争时期，冒顿单于乘机扩张势力，相继征服周围的部落，灭东胡、破月氏，控制了中国东北部、北部和西部广大地区，建立起统一的奴隶主政权和强大的军事机器。匈奴奴隶主贵族经常率领强悍的骑兵，侵占汉朝的领土，骚扰和掠夺中原居民。

出使被扣

武帝建元三年（前138年），汉武帝下达诏令，满怀抱负的年轻的张骞，挺身应募。张骞毅然挑起国家和民族的重任，率领一百多人，从陇西（今甘肃临洮）出发，勇敢地踏上了征途。

有一个胡人，名叫堂邑父，是一个归顺的"胡人"，堂邑氏的家奴，他自愿充当张骞的向导和翻译。他们西行进入河西走廊，这一地区自月氏人西迁后，已完全为匈奴人所控制。正当张骞一行匆匆穿过河西走廊时，不幸碰上匈奴的骑兵队，他们全部被抓获。匈奴的右部诸王将立即把张骞等人押送到匈奴王庭（今内蒙古呼和浩特附近），见当时的军臣单于（老上单于之子）。军臣单于得知张骞欲出使月氏后，对张骞说："月氏在吾北，汉何以得往？使吾欲使越，汉肯听我乎？"这就是说，站在匈奴人的立场，无论如何也不容许汉使通过匈奴人地区去出使月氏。就像汉朝不会让匈奴使者穿过汉区，到南方的越国去一样。张骞一行于是被扣留和软禁起来。

匈奴单于为软化、拉拢张骞，打消其出使月氏的念头，进行了种种威逼利诱，还给张骞娶了匈奴的女子为妻，生了孩子。但均未达到目的。他"不辱君命""持汉节不失"，始终没有忘记汉武帝所交给自己的神圣使命，没有动摇为汉朝通使月氏的意志和决心。张骞等人在匈奴一直留居了十年之久，也没有动摇他一定要完成任务的决心。他住在匈奴的西境，等候机会。

逃出生天

至元光六年（前129年），敌人的监视渐渐有所松弛。一天，张骞趁匈奴人的不备，果断地离开妻儿，带领其随从，逃出了匈奴王庭。

这种逃亡是十分危险和艰难的。在匈奴的十年留居，使张骞等人详细了解了通往西域的道路，并学会了匈奴人的语言，他们穿上胡服，很难被匈奴人查获。因而他们较顺利地穿过了匈奴人的控制区。

但在留居匈奴期间，西域的形势已发生了变化。月氏的敌国乌孙，在匈奴支持和唆使下，西攻月氏。月氏人被迫又从伊犁河流域继续西迁，进入咸海附近的妫水地区，征服大夏，在新的土地上另建家园。张骞大概了解到这一情况，他们经车师后没有向西北伊犁河流域进发，而是折向西南，进入焉耆，再溯塔里木河西行，过库车、疏勒等地，翻越葱岭，直达大宛（费尔干纳盆地），路上经过了数十日的跋涉。

这是一次极为艰苦的行军。大戈壁滩上，飞沙走石，热浪滚滚；葱岭高如屋脊，冰雪皑皑，寒风刺骨。沿途人烟稀少，水源奇缺，加之匆匆出逃，物资准备又不足。张骞一行，风餐露宿，备尝艰辛。干粮吃尽了，就靠善射的堂邑父射杀禽兽聊以充饥。不少随从或因饥渴倒毙途中，或葬身黄沙、冰窟，为开辟"丝绸之路"献出了宝贵的生命。

到达大宛

张骞到大宛后，向大宛国王说明了自己出使月氏的使命和沿途种种遭遇，希望大宛能派人相送，并表示今后如能返回汉朝，一定奏明汉皇，送他很多财物，隆重酬谢。大宛王本来早就风闻东方汉朝的富庶，很想与汉朝通使往来，但苦于匈奴从中阻碍，未能实现。汉使的意外到来，使他非常高兴，张骞的一席话，更使他动心，于是满口答应了张骞的要求。热情款待后，大宛王派了向导和译员，将张骞等人送到康居（今乌兹别克斯坦和塔吉克斯坦境内），又通过康居（今哈萨克斯坦东南），到了大夏，大夏在今阿姆河流域。又遣人将他们送至大月氏。

终见月氏

张骞这才找到了大月氏，这个十多年来一次次被迫西迁的"行国"。

大月氏是一个游牧民族，住在敦煌、祁连一带，中国古书上称"禺氏"。秦汉之际，大月氏的势力强大起来，攻占邻国乌孙的土地，同匈奴发生冲突。汉初，多次为匈奴冒顿单于所败，国势日衰。至老上单于时，被匈奴彻底征服。老上单于杀掉月氏国王，还把他的头颅割下来拿去做成酒器。月氏人经过这次国难以后，被迫西迁。在现今新疆西北伊犁一带，赶走原来的"塞人"，重新建立了国家。但他们不忘故土，时刻准备对匈奴复仇，并很想有人相助，共击匈奴。

乌孙，六十三万人，也是个"行国"，曾在敦煌一带游牧，受过大月氏的攻击。后来匈奴支持乌孙远袭大月氏，大月氏被迫迁到阿姆河畔，而乌孙却在伊犁河留住下来。自从大月氏到了阿姆河，不仅用武力臣服了大夏，由于新的国土十分肥沃，物产丰富，并且距匈奴和乌孙很远，外敌寇扰的危险已大大减少，他们改变了态度，逐渐由游牧生活，改向农业定居，无意东还，不想再与匈奴为敌。

看到大月氏乐不思蜀的样子，张骞向他们提出复仇的建议，他们已经不感兴趣了。加之，他们又以为汉朝离月氏太远，如果联合攻击匈奴，遇到危险恐难以相助。张骞等人在月氏逗留了一年多，始终未能说服月氏人与汉朝联盟，夹击匈奴。在此期间，张骞曾越过妫水南下，抵达大夏的蓝氏城（今阿富汗的汗瓦齐拉巴德）。

艰难回归

张骞在大月氏逗留了一年多，得不到结果，只好在元朔元年（前128年），动身返国。归途中，张骞为避开匈奴控制区，改变了行军路线。计划通过青海羌人地区，以免匈奴人的阻留。于是重越葱岭后，他们不走来时沿塔里木盆地北部的"北道"，而改行沿塔里木盆地南部，循昆仑山北麓的"南道"。从莎车，经于阗（今和田）、鄯善（今若羌），进入羌人地区。但出乎意料，羌人也已沦为匈奴的附庸，张骞等人再次被匈奴骑兵所俘，又扣留了一年多。

元朔三年（前126年）初，军臣单于死了，其弟左谷蠡王自立为单于，进攻军臣单于的太子于单。于单失败逃汉。张骞便趁匈奴内乱之机，带着自己的匈奴族妻子和堂邑父，逃回长安。这是张骞第一次出使西域。从武帝建元三年（前138年）出发，至元朔三年（前126年）归汉，共历十二年。

张骞出使时带着一百多人，历经十二年后，只剩下他和堂邑父，还有他的匈奴妻子三个人回来。这次出使，虽然没有达到原来的目的，但对于西域的地理、物产、风俗习惯有了比较详细的了解，为汉朝开辟通往中亚的交通要道提供了宝贵的资料。

汉武帝对张骞这次出使西域的成果，非常满意，特封张骞为太中大夫，授堂邑父为"奉使君"，以表彰他们的功绩。

张骞回来以后，向武帝报告了西域的情况。这就是《汉书·西域传》资料的最初来源。之后，由于张骞随卫青出征立功，"知水草处，军得以不乏"，被武帝封为"博望侯"。

二度出使

元狩四年（前119年），张骞第二次奉派出使西域。张骞率领三百人组成的使团，每人备两匹马，带牛羊万头，金帛货物价值"数千巨万"。

这时，汉朝业已控制了河西走廊，积极进行武帝时对匈奴最大规模的一次战役。几年来汉武帝多次向张骞询问大夏等地情况，张骞重点介绍了乌孙到伊犁河畔后已经与匈奴发生矛盾的具体情况，建议招乌孙东返敦煌一带，跟汉共同抵抗匈奴。这就是"断匈奴右臂"的著名战略。同时，张骞也着重提出应该与西域各族加强友好往来。这些意见得到了汉武帝的采纳。

到了乌孙，游说乌孙王东返，没有成功。他又分遣副使持节到了大宛、康居、月氏、大夏等国。元鼎二年（前115年）张骞回来，乌孙派使者几十人随同张骞一起到了长安。此后，汉朝派出的使者还到过安息（波斯）、身毒（印度）、奄蔡（在咸海与里海间）、条支（安息属国）、犁轩（附属大秦的埃及亚历山大城），中国使者还受到安息专门组织的二万人的盛大欢迎。安息等国的使者也不断来长安访问和贸易。从此，汉与西域的交流建立起来。

泽被后世

元鼎二年（前115年），张骞回到汉朝后，拜为大行令，第二年死去。他死后，汉同西域的关系进一步发展。元封六年（前105年），乌孙王以良马千匹为聘礼向汉求和亲，武帝把江都公主细君嫁给乌孙王。细君死后，汉又以楚王戊孙女解忧公主嫁给乌孙王。解忧的侍者冯嫽深知诗文事理，作为公主使者常持汉节行赏赐于诸国，深得尊敬和信任，被称为冯夫人。由于她的活动，巩固和发展了汉同乌孙的关系。神爵三年（前60年），匈奴内部分裂，日逐王先贤掸率人降汉，匈奴对西域的控制瓦解。汉宣帝任命卫司马郑吉为西域都护，驻守在乌垒城（今新疆轮台东），这是汉朝在葱岭以东，今巴尔喀什湖以南的广大地区正式设置行政机构的开端。

汉通西域，虽然起初是出于军事目的，但西域开通以后，它的影响，远远超出了军事范围。从西汉的敦煌，出玉门关，进入新疆，再从新疆连接中亚、西亚的一条横贯东西的通道，再次畅通无阻。这条通道，就是后世闻名的"丝绸之路"。

"丝绸之路"把西汉同中亚许多国家联系起来，促进了它们之间的政治、经济和军事、文化的交流。由于中国历代封建中央政府都称边疆少数民族为"夷"，所以张骞出使西域促进了汉夷之间的第一次文化交融。西域的核桃、葡萄、石榴、蚕豆、苜蓿等十几种植物，逐渐在中原栽培。龟兹的乐曲和胡琴等乐器，丰富了汉族人民的文化生活。汉军在鄯善、车师等地屯田时使用地下相通的穿井术，习称"坎儿井"，在当地逐渐推广。此外，大宛的汗血马在汉代非常著名，名曰"天马"，"使者相望于道以求之"。那时大宛以西到安息国都不产丝，也不懂得铸铁器，后来汉的使臣和散兵把这些技术传了过去。中国蚕丝和冶铁术的西进，对促进人类文明的发展贡献甚大。

2022. 11. 18

与历史对标对表

——背包客之司马迁

"人固有一死，或重于泰山，或轻于鸿毛。"这是著名历史学家司马迁在《报任安书》中阐述的人生观，毛泽东在《为人民服务》一文中曾经引用过它。《史记》一书的完成不仅归功于司马迁父亲司马谈的资料积累，更重要的是司马迁为了完成历史著作的写作，足迹踏遍了祖国的大江南北，他寻幽探古，他考察风俗，他采集传说，积累了大量的第一手资料，为他后来写作《史记》打下了坚实的地基。

龙门探险

"鲤鱼跳龙门"是一个充满浪漫色彩的民间传说。少年司马迁对这个故事充满了好奇，他自从听说这个故事之后，就想一探究竟。

龙门山是一座距离司马迁老家不远的山，在一次陪父亲回家的时候，他和几个小伙伴相约一起去龙门一探究竟。

一个冬晨，司马迁早早起床，吃过早饭，带着母亲给他准备的一大包干馍和一皮囊开水，就和小伙伴上路了。他们一路上说说笑笑，嬉嬉闹闹，少年的心就像大海里的游鱼一样轻松自在。他们穿山沟，过小路，踢杂草，踩晨霜，没有什么疲倦，也没有什么忧愁，只是一个劲儿地向前赶路，向着目的地进发。

还不到中午，他们上到一处土坡上，一眼就看到了夏阳的城门。他们一阵欢呼，四个人就一起奔跑，直奔夏阳城。到了夏阳城，他们向一个老者打听龙门峡的位置，说要去看鲤鱼跃龙门的盛况。老者一听，哈哈大笑起来，告诉他们哪有鲤鱼跳龙门的事情，那都是大家瞎传的。

接着，老者对他们几个孩子说，什么鲤鱼跳龙门，根本没有那回事，那只不过是几个舞文弄墨的读书人随便说说，是说龙门峡水流湍急，鱼都游不上去，哪有什么鱼能化成龙，我活了大半辈子了，从来就没看过呢。

司马迁他们不死心，不管怎么说，既然到这里了，就绝不能半途而废，一定要去看看。

司马迁来到龙门峡，他知道自己看不到梦寐以求的鲤鱼跃龙门一飞冲天的景象，但他仍然要完成这趟旅行，即使他得到的只是幻想的破灭，他仍要用自己的眼睛和脚步毫不含糊地印证一次。他站在龙门山上，痴痴地望着险峻的龙门峡，万马奔腾的黄河水从峡口倾泻而下，暴烈的河水狂舞飞溅，就这么倾泻、倾泻，然后奔腾而去，最终东流入海。

受命探奇

因为父亲司马谈整理皇家图书馆的原因，他偶然发现战国末期，以及汉朝开国之初，刘邦跟项羽争雄的历史资料很不完整，便想亲自到那些历史关键节点考察采访。那些地方几乎遍及半个中国，但他又身为史官，必须随侍在皇帝左右，所以根本没有时间外出考察。眼看司马迁就要成年，司马谈灵机一动，觉得派司马迁搭乘朝廷给地方政府送信的驿车到各地去，借着搜集史料的名义，去各地真正接触风土人情，增长阅历和见识，也乘机磨炼一下司马迁。

出发的日子终于来了。司马迁告别父母，乘上了邮车，从长安出发，去考察历史古迹，去寻访先贤灵魂。

他考察的第一段行程是南线路程。从长安出发，出武关，过秦岭东侧，穿越南阳盆地，再经由河南、湖北交界的桐柏山西麓改走水路，自襄阳搭船顺汉水直下江陵，再顺长江下到洞庭湖南岸，这一段行程最终目的地是战国时代楚国名臣屈原投江而死的地方——罗县。

祭拜过屈原，司马迁带着悲壮的心情，溯湘江而上，离开罗县，经过南岳衡山到达零陵郡，换船再溯潇水，直到宁远县境内。在此，他看到了九嶷山的九座山峰，矗立在烟波浩渺的水雾之上。

九嶷山是舜帝埋葬的地方，他的两个妃子娥皇和女英在湘江边相拥而泣，眼泪像无尽的江水，奔涌不止。她们的泪水洒在江边的竹子上，斑痕永久不退，成为当地特有的湘妃竹。最后，两姐妹共沉湘江，追随舜帝而去。

司马迁考察了九嶷山，踏寻舜的遗迹后，便往湘西，沿沅江而下，经长江，到九江，上庐山，考察了禹帝疏浚九江的传说。接着，司马迁来到浙江的会稽山，去探查禹穴，登临禹王庙，拜谒禹陵。在这里，司马迁还听到了许多关于越王勾践卧薪尝胆的故事。

离开会稽山，司马迁来到吴县，造访吴县东南的姑苏，这里是吴王阖闾发家的地方。他来到了吴淞江，参观了战国时代四大公子之一楚国春申君的遗宫旧址。当司马迁看到春申君当年所建的宫室城墙完好无缺时，不由得发出"伟大"的赞叹。

游历过吴淞，司马迁几乎把江南的名山大川都走了一遍，于是他北上渡过长江，经高邮湖，到了淮阴，这是楚汉相争的关键人物韩信的故乡。在这里，司马迁听到了许多韩信的故事，了解了他的成长经历。

司马迁继续北上，来到了孔子的家乡曲阜，这是他向往已久的地方，接着，他又来到孟子的故乡邹县，再南下到达战国时代四公子之一的孟尝君的封地——薛。经过薛地，司马迁继续向南，到了彭城，这里自古就是兵家必争之地，也是刘邦和项羽争雄的时候两边都想控制的地方。司马迁在彭城停留了几日，他又来到沛县，这是本朝皇帝汉高祖刘邦发迹的根据地，在这里，他搜集到了许多关于开国者的逸闻趣事。最后，司马迁来到大梁，这是本次游历的最后一站。大梁，魏国的都城，当年秦军是通过挖掘黄河河堤淹没了这座城市。

历时一年的漫游，对于司马迁来说意义非同凡响。他游历了祖国的河山，看到了各地不同的风俗民情，也考察印证了他书本上见过的胜景遗迹，知道了好多历史人物的轶事，开阔了眼界，提高了认识。

随驾出巡

司马迁通过考试的方式，取得了郎官的身份，获得了侍候皇帝左右的机会。在司马迁 34 岁那年，他以郎中令的身份，跟随汉武帝巡游到了崆峒山，武帝怀着访道求仙的心情而来，司马迁却把握住机会，采访当地父老关于黄帝的一些传闻。

崆峒之行第二年，司马迁又获准出使四川西昌、汉元和昆明等地。到了西南边境，司马迁完成了公事之余，又详细考察了西南的山川形势，在鬼斧神工的美丽大好河山面前，他的灵魂得到了洗涤，他的思想得到了升华。

汉武帝为了宣示自己的文治武功，在一些大臣和道士的怂恿下，举行了"封禅"大典。"封禅"巡行是表，访道问仙是本。司马迁随行其侧，走了大约 1.8 万里路，绕了个大圈子，参观考察了秦始皇时代蒙恬所筑的秦长城，他终于陆陆续续把祖国大地都游历了一遍。汉武帝巡行到哪里，司马迁就陪伴到哪里。

武帝四十六岁那年冬天，先是到桥山黄帝冢祭祀黄帝。第二年三月，他礼登太室山，听说从官在山下听到有叫"万岁"的。下山后，武帝即直奔东海，然后出海去求所谓的蓬莱仙人。到了东莱，汉武帝就在那里住下，等待仙人。由于没有成果，汉武帝暂时脱离东莱，于四月趁便封禅泰山。

在方士们的怂恿下，汉武帝"欣然庶几遇之，乃复东至海上望，冀遇蓬莱焉"。两千多年前的这一幅求仙图景今天看来十分荒谬，一个东方最大国家的皇帝，带着他的大臣们，以及无数的大众，抬头站立海滨，期望看到蓬莱仙山与仙人。

后来，汉武帝又前后三次亲身万里迢迢来到东海滨，期望遇见仙人。但都毫无成果，《史记·封禅书》云："方士之候祠神人，入海求蓬莱，终无有验。而公孙卿之候神者，犹以大人迹为解，无其效。天子益怠厌方士之怪迂语矣，然终羁縻弗绝，冀遇其真。自此之后，方士言祠神者弥众，然其效可睹矣。"

在求道访仙的过程中，司马迁发现了这些事情的怪诞，并且清醒地认识到这些活动对其时经济活动的干扰和对社会风气的损坏。他对汉武帝的批判是十分斗胆与尖锐的。这里可以对比一下司马迁对汉文帝的不一样评估，可能会看得更明白：

太史公曰：孔子言，"必世然后仁。善人之治国百年，亦能够胜残去杀"。诚哉是言！汉兴，至孝文四十有余载，德至盛也……呜呼，岂不仁哉！

司马迁对汉文帝的揄扬赞许之情，溢于言表。而他对汉武帝敬神求仙之举好像未做任何褒贬，说自个儿仅仅把跟从武帝的所见所闻如实地记载下来，使后人能够观览罢了。但是，此时无声胜有声，司马迁对汉武帝的贬低压制尽在不言之中，明眼人一看可知。

从二十岁开始，司马迁的游踪就已遍及了祖国的大江南北，寻幽探古、考察风俗、采集传说。他曾漫游到汩罗江畔，在当年屈原投江自沉的地方高声朗诵屈原的诗。回到长安以后，他做了皇帝的近侍郎中，跟随皇帝到过平凉、崆峒，又奉命去了巴蜀，他到过的最南边的地方是昆明。读了万卷书，走了万里路，彪炳千古的《史记》，就是在如此艰辛的旅程中孕育而生的。《史记》也因它的历史价值和文学价值，被鲁迅称誉为"史家之绝唱，无韵之离骚"。

2022. 11. 16

山水诗中自遨游

——背包客之谢灵运

按照时下的观点来说，谢灵运是典型的官三代，而且是个富三代。他是"淝水之战"名将谢玄的孙子，大祖父是东晋名相谢安，父亲是秘书郎谢瑍。他生长在世族豪门、显贵大地主的家庭里，十八岁就承袭了"康乐公"的爵位。

谢灵运还是一个著名的诗人，而且是中国山水诗的开山鼻祖，幼时寄养于外，族人因名为客儿，世称谢客。入宋，曾任永嘉太守、侍中、临川内史等职。他常常呼朋唤友，出入于山水之中探奇览胜，开创了文学史上山水诗一派。

常言说，没有生活则没有艺术，谢灵运的山水诗创作也是建立在他的游山玩水的生活基础上。他常年沉浸于会稽、永嘉、庐山等地的山水名胜，为此还发明了一种人称"谢公屐"的登山鞋，到现在还有"专利权"，连李白都说："脚著谢公屐，身登青云梯。"

身世多舛

谢灵运生活的魏晋时期，政治黑暗，战乱频仍，社会动荡不安。阶级斗争异常尖锐，统治阶级内部也是尔虞我诈，彼此倾轧，斗争激烈。当时，以刘裕为代表的刘宋王朝统治者坚决地推行抑制门阀大族、提拔庶族地主作为辅佐、加强集权统治的政策，对王、谢等大贵族集团施以压力，企图摧毁他们顽强的势力。谢灵运便在刘裕这种削弱士族势力、实行皇帝专制的政策下被降爵为侯。身处于这样的形势中，谢灵运为了维护自己贵族集团的地位和利益，经常与统治者处于一种复杂而剧烈的斗争中，他一直对刘宋集团采取不合作和反抗的态度。

刘义隆即位后，深知谢灵运桀骜不驯，更有意严加裁制。谢灵运感觉到了自己的危险，只求隐退。永初三年（422 年），谢灵运出任永嘉太守，任职仅一年便托病回故乡始宁隐居。元嘉三年（426 年），谢灵运被召至京为秘书监，常常称病不朝，结果仍是请假回籍。这是刘宋王朝不能容忍的。刘义隆认为谢灵运脱离控制，很不放心，就唆使地方官告他造反，迫使谢灵运到京表白，乘机要他做临川内史，事事加以掣肘。谢灵运自然是不愿受这种约束，刘义隆于是派人带兵逮捕他。这样，谢灵运不得不兴兵反抗，结果是兵败被杀。一代大诗人就这样在刘宋王朝与世族的斗争中了却了一生。

寄情山水

朝廷失宠，宫廷之争失败后，谢灵运身在朝廷，心却在山水之中。他一方面隐逸泉林、纵情山水，在山水林野中去探寻、追求独立于黑暗现实之外的人生理想，一方面又还苦恋着昔日的荣华，对过去的特权难以忘怀。处于这样一种两难境地，谢灵运常常开山伐木，登山观水。因为只有这样，只有远行郊野荒林之中，才能忘却世道的艰难痛苦；只有在无限纯净的山水中，才能寻找到精神的自由与解脱。因此，谢灵运追求老子的无为、庄子的逍遥。但由于他没有最终跳出功名利禄的怪圈，短暂的惬意之后，他又感到迷茫，故而屡屡向山水诉说自己的失意与孤寂，倾吐自己的不幸与愤懑："殷忧不能寐，苦此夜难颓……运往无淹物，年逝觉易催。""江南倦历览，江北旷周旋……怀新道转迥，寻异景不延。乱流趋正绝，孤屿媚中川。"

"隐逸"和"仕途"这两种思想经常在谢灵运的心灵深处搏斗；逃避现实而又不能逃避现实的矛盾纠缠着他。遭受统治者的猜忌、排斥和打击，他被放逐到穷乡僻壤，只好遨游山水，怡情风月，但又不能真的忘情于权势；陷入庄园和林泉之中，却又不甘寂寞；逃避到自然美景和老庄哲理之中，但始终无法摆脱心中的烦恼，无法避免政治上的迫害，做个与世无争的真正隐士。他把这种对现实的苦闷和忧伤都写进诗文中，因此，在谢灵运的作品中，存在着主客观之间的深刻矛盾：黑暗残酷的现实生活与诗人主观愿望的强烈冲突以及自然美与人间离乱、悲苦的鲜明对照。正如白居易在《读谢灵运诗》中说："谢公才廓落，与世不相遇。泄为山水诗，逸韵谐奇趣。因知康乐作，不独在章句……"谢灵运的山水诗是自己怀才不遇、郁郁不得志的内心积闷的发泄，是刘宋朝时期那个特殊政治形势中种种矛盾和斗争的反映。

自成一宗

谢灵运是我国第一个大量创作山水诗的诗人。在谢灵运之前，山水草木一直是诗歌的一种点缀，山水只作为背景出现。谢灵运开始以山以水为主要描写对象，用精致工整的语言刻画山水的秀美，创造出真正的山水诗，成为我国山水诗的鼻祖。谢灵运的山水诗，形式绮丽，声色并妙，在题材、内容、诗歌语言以及表现手法上别开生面，开拓了诗歌的新境界，对古典诗歌的发展做出了重大的贡献。

《宋书·谢灵运传》说："出为永嘉太守，郡有名山，灵运素所好，出守既不得志，遂肆意游遨，遍历诸县，动逾旬期，民间所讼，不复关怀。所至辄为诗咏，以致其意焉。""寻山涉岭，必造幽峻，岩障千重，莫不备尽。"谢灵运一面欣赏山水美景，一面吟咏成诗。他对蕴存于山水云林中的自然美观察十分细致，一草一木经过他的艺术渲染就形成了优美的意境；他常常把自己对自然的一往情深和被山水神秀触发的哲思，都溶化在景物描写之中，从而使其山水诗带上了强烈的主观色彩，富有鲜明个性。如"白云抱幽石，绿筱媚清涟""密林含余清，远山隐半规""崖倾光难留，林深响易奔"……这些诗句所营造的意境，或幽秀清空，或高华豪岩，全都是情景交融的结果。因此，谢灵运的艺术风格在当时是独树一帜的。

鲍照称谢灵运的诗"如初发芙蓉，自然可爱"，汤惠休也说"谢诗如芙蓉出水"。谢灵运在不少的诗篇中，主动地刻画了自然界的优美景色，给人以清新之感。如《初去郡》中"溯溪终水涉，登岭始山行。野旷沙岸净，天高秋月明。憩石挹飞泉，攀林搴落英"等句，把诗人在秋高气爽的夜晚，涉水登山，挹飞泉、搴落英的情景写得有声有色。又如："援萝聆青崖，春心自相属"写春；"晚霞枫叶丹，夕熏岚气阴"写秋；"明月照积雪，朔风劲且哀"写冬等等。诗人从不同角度揭示大自然的美，形象鲜明突出，给人以艺术的享受。《登江中孤屿》中"云日相辉映，空水共澄鲜"两句，写诗人乘船在江中游览，所见的天明朗、湛蓝，几朵白云飘在天上，阳光明媚；所见之水，清澈透底，水中倒映着云和日，天朗水清。诗人在描写景物时，并没有使用华丽的辞藻，但细细品味，这江水一色的美景是多么令人陶醉和神往。

艺术成就

东晋以前的诗，没有把山水作为主要的题材，因而写景技巧极不发达。到了谢灵运手里，才自觉地革新和提高了诗的写作技巧。

谢灵运以山水入诗，特别注意声色的描绘，追求图画音乐式的美。沈德潜说："至于宋，体制渐变，声色大开。"这种"声色大开"的诗风，正是谢灵运刻意追求的结果。如"初篁苞绿箨，新蒲含紫茸""铜陵映碧涧，石磴泻红泉"等诗句，注重色彩的描绘，笔触鲜明，逼真地再现了美妙的山光水色，给人以视觉上的美感，是诗里图画；又如"鸟鸣识夜栖，木落知风发"一联，又完全诉诸听觉，巧妙地再现了大自然中的天籁，是诗里的音乐。

谢灵运在创作中非常重视对形式格局的精心推敲，他惯用"叙事——写景——说理"的结构，写出了一些写景抒情浑然一体的优秀诗篇，很得人们的赞赏。但在谢灵运许多山水诗中，都存在着这样的结构，就形成了一种固定的程式，造成了谢诗整体风格的单一，显得呆板、枯燥、缺乏变化，令人不喜多读。并且三段式的末尾往往是"始信安期术，得尽养生年"这一类的消极出世思想，使山水诗拖上了一条玄言的尾巴。因此，他的诗普遍存在有句无篇的特点，名句迭出，而像《登池上楼》《石壁精舍还湖中作》《石门岩上宿》《岁暮》这类融情、景、理于一体的诗作却不多。

刘勰《文心雕龙》说："宋初文咏，体有因革，庄老告退，而山水方滋。""庄老"和"山水"都是晋宋时期诗歌主要的思想内容。"庄老"是魏晋以来流行的一种思想，"山水"是刘宋时新生的一种欣欣向荣的力量。谢灵运对大自然审美价值的发现，使山川绚丽的风光为人们所瞩目，自然山水在题材上开始被作为独立的审美对象，山水诗自此蓬勃兴起了。所以说，谢灵运是扭转玄言诗、开创山水诗的第一人。自他之后，有南朝齐的谢朓、何逊，唐朝的孟浩然、王维等许多山水诗人的出现，他们以优美的山水诗丰富了诗歌的题材内容，促进了诗歌的繁荣发展。

古语有云："仁者乐山，智者乐水。"而作为一个"背包客"谢灵运自然也是如此，从来不问终点，只为背上行囊。抛下所有，只为享受旅途中的快乐。每个背包客的心中都有一个旅行的梦想，或为体验别样的心境、或为目睹美妙绝伦的景象，或为寻找心灵的归宿。

2022. 11. 24

用脚丈量祖国的山山水水

——背包客之郦道元

郦道元从少年时代起，就随做官的父亲宦居山东，经常和朋友们一起浏览名山大川，访求名胜古迹，他从小就对祖国的山川文物产生了浓厚的兴趣。

广阔的宦旅生涯，使郦道元有机会走访了山东、河北、山西、河南、陕西、内蒙古、江苏、安徽、湖北等地区。他亲自了解中国北部的地理情况，有感于当时我国地理著作的匮乏。他发现古籍中有关山川水系的记录，或是时代久远，河道已变迁；或是以讹传讹，名实不符；或是过于简略，不大具体；或是过于琐细，而欠周全。于是郦道元决定选择《水经》一书为底本，采取为其作注的形式，创作一部综合性地理巨著，命名为《水经注》。

增补《水经》缺失

《水经》一书写于三国时期，是一部专门研究河流水道的书籍，共记述全国主要河流 137 条。原文一万多字，文字相当简略，没有把水道的来龙去脉和详细情况说清楚。郦道元认为，应该在对现有地理情况考察的基础上，印证古籍，然后把经常变化的地理面貌尽量详细、准确地记载下来。

郦道元在给《水经》作注过程中，十分注重实地考察和调查研究，同时还博览了大量前人著作，查看了不少精确详细的地图。据统计，郦道元写《水经注》一共参阅了 437 种书籍。经过长期艰苦的努力，郦道元终于

文旅

完成了他的《水经注》这一巨著。《水经注》共四十卷（原书宋朝已佚五卷，今本仍作四十卷，是经后人改编而成的），三十多万字，是当时一部空前的地理学巨著。它名义上是注释《水经》，实际上是在《水经》基础上的再创作。经过郦道元注释以后，大小河流增加到 1252 条，文字比原著增加二十倍。书中记述了各条河流的发源与流向，各流域的自然地理和经济地理状况，以及火山、温泉、水利工程等，是我国最全面、最系统的综合性地理著作。该书还记录了不少碑刻墨迹和渔歌民谣，文笔绚烂，语言清丽，具有较高的文学价值。由于《水经注》在中国科学文化发展史上的巨大价值，历代许多学者专门对它进行研究，形成一门"郦学"。

从《水经注》中我们可以看到，郦道元以其饱满的笔触，为我们展现了一千四五百年前中国的地理面貌，使人们读后可以对各地的地理状态及其历史变迁有较清晰的了解。例如从关于北京地区的描述中，我们可以知道当时北京城的城址、近郊的历史遗迹、河流以及湖泊的分布等，还可以了解到北京地区人们早期进行的一些大规模改变自然环境的活动，像拦河堰的修筑、天然河流的导引和人工渠道的开凿等。这是我们现在所能得到的关于北京地区最早的地理资料，也是我们研究北京地区历史地理变迁的一个重要参考。这些资料对于我们今天仍然是非常有用的。科学和经验告诉我们，地理情况是随着自然条件的变化和人类活动的加强而不断发生变化的。我们要真正了解和深刻认识今天的地理情况，单靠对现在的地理状态的研究是不够的，还必须深入了解地理情况的变化过程及其原因，以认识和掌握它的发展规律，为今天的建设事业服务。从这个意义上说，《水经注》在今天仍然具有生命力，是我们不可多得的珍贵的历史地理文献。

拓展《水经》内容

《水经》描述河流时，以水道为纲，记述每条水道的发源地、流向、流经地区、归宿、主支流的分布关系等，从而较完整地反映了全国各地的河流水系概貌。但《水经》在水言水，河流以外的东西很少涉及，相当于现在的名词解释。

郦道元写作《水经注》跟前人有所不同，他是以"河道"为主线，对这个河流流域的地形、矿藏、农田、水利设施都进行具体的描述。于是他决定首先根据《水经》中提到的许多名山大川，进行实地考察。他跑了许多地方，勘察山川形势，还向当地老百姓了解风土人情，参观名胜古迹。有一次，他考察渭水，听说西周的开国元勋姜太公曾经在渭水的支流磻溪钓过鱼，特地去察看了磻溪和当年姜太公住过的石屋，访问了附近的老人，向他们打听有关姜太公钓鱼的种种传说。这样他就掌握了有关渭水和磻溪的第一手材料，在给渭水作注的时候，把这些材料记载了下来。郦道元游览长安的时候，沿着飞渠走访了仓池。仓池在汉朝旧宫未央宫西边，池中有个渐台。西汉末年的王莽曾经从宫里逃到这里躲避绿林军的追击，有个名叫杜吴的屠夫，提着杀猪用的刀冲上渐台，砍下王莽的脑袋，结束了他的反动统治。郦道元把这段史实也写进了渭水的注文里。

郦道元就是这样跋山涉水，追根溯源，寻访古迹，记录民间传说，把祖国辽阔疆域内的大小河流一一加以介绍。对一些下游流到国境以外的河流，根据有关资料也做了介绍。他还对河道的变迁、名称的更改、河流沿岸城镇的兴废沿革等等，都作了详细考察和描述。

郦道元在写《水经注》时，突破了《水经》只记河流的局限。他以河流为纲，详细地记述了河流流经区域的地理情况，包括山脉、土地、物产、城市的位置和沿革、村落的兴衰、水利工程、历史遗迹等古今情况，并且具有明确的地理方位和距离的观念。像这样写作严谨、内容丰富的地理著作，在当时的中国，乃至世界上都是无与伦比的。

借鉴大量史料

郦道元的《水经注》是在郦道元大量的调查、考证和研究的基础上完成的。他游览名胜古迹，留心勘察水流地势，探溯源头，了解沿岸地理、地貌、土壤、气候，人民的生产生活，地域的变迁等，为后来撰写地理巨著——《水经注》积累了大量的第一手资料。

限于郦道元生活的年代，正值我国南北分立对峙的南北朝时期。北方为北魏政权，南方先后为宋、齐、梁，郦道元只是活动在北魏政权统治的地区之内。于是，他请古书籍帮忙，他引用了大量的历史文献和资料，其中引用前人的著作达 437 种之多，还有不少汉、魏时代的碑刻材料。这些书籍和碑刻，后来在历史的变迁中大都已经散佚了，幸而有郦道元的引用转录，才尚存一斑，使我们能够知道这些书籍和碑刻的部分内容。这又是我们研究我国文明发展历史的极其宝贵的资料。郦道元对地理学的贡献和历史功绩，是值得人们尊崇的。

在《水经注》中，郦道元所记述的内容包括了全国各地的地理情况，还记述了一些国外的地理情况，其涉及地域东北至朝鲜的坝水（今大同江），南到扶南（今越南和柬埔寨），西南到印度新头河。

《水经注》在写作体例上，不同于《禹贡》和《汉书·地理志》。它以水道为纲，详细记述各地的地理概况，开创了古代综合地理著作的一种新形式。

《水经注》不仅是一部具有重大科学价值的地理巨著，而且也是一部颇具特色的山水游记。郦道元以饱满的热情、浑厚的文笔、精美的语言，形象、生动地描述了祖国的壮丽山川，表现了他对祖国的热爱和赞美。郦道元一生著述很多，除《水经注》外，还有《本志》十三篇以及《七聘》等著作，但是，流传下来只有《水经注》一种。

2022. 11. 19

千难万险取经路

——背包客之玄奘

中国再也没有任何一本书比《西游记》更受到大家欢迎了的，说它老少咸宜一点也不为过。提起《西游记》，大家都或多或少能说出几个故事，什么美猴王啊，什么观音菩萨啊，还有三打白骨精啊，可见其传播甚广，妇孺皆知。这个故事的原型就取材于大唐高僧玄奘西天取经的真实经历。

玄奘（600年—664年），俗姓陈，名炜，洛州缑氏（今河南偃师）人，是唐代著名高僧，法相宗创始人，佛经翻译家、旅行家，也是我国历史上伟大的思想家、哲学家、外交家，是中外文化交流的使者。

私闯天竺

玄奘在讲筵弘法的过程中，他深感异说纷纭，无从获解。特别是当时摄论、地论两家关于法相之说各异，遂决定去印度求弥勒论师之要典《瑜迦师地论》作为依据，发扬法相唯识宗之根本理论。贞观元年（627年）玄奘结侣陈表，请允西行求法，但未获唐太宗批准。

然而玄奘决心已定，乃"冒越宪章，私往天竺"，长途跋涉五万余里。贞观元年，玄奘从长安出发西行，在途中经兰州到凉州（姑藏），继昼伏夜行，至瓜州，再经玉门关，越过五烽，渡流沙，备尝艰苦，抵达伊吾（哈密），至高昌国。

千难万险

贞观二年正月，玄奘到达高昌王城（今新疆吐鲁番境），受到高昌王麴文泰的礼遇。后经屈支（今新疆库车）、凌山（耶木素尔岭）、素叶城、迦毕试国、赤建国（今苏联塔什干）、飒秣建国（今撒马尔罕城之东）、葱岭、铁门，到达货罗国故地（今葱岭西、乌浒河南一带）。南下经缚喝国（今阿富汗北境巴尔赫）、揭职国（今阿富汗加兹地方）、大雪山、梵衍那国（今阿富汗之巴米扬）、犍双罗国（今巴基斯坦白沙瓦及其毗连的阿富汗东部一带）、乌伏那国（巴基斯坦之斯瓦特地区），到达迦湿弥罗国。

玄奘在此从僧称（或作僧胜）学《俱舍论》《顺正理论》及因明、声明等学，与毗戌陀僧诃（净师子）、僧苏伽蜜多罗（如来友）、婆苏蜜多罗（世友）、苏利耶提婆（日天）、辰那罗多（最胜救）等讨信纸佛学，前后共两年。

潜心研习

贞观五年，玄奘抵摩揭陀国的那烂陀寺受学于戒贤。玄奘在那烂陀寺历时五年，备受优遇，并被选为通晓三藏的十德之一。玄奘前后听戒贤讲《瑜伽师地论》《顺正理论》及《显扬圣教论》《对法论》《集量论》《中论》《百论》以及因明、声明等学，同时又兼学各种婆罗门书。

贞观十年，玄奘离开那烂陀寺，先后到伊烂钵伐多国（今印度北部蒙吉尔）、萨罗国、安达罗国、驮那羯磔迦国（今印度东海岸克里希纳河口处）、达罗毗荼国（今印度马德拉斯市以南地区）、狼揭罗国（今印度河西莫克兰东部一带）、钵伐多国（约今克什米尔的查谟），访师参学。

他在钵伐多国停留两年，悉心研习《正量部根本阿毗达磨论》及《摄正法论》《成实论》等，然后重返那烂陀寺。

不久，他又到低罗择迦寺向般若跋陀罗探讨说一切有疗三藏及因明、声明等学，又到杖林山访胜军研习唯识抉择、意义理、成无畏、无住涅槃、十二因缘、庄严经等论，切磋质疑，两年后仍返回那烂陀寺。此时，戒贤嘱玄奘为那烂陀寺僧众开讲摄论、唯识抉择论。

适逢中观清辨（婆毗吠伽）一系大师师子光也在那里讲《中论》《百论》，反对法相唯识之说。于是玄奘著《会宗论》三千颂（已佚），以调和大乘中观、瑜伽两派的学说。

同时，玄奘参与了与正量部学者般若多的辩论，又著《制恶见论》一千六百颂（已佚），还应东印迦摩缕波国（今印度阿萨姆地区）国王鸠摩罗的邀请讲经说法，并著《三身论》（已佚）。

译经终老

贞观十九年，玄奘返回长安，时年四十六岁，出游外达十七年，历五十六国。史载当时"道俗奔迎，倾都罢市"。玄奘从印度及中亚地区带回国的梵筴佛典非常丰富，共 526 筴、657 部，对佛教原典文献的研究有很大的帮助。

玄奘法师回国后翌年，即贞观二十年（646 年）即开始组织翻经译场，首先在弘福寺翻经院进行，其后在大慈恩寺，北阙弘法院、玉华宫等处举行，直至麟德元年（664 年）圆寂前为止，共十九年，先后译出佛典75 部，1335 卷。所译之经，后人均称为新译。

玄奘取经，西行十万里，历时十七年，历经"九九八十一难"，到达印度取回真经，并穷其一生译经 1335 卷。他的足迹遍布印度，影响远至日本、韩国以至全世界。他的思想与精神如今已是中国、亚洲乃至世界人民的共同财富。

公元 664 年玄奘去世，据说当时有一百多万人为他送葬，三万多人给他守墓尽哀。他从印度取回的佛经被保存在专门为其建造的西安大雁塔之内。

玄奘被世界人民誉为中外文化交流的杰出使者，其爱国及护持佛法的精神和巨大贡献，被鲁迅誉为"中华民族的脊梁"，是世界和平的使者。

倚天仗剑走天涯

—— 背包客之李白

"金樽清酒斗十千，玉盘珍羞直万钱。停杯投箸不能食，拔剑四顾心茫然。欲渡黄河冰塞川，将登太行雪满山。闲来垂钓碧溪上，忽复乘舟梦日边。行路难！行路难！多歧路，今安在？长风破浪会有时，直挂云帆济沧海。"这首诗是李白著名的诗篇《行路难》，也是李白人生经历的写照——前路崎岖，路途多艰，但是他又对未来永远充满期待：乘长风破万里浪，挂上云帆，横渡沧海，到达理想的彼岸。

公元 701 年，李白出生于西域的碎叶城。他父亲虽然是汉人，但他却出生在胡天。他的祖籍原本是陇西成纪，因为祖辈避难逃到西域，于是就在那里繁衍生息。他的母亲是胡人，周围都是性情粗犷率直的胡人，李白从小就养成了行侠仗义、喝酒耍剑的性格。

大康山求学

李白第一次出远门不是旅行，而是求学。原本，李白的父亲为李白聘请了一位家庭教师，但随着李白学业的长进，先生越来越感到会"误人子弟"，于是，在五年之后，先生为李白推荐了一个道行高深的隐士赵征为师，他隐居在大康山。

带着先生的长信，也带着父母的嘱托，还带着几分兴奋，李白独自一人往大康山走去。

李白走过山路，穿越树林，一路打听一路前行，不知过了多少日子，李白终于到了大康山，来到了一个环境非常别致的地方，简直跟仙境一样。李白正在欣赏美景，突然听到一阵歌声："日出而作，日落而息，帝力于我何有哉！"李白隐约感觉到这个唱歌的人就应该是他要寻找的赵征老师。

在大康山，李白折服于赵征老师的剑术，把本来学文的目的忘在一边，专心致志跟老师学起剑来。随着剑术的日益提高，李白作诗的水平也大为长进，可谓"无心插柳柳成荫"，这也验证了学习是互相联系的，也是互相促进的。

突然有一天，赵征先生不辞而别，临别时给李白留下了一张素笺：太白，我云游去了，行踪不定，不必找我。剑术和纵横术你已略有小成，你可以依照我画的一张地图，到峨眉山去找东岩子，到他那儿，不必学什么，只要跟他生活数年就可以了。到岷山之前，务必先回家看看，以慰双亲思子之情。

李白拿起先生留给他的信和一张地图，简单地收拾一下行李，就依依不舍地下山。一下山，就直奔老家，他已经五年没有回家了。

峨眉山悟道

李白回家探望过父母以后，没有久留，就告别父母，只身一人前往峨眉。途经"错杂如锦"的锦城成都，李白经不住灯红酒绿的诱惑，在此醉生梦死了一段时间，终于幡然悔悟，决定到峨眉山去。

到了峨眉山，经过一番寻找，李白找到了师傅东岩子，完全遵照赵先生的指示，只说明来此和他一起生活。东岩子也没有表示什么，李白就这样在峨眉山住下了，而且一住又是五年。

东岩子非常特别，他每天早晚都会到山顶，坐在一块大石上，忽而引颈长啸，忽而低头沉吟，不久，就会有成群的鸟儿飞过来，有的在他头顶盘旋，有的在他身边啄食，而此时，他嘴里总会说着一些李白听不懂的鸟语。

久而久之，李白也跟东岩子一样，学会了和飞鸟相处。除此之外，李白每天跟在大康山一样，写诗、练剑，或是跟着东岩子在林泉间漫步、沉思。

时间一天天过去，东岩子明明没有教李白任何东西，但李白却感觉到自己在诗文和剑法上都有显著的进步。

忽然有一天，李白发现自己的剑术已经达到了滴水不穿的地步，他顿时心里灵明许多，他突然明白一个道理：只有纯然天真，了无心机，才有可能写出绝妙好词，如果一心追求成名，反而诗歌永远不能脱俗。

在峨眉山，李白还结识了东岩子的一个朋友僧人释浚，那是在李白开悟的一天，他们三个人在林间尽情饮酒，谈天说地，弹琴舞剑，不亦乐乎，李白也吟出了一首长诗来唱和。

浪游四海

李白从峨眉下山后，就回到了家里，这时，他的母亲已经去世了。李白在家陪伴了父亲一年时间后，便决定只身出外游历。父亲虽有点不舍，但还是鼓励他"好男儿志在四方"，并且对他予以经济上的支持，各大通都要镇都有自家的分铺，要是需要花钱，可以随时支取。

李白先是向西行走，重回峨眉山小住，然后就从峨眉取道长江，乘船东下，到了三峡之首的瞿塘峡，因为看到那里的山水壮丽，于是就在夔州的西山结庐居住，每天在这里读书练剑。

居住半年，李白又从白帝城出发，沿江东下。他乘坐一种木制小帆船，船到江心，轻舟如燕，往下游直飞，刚才还能看到的白帝城瞬间不见，船在水上，感觉就像在空中飞行。

船到江陵，他看着眼前的美景，回忆着行船的经历，谛听着两岸的猿声，不禁低吟起来："朝辞白帝彩云间，千里江陵一日还。两岸猿声啼不住，轻舟已过万重山。"

在江陵，他结识了一个一生的好友"孟夫子"孟浩然，相同的性情，让他们一见如故，并且李白还为朋友写出了《赠孟浩然》的著名诗篇。

李白告别了孟浩然，只身游历了洞庭湖，还到苍梧去凭吊河堤的遗迹，然后到江西庐山，再沿江到金陵、扬州和浙江沿海一带去游玩。

李白一边游历名山大川、名胜古迹，一边结交豪杰之士，或者周济落魄文人，他一路慷慨，一路高歌，意气风发。

开元十五年，李白游遍了东南半壁江山，便溯长江西上，探访云梦大泽。在安陆，他又遇到了他的好朋友孟浩然，而且在这里遇到了另一个人生知己，自己的妻子许宗璞，前朝宰相许圉师之孙女。

蒙征长安

李白离开安陆曾经到过长安，但长安的社会环境不容李白，他只好离开都城，他一路游山玩水到山东，山东既有许多名山大川，还是齐鲁两国故地，异人隐士也特别多，他在游玩之后，就定居在任城，一住就是好几年，他常到徂徕山拜访隐居在那里的韩准、孔巢文、裴政、陶沔、张叔明等人，他们性情相投，雅好诗酒，被时人称为"竹溪六逸"，表示他们有晋朝"竹林七贤"的遗风。

离开任城之后，李白又南下吴越，在会稽山游山玩水，在这里他结识了道士吴筠，就是这个吴筠向唐玄宗竭力推荐，才有皇帝征召李白入长安的故事。

在长安，李白充分展示了自己的才华，被四明狂客贺知章誉为"谪仙人"，在金殿读番书，有力打击了番邦的嚣张气焰；也暴露了自己的张狂的短板，让高力士脱靴，让杨贵妃磨墨，最后，醉写《清平调》：

其一："云想衣裳花想容，春风拂槛露华浓。若非群玉山头见，会向瑶台月下逢。"

其二："一枝红艳露凝香，云雨巫山枉断肠。借问汉宫谁得似，可怜飞燕倚新妆。"

其三："名花倾国两相欢，长得君王带笑看。解释春风无限恨，沉香亭北倚阑干。"

李白在长安一晃就是两年，他感觉到唐玄宗对他越来越疏远，他对朝廷也越来越失望。经过一番思想斗争，李白终于向唐玄宗奏明辞官的意愿，唐玄宗也就乐得个顺水推舟，准奏李白"赐金放还"。李白没有让朋友相送，而是独自一人潇洒地离开了长安。

赐金放还

李白从长安辞官以后，骑着一匹白马，来到了洛阳。他每到一个客栈，都受到热烈欢迎，豪杰雅士都设宴款待他，大家都知道他的诗名。真可以这样说，在唐朝，没有什么是一首诗解决不了的。

在洛阳，他遇到了大唐另一个伟大的诗人杜甫，并且结成了一对好朋友，他们相约秋天汶上相见。

在汶上，李白、杜甫相见，而且还有一位著名边塞诗人高适也参与其中。后来，他们又来到济南，同游了一些时日，最后，因为李白要重游江东，他们在兖州的石门以酒饯别。

李白自山东南下，游历到会稽，想去拜访辞官归田的贺知章，才知道贺知章已经去世，他在贺知章故居前凭吊良久，心中感慨万千。

李白后来又到了金陵，他在金陵住了很长一段时间。在这里，他探访了谢朓的故居，写下了《宣州谢朓楼饯别校书叔云》的诗篇，发出了"抽刀断水水更流，举杯消愁愁更愁"的感慨，表达了"人生在世不称意，明朝散发弄扁舟"的人生理想。

凄凉晚景

安史之乱之时，李白已经浪迹到江西，隐居在庐山的五老峰下。后来，他被永王李璘征召，却因此获罪，最后，不得已逃到安徽的司空源。形势紧急，李白又逃到江西浔阳，也就是白居易夜送客的地方。

在浔阳，他生病病倒，并被官兵发现，投进浔阳的大牢。后来虽被朋友御史中丞宋若思保释，但最终李白被认定跟随永王叛逆，判为死罪。

就在李白无奈就要接受命运之时，中兴之臣汾阳王郭子仪为李白赎罪，肃宗改判李白死罪为流放夜郎。经洞庭，上三峡，到巫山，李白这一路逆江而行，在即将到达夜郎之时，李白获得特赦，滞留在巫山。

获释后的李白，顺江东下，到宣城定居。后来，为避兵灾，他又到安徽当涂去，投靠他的叔叔李阳冰。当涂，成了李白最后的落脚地，不仅是灵魂的，也是身体的。

李白，唐代浪漫主义诗人。一生游历，仗剑天涯，他见到了唐玄宗前往泰山举行封禅仪式的浩荡队伍，也感受到了十里扬州的富庶和帝都长安的高贵与威严。他曾一路西上，也曾一路东行，足迹遍及中国大半个河山；他南下宣城，北游幽州，一边在大唐漫游，一边吟诗作赋。

2022. 11. 17

七下西洋扬国威

——背包客之郑和

郑和（1371 年—1435 年），明代宦官、航海家，本姓马，小名三保，回族，云南昆阳（今并入晋宁）人。其祖与父都到过伊斯兰教圣地麦加，幼时就对外洋情况有所了解，明初入宫做宦官。自永乐三年（1405 年）至 1433 年，总计二十八年，郑和七次扬帆远洋，经三十余国，最远曾达非洲东岸、红海和伊斯兰教圣地麦加。所乘的船，最大的长四十四丈四尺，阔十八丈，可容一千人。这些航行比西方哥伦布、达·伽马等的航行早半世纪以上。郑和最后一次航行时已经六十岁，回国后不久即病逝。

郑和的七下西洋，得益于中国当时的经济和军事实力。朱棣即位后，中国成为当时世界上最为强大的国家之一。朱棣为了恢复和发展同海外各国的友好贸易往来，树立和扩大明朝在海外的威望和影响，他决定派人远赴西洋。因为郑和是明成祖的心腹，再加上郑和深受父亲的影响，对航海颇为了解，于是，郑和成了不二人选。

第一次远航

永乐三年（1405 年）六月，郑和率领六十二艘宝船（因其形体巨大，驾驶先进而得名），带着大量的丝绸、瓷器、粮食等物资以及两千七百余人，开始了第一次远航。这次远航的起点是苏州刘家河，到占城（今越南南部）、爪哇、苏门答腊、锡兰（今斯里兰卡）等地，终点是印度半岛西南的大商港的古里（今卡利卡特）。两地国王都对郑和表示热烈欢迎，并与郑和互赠了礼物。郑和于 1407 年返回。然而，在返回途中，行至旧港（苏门答腊岛）时，海盗头子陈祖义伪降，其实是阴谋抢劫。郑和假意不知，在陈祖义晚上妄图抢劫时，六十二艘宝船突然杀声震天，把陈祖义等当场擒获。押回国后，明成祖重赏郑和，并将陈祖义斩首示众。

郑和下西洋前，中国周边的国际环境动荡，主要表现在东南亚地区各国相互猜疑，互相争夺。当时东南亚两个最大的国家爪哇、暹罗对外扩张，欺压周边一些国家，威胁满剌加、苏门答腊、占城、真腊，甚至在三佛齐，还有杀害明朝使臣、拦截向中国朝贡的使团事情发生；再一个就是海盗猖獗，横行东南亚、南亚海上。他们行为十分嚣张，让海上交通线得不到安全保障。这些不稳定的因素，一方面直接影响中国南部的安全，一方面极大影响了明朝的国际形象，不利于明朝的稳定和发展。在这种形势下，明朝皇帝采取了"内安华夏，外抚四夷，一视同仁，共享太平"的和平外交政策，派遣郑和率领船队下西洋，通过各种手段，调解和缓和各国之间矛盾，维护海上交通安全，从而把中国的稳定与发展同周边国家联系起来，建立一个长期稳定的国际环境，提高明王朝的国际威望。这就有了明朝派遣郑和下西洋的使命。

第二次远航

永乐五年（1407 年）年末到永乐七年（1409 年）七八月间，郑和率宝船四十八艘从刘家港启航，进行第二次远航。船队经过占城、泰国、苏门答腊、古里、锡兰等国家到达爪哇国。当时，爪哇国东、西两个国王正在战争，郑和船队的人员上岸进行贸易时，被西王误杀了一百七十多人。事后，西王自知理亏，派使臣随郑和到明朝向明王谢罪。此后，爪哇一直和中国保持着友好往来。

郑和下西洋调解矛盾，平息冲突，消除隔阂，有利于周边的稳定，维护了东南亚、南亚地区稳定和海上安全，提高了明朝的声望。所以，可以看出郑和的船队虽有强大的军事实力，但不是用于侵略扩张，而是用于实现和平目的。在当时的国际环境下，没有强大军事实力做后盾，是难以实现和平的。

李约瑟评价：东方的航海家中国人从容温顺，不记前仇，慷慨大方，从不威胁他人的生存，虽然以恩人自居，但他们全副武装，却从不征服异族，也不建立要塞，与西方的航海掠夺财富、建立殖民地截然不同。

第三次远航

永乐七年（1409 年）秋天，刚刚回国的郑和又被明成祖派去三下西洋。郑和船队首先到达占城。在占城，占城王特意在王宫里为郑和船队举行盛大的宴会。占城人民也对中国的瓷器和丝绸等物品很感兴趣，郑和也从他们那里购买象牙、犀牛角等地方特产。郑和后来再次到达锡兰，然而，锡兰国王对郑和傲慢无礼，还欲抢劫船上的宝物，郑和无奈，攻城破之，生擒锡兰国王亚烈苦奈儿，于永乐九年（1411 年）带回大明。永乐大帝从宽发落，赐衣物，释放回国。郑和此次远洋归来，有十九个国家的使节随郑和船队一起到中国访问，明朝的对外交往达到了一个高潮。

郑和下西洋所到之处，不仅进行海外贸易，还传播先进的中国文化。当时东南亚、南亚、非洲一些国家和地区社会发展比较落后，非常向往中华文明。朱棣派遣郑和下西洋还肩负了"宣教化于海外诸番国，导以礼仪，变其夷习"的使命。郑和出色地将中华文明远播海外，在中外文化交流史上写下了新的篇章。郑和下西洋传播中华文明的内容主要有以下几个方面：中华礼仪和儒家思想、历法和度量衡制度、农业技术、制造技术、建筑雕刻技术、医术、航海造船技术等。

现在在海外还流传着许多郑和的故事。在马来西亚有三宝山、三宝井，印尼有三宝垄、三宝庙，留下郑和遗迹，表达了当地人民对这位传播中华文明的先驱的敬意。

第四次远航

永乐十一年（1413），郑和第四次远航。他先到达占城，又访问了东南亚诸国，并到了苏门答腊及忽鲁谟斯等国。回国，途经苏门答腊时，苏门答腊前王子欲对郑和船队截击，被郑和擒获。永乐十三年（1415），郑和率船队回国。

当时，威胁明朝安全的主要来自两个方向：东部海上的倭寇，北方的蒙元残余势力和西北的帖木儿帝国。中国倭寇最早出现在元朝末年，日本国内发生内战，部分武士和浪人为了生存，便到中国沿海抢劫，到明初朱元璋时期，非常猖獗。当时明朝刚刚建立，国内还不稳定，所以集中精力安内，国防上采取被动的防御战略，在沿海省份设立卫所，在北方修长城和派兵屯边。

朱棣时期，陆海两方面对明朝的安全构成了严重威胁，他改变了被动防御战略，主动出击，陆上实施迁都、亲征漠北；海上组建了郑和舟师，震慑和打击倭寇和反明势力，并从海上实施战略包抄，对西北方向进行战略上的牵制，从而减轻明朝北部的压力。

第五次远航

永乐十四年（1416 年），郑和第五次下西洋，他率船队经爪哇、古里、忽鲁谟斯、阿丹、木骨都束（今索马里）、卜剌哇（今非洲东岸）等地，将十九个国家的使臣送回各自国家。永乐十七年（1419 年），郑和回国时，又有十七个国家的使臣随郑和船队来到大明访问。

这种贸易是郑和下西洋贸易活动的基本形式，带有封建宗主国的性质。它通过这种形式获得这些小国对明朝宗主地位的认可，这是朝贡贸易的政治目的。当时各国都积极到中国来朝贡，一方面得到明朝的庇护，一方面得到了丰厚赏赐。据统计，永乐在位二十二年，与郑和下西洋有关的亚非国家使节来华共三百一十八次，平均每年十五次，盛况空前。更有文莱、满剌加、苏禄、古麻剌朗国四个国家先后七位国王亲自率团前来，最多一次有十八个国家朝贡使团同时来华，还有三位国王在访问期间在中国病逝，他们立下遗嘱要托葬中华，明朝都按照王的待遇厚葬了他们。

第六次远航

永乐十九年（1421 年），明成祖又派郑和带着国书和大量的礼物，率领船队护送这些使臣回去。这也是郑和的船队第六次远航西洋。

永乐二十二年（1424 年），明成祖病逝，仁宗即位。下令停止下西洋，大明与西洋各国间的经济往来逐渐衰弱，政治影响也越来越小。

官方贸易，是郑和下西洋的重要内容。它是在双方官方主持下与当地商人进行交易的贸易，是明朝扩大海外贸易的重要途径。郑和船队除了装载赏赐用的礼品外，还有中国的货物，如铜钱、丝绸、瓷器、铁器等。这种贸易可以用明代铜钱买卖，多数以货易货。最有影响的是击掌定价法。在印度古里国，中国船队到达后，由当地的代理人负责交易事宜，将货物带到交易场所，双方在官员主持下当面议价定价，一旦定下，决不反悔。双方互相击掌表示成交。这种友好的贸易方式，在当地传为美谈。郑和下西洋期间，尤其是后几次下西洋贸易规模扩大，遵循的平等自愿、等价交换，具备了国际贸易的一些基本原则。

第七次远航

宣德六年（1431），明宣宗派郑和第七次下西洋，以改变中国政治影响越来越小的局面。此时郑和已是花甲之年。第七次下西洋，郑和几乎走遍了南海、北印度洋沿岸各国、阿拉伯半岛和非洲东岸的国家。宣德八年（1433）七月，郑和船队在满剌加装载货物后，返回南京。

航海中的民间贸易，是在郑和下西洋贸易活动的带动下出现的。它不是通过官方，而是由商人或民间自发展开的。郑和下西洋消灭海盗，维护了海上安全，开辟了航线，促进和刺激了民间贸易。据有学者研究，郑和使团不禁止下西洋官兵带一些中国货物在沿途进行交换。东南亚百姓对中国丝绸、瓷器、工具非常喜欢，郑和船队一到，他们都争先恐后地划船或到码头交易，有的还请官兵到当地的集市设摊交易。当时中国主要输出的是瓷器、丝绸、茶叶、漆器、金属制品、铜钱等，换回的主要是珠宝、香料、药材、珍奇动物等。当时中国从海外进口一百斤胡椒，当地价值一两，回到国内出售二十两，利润非常丰厚。

郑和下西洋在海洋事业上还有许多贡献，他的功绩是辉煌的。郑和不仅属于中国，也属于世界，他从三十多岁开始，前后二十八年献身海洋，为了中外文化交往和世界航海事业做出了贡献。

在群星璀璨的中华英杰中，郑和不但以先于西方人航海，胜于西方人的航海技术受到国际社会的关注，而且他还开辟了一条海上丝绸之路，向世界传播了中国人不畏艰险、征服自然的价值取向，一种打开国门走向世界进行文化交流的决心。

2022. 11. 19

跋山涉水寻本草

——背包客之李时珍

在我国明朝时期，诞生了一个伟大的医药学家，他就是《本草纲目》的编写者——李时珍。李时珍为湖北蕲春人，字东璧，号濒湖，他出生于医药世家。

李时珍的父亲李闻言，是一位著名的医生和医药学者，著有多种医学和药物著作。李时珍自幼体弱多病，随父学医，好读医书，十四岁时考取秀才，接着三次参加举人考试，都遭失败。从此，他下定决心，专攻医学。李时珍埋头攻读了许多医药著作和经史子集，兼及各种杂著、小说，他的医术大有进步，名声播扬远近各地。由于他医好了富顺王朱厚儿子的病，曾被聘为楚王府的奉祀（掌管良医所事）；又因为治愈了楚王朱英世子的病，被荐在明朝太医院任职。在太医院工作期间，他接触了皇家药典，阅读了大量专业书籍，为后来撰写医学专著积累了丰富的资料。

在编写《本草纲目》的过程中，最使李时珍头痛的就是由于药名混杂，往往弄不清药物的形状和生长的情况。过去的本草书，虽然作了反复的解释，但是由于有些作者没有深入实际进行调查研究，而是在书本上抄来抄去，所以越解释越糊涂，而且矛盾百出，使人非常纠结。

在他父亲的启示下，李时珍认识到，"读万卷书"固然需要，但"行万里路"更不可少。于是，他既"搜罗百氏"，又"采访四方"，深入山间田野，实地对照，辨认药物。足迹遍及大江南北，行程达两万余里。

万里寻访

李时珍穿上草鞋，背起药篑，在徒弟庞宪、儿子建元的伴随下，远涉深山，足踏旷野，遍访名医宿儒，搜求民间验方，观察和收集药物标本。他首先在家乡蕲州一带探访。后来，他多次出外探访。除湖广外，还到过江西、江苏、安徽好多地方。均州的太和山也到过，盛产药材的江西庐山和南京的摄山、茅山、牛首山，也有他的足迹。

李时珍每到一地，就虚心向各式各样的人物请求，交了许多朋友。他们大多是捕鱼的渔民、砍柴的樵夫、种地的农民、打猎的猎人。大家给了他许多十分珍贵的资料，帮助他了解各种各样的药物。

有年夏天，一个下雨的午间，李时珍采药途中来到河边一条小船上避雨。老渔翁和他的两个孙子热情接待了他，他也从包里拿出一壶酒，与主人共酌。渔翁把自己知道的药物知识都告诉了他。

饭毕，老渔翁微显醉意，对李时珍说："这里还有一种良药，能治身痒、癣疮、麻疹，你晓得不？"

李时珍从他们的谈话中知道这种植物叫浮萍。浮萍入药也是首载于《本草纲目》，它系水生漂浮草本植物紫萍的全草，全国分布广泛，夏季捞取，晒干使用。其性味辛寒，有发汗解表、透疹止痒、利水消肿之功，可治疗风热感冒、发热无汗、麻疹不透、风疹瘙痒、水肿等病症，是临床常用的发散风热药。

以身试药

有一次，李时珍经过一个山村，看到前面围着一大群人。走近一看，只见一个人醉醺醺的，还不时地手舞足蹈。一了解，原来是这个人喝了用山茄子泡的药酒。"山茄子？"李时珍望着笑得前俯后仰的醉汉，记下了药名。回到家，他翻遍药书，找到了有关这种草药的记载。但是药书上写得很简单，只说它的本名叫"曼陀罗"。

李时珍决心要找到它，进一步研究它的功效。之后李时珍在采药时找到了曼陀罗，他按山民说的办法，用曼陀罗泡了酒。过了几天，李时珍决定亲口尝一尝，亲身体验一下曼陀罗的功效。他抿了一口，味道很香；又抿一口，舌头以至整个口腔都发麻了；再抿一口，人晕晕乎乎的，不一会儿竟发出阵阵傻笑，手脚也不停地舞动着；最后，他完全失去了知觉，摔倒在地。

一旁的人都吓坏了，连忙给李时珍灌了解毒的药。过了好一会儿，李时珍醒过来了，大家这才松了一口气。醒来后的李时珍兴奋极了，连忙记下了曼陀罗的产地、形状、习性、生长期，写下了如何泡酒以及制成药后的作用、服法、功效、反应过程等等。

有人埋怨他太冒险了，他却笑着说："不亲自尝尝，怎能断定它的功效呢？再说，总不能拿病人去做实验吧！"听了他的话，大家更敬佩李时珍了。就这样，又一种能够作为临床麻醉的药物问世了。

意外惊喜

有一次，李时珍吃了一种毒药，满身发肿，走不动路，身上又没带毒药的解药。李时珍自知必死，睡在一棵小树下，望着苍天，泪流满面。他把平生记载各种草药的本子枕在头下，意思是希望在他死后，有人发现这个记录本，来继承他的事业。

一阵风吹来，满山树木哗哗作响，小树的叶子被吹得纷纷落下。有一根小树枝，被风吹断了，连枝带叶一起掉在李时珍的嘴边。这位药圣人，临死了还念念不忘尝药，他把掉下来的树叶，一点一滴都嚼着吞了。慢慢地，他迷迷糊糊地睡着了。

到了第二天，李时珍醒来，发现自己身上的肿全消了。爬起来走走，跟往日一样。他好像做了一场梦，忙把那棵小树一看，原来是一棵茶树。他记得自己昨天嚼了它的叶，心想：是不是茶叶有解毒作用？为了证实自己的想法，李时珍再一次吃了那有毒的草药。不一会儿，满身又肿起来了。他忙摘了一把叶子吞下去，跟前次一样，自己又睡着了。二次醒来，他满身毫无痛苦，真是喜出望外！后来又经过多次试验，李时珍终于得出茶能解药性的结论，并把它记了下来，一代一代地传给了后人。

所以，在中医的药房里，都有这样的医嘱，病人服药后不要饮茶，因为茶可以对冲药物的疗效，减少药物的作用。

旅途救人

李时珍一边寻医问药，一边记录他的寻访收获。在路途中，他从来没有忘记自己作为一个医生的职责，有一次，李时珍在路上遇见一群人正抬着棺材送葬，而棺材里直往外流血。李时珍上前一看，见流出的血不是淤血而是鲜血，于是赶忙拦住人群，说："快停下来，棺材里的人还有救的！"众人听了，面面相觑，彼此都不敢相信。人已经死了，再开棺惊动故人，从迷信上说是太不吉利了，可万一错过不就是太可惜了吗……

李时珍当然看出了大家的心思，于是便反复劝说，最后使主人答应开棺一试。李时珍先是进行了一番按摩，然后又在其心窝处扎了一针，不一会儿，就见棺内的妇人轻轻"哼"了一声，竟然醒了，人群顿时欢动。不久之后，这名妇女又顺利产下一个儿子，于是人们都传言李时珍一根银针，救活了两条人命，有起死回生的妙法。

原来是孕妇遭遇难产，疼得晕死了过去，家人就认为孕妇去世了，于是就准备把孕妇埋葬，幸亏遇到了李时珍，才捡回了一条命。

备尝艰辛

李时珍长年累月地在外面奔波，日子非常辛苦。有一次，他来到了湖北，他一头扎进武当山，这是一大片没有被砍伐的深山老林，是天然的动植物宝库。他白天在悬崖峭壁之间活动，危险程度可以想见。晚上，只有住在药农沿着山壁搭起的小木板房中，木板房每当大风吹来，总是摇摇晃晃的，好像要掉下悬崖，又好像要坍塌一样。

李时珍晚上就是住在这样的木板房里，每晚都是在猿啸中入睡，早晨又是在狼嚎中醒来；夜里，树叶的"沙沙"声，猿啸狼嚎，不绝于耳，让人不寒而栗；要是遇上雨雪天气，那睡觉更为困难，不仅要忍受外面野兽袭击的恐惧，而且还要忍受寒冷。但是，就是这样的环境、这样的地方，李时珍却坚持了下来。他不怕困难、不辞辛苦，终于搜集了许多动、植、矿物标本。在这里，他还发现了许多名贵药材，什么九仙子呀，朱砂根呀，千年艾呀，隔山消呀等等，还有白花蛇呀等一些动物。李时珍把它们都采集起来，带回自己家中做成一个个标本。这些标本都记载在李时珍的《本草纲目》里。

纠偏正源

李时珍经过长期的临床实践，认识到本草"关系颇重"，而古代本草中"差讹、遗漏不可枚数"，为了纠偏正误，他不耻下问，虚心向劳动大众求教；为了考察药物的形态、生长、性能，他不惜远涉千山万水，足迹遍及大江南北。

李时珍对宋代苏颂《图经》中的老鸦眼睛草与龙葵龙珠之考证即为一例。李时珍曰："龙葵、龙珠，一类两种也，皆处处有之。四月生苗，可食，柔滑……但生青熟黑者为龙葵，生青熟赤者为龙珠，功用亦相仿佛，不甚辽远。杨慎丹铅录，谓龙葵即吴葵，反指本草为误，引素问、千金四月吴葵华为证。盖不知千金方言吴葵即蜀葵，已自明白矣。今并正之。"李时珍的这一段叙述不仅仅将龙葵、龙珠作了归并，辩证了《图经》老鸦眼睛草与龙葵各立一条之误，还辩证了杨慎龙葵即吴葵之失。论述透彻、明确，使龙葵、老鸦眼睛草、龙珠、吴葵、蜀羊泉等之间混乱的名称得以厘正。

古代本草常将通草与木通相互混淆，或将两者视为一物。李时珍以认真负责的科学态度纠正了前人的这一错误。《神农本草》之通草，《本草纲目》释名为五代南唐陈士良《食性本草》之木通。时珍曰："有细细孔，两头皆通，故名通草，即今所谓木通也。今之通草，乃古之通脱木也，宋本混注为一，今分出之。"他在"集解"项作了进一步详释："其枝今人谓之木通，有紫、白二色，紫者皮厚味辛，白者皮薄味淡。本经言味辛，别录言味甘，是两者皆通利也。"

再如菝葜、土茯苓两种药材，也是古今长期混乱品种，李时珍在《本草纲目》中曰："土茯苓，楚蜀山箐中甚多，蔓生如莼，茎生细点，其叶不对，状颇类大竹叶而质厚滑，如瑞香叶而长五六寸，其根如菝葜而圆，其大如鸡鸭子，连缀而生，远者离尺许，近或数寸，其肉软，可生啖。有赤白二种，入药用白者良。"生动简要地描述了土茯苓原植物的特征。

就这样，李时珍经过长期的、艰苦的实地调查，摸清了药物的许多疑难问题，摸清了它们的生长习性、外观特征、作用功效，而且还在原来"本草"的基础上增加了大量的内容，这些都是难得的第一手资料。

从嘉靖三十一年（1552 年）起，李时珍经过二十七年的努力，参考了八百多种著作，三易其稿，终于在万历六年（1578 年）编成了《本草纲目》。《本草纲目》共 52 卷，190 万字，记载药物 1892 种，分为水、火、土、金石、草、谷、菜、果、木、服器、虫、鳞、介、禽、兽、人 16 部 62 类，附方 11096 则，附图 1160 幅。编写的体例是首标正名叫作纲，各家注释叫作目，其次是集解、辨疑、正误，再次是气味、主治、附方。根据祖国药物学著作的传统名称，仍以《本草》命名。

2022. 11. 18

千山万水与你走遍

——背包客之徐霞客

要说谁是天下第一背包客，我认为非徐霞客莫属。徐霞客自二十二岁告别母亲正式出游，历时三十多年，足迹遍及相当于现代的江苏、浙江、山东、山西、陕西、河北、河南、安徽、江西、福建、广东、湖南、湖北、广西、贵州、云南和北京、天津、上海等二十一个省、市、自治区，游遍大半个中国。更可贵的是，在三十多年的旅行考察中，他主要是靠徒步跋涉，连骑马乘船都很少，还经常自己背着行李赶路。他寻访的地方，多是荒凉的穷乡僻壤，或是人迹罕至的边疆，几多危险，几多艰辛，但正因如此，他走遍千山万水，遍览奇异风光。

父母在，也远游

徐霞客十九岁那年，父亲走了。他待在家，老老实实守了三年孝。守孝期满后，徐霞客便坐不住了："我多想出去壮游天下啊！"但他只能把这个心思搁藏在心里，"父母在，不远游"。父亲走了，我怎能丢下母亲去远行呢？但是，母亲看穿了他的心思："男儿应当志在四方，怎能因为母亲在，就像关在篱笆的小鸡、套在车辕的小马，留在家里而无所作为呢？你出外游历、舒展胸怀去吧！"徐霞客还是不放心："你都六十岁了。"母亲说："我身体好着呢！"第二天，她拉着徐霞客来了一次郊游。出游路上，她一路小跑走到前面。"儿啊，你看，我走得比你还快，有什么可担心的。"这一下，徐霞客终于放心了："娘，那我就游历天下去了！"

徐霞客后来之所以能取得那么大的成就，正得益于他有开明的父亲和母亲。其他父母，都把人生寄托放在了孩子身上，希望孩子能按照自己的路子去发展，去完成自己未曾完成的"事业"，不考虑孩子的兴趣，不挖掘孩子的特长，致使孩子虽然"成功"了却不快乐。徐爸徐妈深深懂得，只要孩子觉得开心，这就够了。1609年，徐霞客上路了。临行之前，母亲为他戴上了远游冠："放心去吧，我等你装满故事归来。"二十二岁的徐霞客，就这样开始游历天下了。

　　徐霞客原名弘祖，从小就喜欢看书，但他无比讨厌科举八股文，他酷爱的是历史、地理和游记。有一次，私塾课堂之上，徐弘祖偷读"歪书"入了神，竟然"扑哧"一下笑出声来。先生跑过来，一翻他书桌，发现《论语》之下竟然藏着《水经注》，气得直吹胡子："孺子不可教也！"有一次，先生问学生志向。有的说："我要考秀才。"有的说："我要考举人。"有的说："我要考进士。"轮到徐弘祖，他一挺胸膛："大丈夫当朝碧海而暮苍梧。"先生气得胡子直抖："朽木不可雕也！"

　　徐弘祖就喜欢朝碧海暮苍梧地游玩，见山就爬，见洞就钻，见险就探。当时，大家都把考取功名、光宗耀祖视为唯一正途，除此之外，都是不务正业。于是，很多朋友来规劝他的父亲徐有勉："得好好管管你儿子，不然就废了。"徐有勉却说："不屑于功名之教，不拘于圣人之言。"我才不会让儿子束缚于功名，追求你们所谓的成功人生，他做自己喜欢的事，我觉得挺好啊！有一次，徐弘祖探险受困，三天未归，家仆们都急坏了。待弘祖归来，家仆纷纷央求："可别再这样了。"可徐有勉却大笑说："儿啊，你太像老子了。你眉宇间有烟霞之气，我看啊，你是烟霞之客，以后应当壮游四方。"从此，徐弘祖便叫了徐霞客。

见证溶洞奇观

　　徐霞客是世界上对石灰岩地貌进行科学考察的先驱。徐霞客在湖南、广西、贵州和云南作了详细的考察，对各地不同的石灰岩地貌作了详细的描述、记载和研究。他考察了一百多个石灰岩洞。他没有任何仪器，全凭目测步量，但他的考察大都十分科学。如对桂林七星岩十五个洞口的记载，同今天地理研究人员的实地勘测，结果大体相符。徐霞客去世后的一百多年，欧洲人才开始考察石灰岩地貌，徐霞客称得上是世界最早的石灰岩地貌学者。他指出，岩洞是由于流水的侵蚀造成的，石钟乳则是由于石灰岩溶于水，从石灰岩中滴下的水蒸发后，石灰岩凝聚而成钟乳石，呈现出各种奇妙的形状。这些见解，大部分符合现代科学的原理。

那一年，他游历到湖南茶陵，吃饭时，听到饭客在感叹："麻叶洞里，住着妖怪，无人敢去……"徐霞客一听，立马直奔麻叶洞。入洞前行数百米，洞突变低狭，他执着火把，只能像蛇一样爬行。爬着爬着，山洞忽又豁然开朗。平平的地面上，棵棵石笋拔地而起，高高的山洞顶，根根石柱倒垂而下。就这样，他发现了湖南奇景——麻叶溶洞。顺洞前行数里，他来到了山顶。从洞隙探头一望，只见一老僧，正坐在一方石上，张目承接正午之日精。红日当头，老僧久久不错一瞬。目睹此景，徐霞客心中一荡，顿觉万般思虑，一扫而空，整个身躯，似变成了水晶一块，没有了魂魄，也没有了渣滓。

徐霞客的游历，不同于我们之日常旅游。他的游历，是要探览江河山川之雄奇，相当于今天的"野游"。他专走别人未曾走过的路，他上山寻一条路，下山必寻另一条路。"如此方能见人所未见之景。"那一年，他登顶嵩山万岁峰后，决定从嵩山西壁攀缘而下，他抓着野藤，越滑越快，由于山壁太陡，滑到最后，他已无法止住坠势，只能拼命死扛。滑到谷底，他摊开双手，已是皮开肉绽，血肉模糊。低头一看身上衣衫，也尽成布条。但他举目一望谷底沟壑，只见奇树、怪石、飞瀑、流云四布，万道霞光穿缝而下，令人目不暇接。徐霞客忘了疼痛，手舞足蹈起来：好一个人间仙境！就这样，他发现了嵩山奇景——西沟。

探览江河山川之雄奇，徐霞客不仅发掘了诸多前人未见之景，还写下了前人未写之奇论，如"五岳归来不看山，黄山归来不看岳"。

为地理勘误

自古以来，人们对长江的源头一直是众说纷纭，徐霞客对许多河流的水道源头进行了探索，像广西的左右江，湘江支流萧、彬二水，云南南北二盘江，当然长江也不例外，而且尤以长江最为深入。长江的发源地在哪儿，很长时间都是个谜。战国时期的一部地理书《禹贡》，书中有"岷江导江"的说法，后来的书都沿用这一说。徐霞客对此产生了怀疑。他带着这个疑问"北历三秦，南极五岭，西出石门金沙"，查出金沙江发源于昆仑山南麓，比岷江长一千多里，于是断定金沙江才是长江源头。在他以后很长时间内也没有人找到，直到 1978 年，国家派出考察队才确认长江的正源是唐古拉山的主峰格拉丹冬的沱沱河。

古书上说：雁荡山顶有个大湖。徐霞客觉得蹊跷，遂决定登顶求证。他手足并用爬上雁荡山顶，只见山脊笔直，无处下脚。"这怎么可能有湖呢？"他不死心，继续前行。路的尽头，是一个大悬崖。他探头一望，发现下方有个石包。他把布带系于崖顶一块岩石，然后抓住布带攀缘而下。下到石包处，探头一望，只见万丈悬崖一垂到底，"断无安放大湖之可能"。他只好抓住布带，原路返回。刚爬到崖顶，布带咔嚓而断。生死关头，他探手抓住一块突出岩石。这才没掉下悬崖，捡回一命。虽然差点丢了性命，但他却欣喜不已："我证实了雁荡山顶无大湖。"

就这样，徐霞客不仅纠正了诸多地理典籍之错误，还证实了一系列只存于传说中的奇景——比如香格里拉。

路途屡次遇险

徐霞客在游历考察过程中，曾经三次遭遇强盗，四次绝粮。湘江遇盗、跳水脱险的事，发生在崇祯九年（1636 年）他五十一岁时的第四次出游中。这次出游，他计划考察湖南、湖北、广西、贵州、云南等地。出游不久，就在湘江遇到强盗，他的一个同伴受伤，行李、旅费被洗劫一空，人也险些丧命。当时，有人劝徐霞客不如回去，并要资助他回乡的路费，但他却坚定地说："我带着一把铁锹来，什么地方不可以埋我的尸骨呀！"徐霞客继续顽强地向前走去。没有粮食了，他就用身上带的绸巾去换几竹筒米；没有旅费了，就用身上穿的夹衣、袜子、裤子去换几个钱。重重的困难被踩在脚下，他终于实现了自己的愿望。

有一次，他和南京迎福寺僧人静闻和尚一起出游，不料才走到湖广，就出事了。那天晚上，朗月高照，两人并立船头，正观赏湘江月色。突然杀声四起，劫匪驾船而来，逢船就烧，见人就杀。徐霞客跳入江中，才躲过一劫，但静闻为了保护他的《法华经》，不肯跳江，于是身中数刀。受了刀伤，加上染上风寒，刚撑到广西，静闻就圆寂了。临死之前，他抓住徐霞客的手说："麻烦你将《法华经》送往鸡足山。"徐霞客跟静闻本来素不相识，但为了宽慰静闻，他点头答应了。

静闻死后，徐霞客将他火化成灰，背着骨灰坛，改道直奔鸡足山。有人说："静闻都死了，你又何必呢？"徐霞客说："男儿一诺重千金，岂能食言。"没走多久，徐霞客也病了。他染上了足疾，每走一步都疼得钻心。但为了履行承诺，他咬牙向鸡足山挺进，直到 1639 年除夕，才抵达悉檀寺。他把静闻骨灰与经文交与寺院，心中之巨石，才安然放下。除夕之夜，徐霞客于僧房之中，听见诵经之声飘然传来，万千经历，于经声中尽涌脑海。不经意间，热泪便滚滚而下，他感叹曰："此一生已胜人间千百生！"

尝尽人间疾苦

现代旅游，从交通工具上说是非常优越的。一般来说，不是飞机，就是火车、汽车，但徐霞客的游历，大部分是靠步行。我们住宿，不是旅店就是宾馆，但徐霞客去的地方，都是人迹罕至，莫说旅店，连孙二娘的黑店都没有。他睡什么地方呢？宿田野、宿山岗、宿野寺、宿岩洞，以地为床，以天为盖，与虫为伍，与猴做伴，他也因此数次差点丧生于虎口。

我们旅游，不仅有美景相伴，而且有美食可循。但徐霞客去的地方，常常荒无人烟，莫说美食，连喝粥之所都找不到。所以每次出行，他都带上干粮。数次他弹尽粮绝，差点饿死山中。数次他被强盗洗劫，差点命丧刀下。朋友们劝他："你游历天下，有何意义？"徐霞客弹地而起，挥手道："那一年，大雪封了黄山，我从绝壁凿坑攀缘而上时，数次差点掉落山崖，但我登上黄山绝顶后，放眼四望，那景色才叫一个壮丽。我身心俱澄澈，觉得就是死九次也值了。"

长期以来，徐霞客养成了记日记的习惯，所以他不管遭遇什么危险，也不管身体多么疲累，每到晚上，都要坚持做一件事，那就是点起油灯，记下一天的游历见闻。这些见闻，后来结集成册，便是名震天下的《徐霞客游记》。这部游记，不仅是地理巨著、生态巨著、科学巨著，也是文学巨著、哲思巨著、心灵巨著，所以它被称为"古今中外第一游记"。

徐霞客昆仑山之旅，成了他最后一次远行。在翻越昆仑之后，他终于倒下了，足疾深入骨髓，他已双脚尽废。一帮朋友，用滑竿将他抬回了老家。听说他重病，一些高官前来探望。探望之时，他们对徐霞客说："以你的才华，足以光宗耀祖。但你没有封过妻，没有荫过子，你不后悔吗？"徐霞客这样回答说："汉代张骞、唐代玄奘、元代耶律楚材，他们虽然都曾游历天下，但都是接受皇命而前往四方。而我，不过是一个小老百姓，没有皇命钦点，没有政府资助，穿着布衣，拿着拐杖，穿着草鞋，就做到了他们三人做到的事情，我这一生还有什么好遗憾的呢？"

临终前，他紧握两块岩石标本，怀想着自己一生的壮阔逍遥游，道了一声"此生无憾"，便两眼一闭，溘然长逝。

2022.11.19

05

Chapter

文字

中国文化源远流长，中国文字更为历史久远。从仓颉造字，到许慎说文解字，再到李斯统一文字，每一次汉字的变化，都是一次历史性的飞跃。抚今思昔，我们面对古人这一文化遗产，只有敬佩之心、学习之理、发展之道。

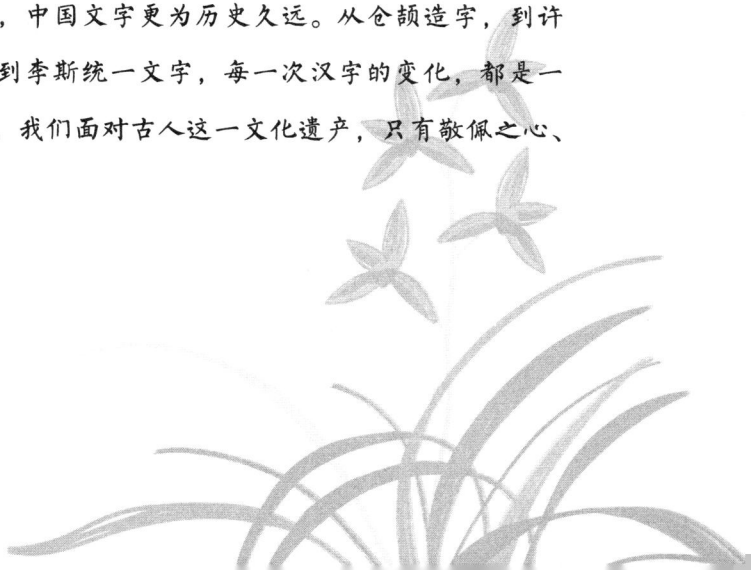

汉字的魅力

有一天，我求了佛。

佛说："我可以让你许一个愿。"

我对佛说："让我群里所有的家人们一辈子都健康！"

佛说："只能四天！"

我说："行，春天、夏天、秋天、冬天。"

佛说："不行，三天。"

我说："行，昨天、今天、明天。"

佛说："不行，两天。"

我说："行，白天、黑天。"

佛说："不行，就一天！"

我说："行！"

佛茫然问道："哪一天？"

我说："每一天！！！"

佛哭了，说："以后你群里所有家人们将天天健康！！！"

这是微信圈经常转发的一条微信，汉语"难倒"了佛，让他不再佛法无边，由此可见汉语词汇的神奇。汉语是世界上最古老的语言，也是唯一保存至今的语种，真可谓博大精深、魅力无穷，生活中还有不少这样精彩的例子，我们不妨一读。

"你真坏！你真讨厌！"这是我们经常听到的一句话，假如我们真按字面理解这句话的意思，恐怕就大错特错了。很多的时候，人们听到这句话不怒反喜，因为这句话是反语，话里包含了无限的娇嗔和喜欢。同样，我们听到"你真行啊"的时候，不少人会不寒而栗，这句话暗含了讽刺和挖苦。

一词多义也是汉语魅力的重要因素，小王给乔局长送红包时，曾经有这样一段对话：

乔局长："你这是什么意思？"

小王："没什么，意思意思。"

乔局长："你这就不够意思了。"

小王："小意思，小意思。"

乔局长："你这人真有意思。"

小王："其实也没有别的意思。"

乔局长："那我就不好意思了。"

小王："是我不好意思。"

一个"意思"有那么多意思，这事是有意思。

还有一位美国老太和一位中国姑娘的对话也很经典：

美国老太："姑娘，你很漂亮！"

中国姑娘："哪里哪里。"

美国老太不解："你的脸蛋很漂亮！"

中国姑娘："哪里哪里。"

美国老太更不解，望着中国姑娘说："你的眼睛很漂亮！"

中国姑娘还是这样说："哪里哪里。"

最后，美国老太只好说："姑娘，你所有地方都漂亮！"

中国姑娘仍然接着说："哪里哪里。"

结果，直接让美国老太晕倒。

谐音双关也是很有趣的现象，这也非常能展现汉语的魅力。有一篇《四好主任》的小说，讽刺了这位主任有"四好"：麻将打得好、歌唱得好、舞跳得好……他关于"好（hǎo）"与"好（hào）"有一段精彩的论述：因为好（hào），所以好（hǎo）；因为好（hǎo），所以就更好（hào）；因为更好（hào），所以更好（hǎo）；越好（hǎo）越好（hào），越好（hào）越好（hǎo）。这简直是太有才了，把"好（hǎo）"与"好（hào）"的关系阐述得非常到位。生活中的一些歇后语都是由谐音双关构成的，很有意思。

再看山海关孟姜女庙的一副对联，上联是"海水朝朝朝朝朝朝朝落"，下联是"浮云长长长长长长长消"。还有一个卖豆芽的小商贩贴的春联，更是把中国的谐音双关表现得淋漓尽致，上联是"长长长长长长长"，下联还是"长长长长长长长"，奥妙无穷吧！

自古以来，中国文人就深谙汉语的魅力，那些流传下来的掌故可以说是文人智慧的化身，最后我们再看北宋文学家苏轼和朋友佛印的趣答：苏轼一天遇见佛印，正巧河边的狗在啃骨头，便出了上联：狗啃河上（和尚）骨。佛印听见便不爽，把带有苏轼诗的扇子丢在河中，给出了下联：水流东坡诗（尸）。

2016.5.24

"望文生义"说汉字

先来说一个笑话，老师：带三点水旁的字都与水有关，像"江、河、湖、海、清、浊"等。学生：老师，那"沙漠"也与"水"有关吗？老师："沙漠"是由绿洲变来的，没有水哪有绿洲？学生：那"滚"呢？老师：难道你没听过"滚滚长江东逝水"吗？那不全是"水"吗？

笑话归笑话，其实，老师说的这些字还真的与"水"有关系，但不是我们这位老师那样的望文生义，我们不妨认真探究一下，会发现汉字背后的不少"故事"。

理解汉字意思，从某种程度上是可以"望文生义"的，我们祖先在创造汉字的时候是遵循一定规律的，东汉许慎在《说文解字》中总结归纳成象形、指事、会意、形声、转注、假借六种方法，像上文说到的"水"字旁汉字，实际上它们与"水"是绝对有关系的。比如"沙漠"一词，"沙"原是会意字，是由甲骨文的"小"分化出来的。金文在小的基础上另加义符"水"以突出小水冲刷形成沙粒之意。"漠"是形声兼会意字，篆文从水，莫声，"莫"也兼表沉没之意，没水即成"沙漠"。同样的，"滚"原也不是动词，它表"大水涌流的样子"。它的演变意有"像大水般翻动连续不断的样子或声音"，又引申特指"液体达到沸点而翻腾"，后来逐渐有"物体翻转移动、迅速流泻、奔腾向前、使离开、圆的样子、给衣服镶边、非常"等意。有的看似没有关系，那也是汉字的一种造字方法，临时转借的，它的根还在那里。

现在，我们有时理解汉字意思不能望文生义，是因为汉字在演变过程中逐渐被变形和简化了，而且有时又简化不当。一个台湾朋友这样评价汉字简化："汉字简化后，亲（親）不见，爱（愛）无心，产（產）不生，厂（廠）空空，面（麵）无麦，运（運）无车，导（導）无道，儿（兒）无首，飞（飛）单翼，涌（湧）无力，有云（雲）无雨，开关（開関）无门，乡（鄉）里无郎，圣（聖）不能听也不能说，买（買）成钩刀下有人头，轮（輪）成人下有匕首，进（進）不是越来越佳而往井里走，可魔仍是魔，鬼还是鬼，淫还是淫。"所以，我们现在费解某些汉字意思，不能责怪祖先，只能追究后人了。

在识字教学中，我们老师为了帮助同学更好地识记汉字，会对一类汉字做些适当归纳总结，这些都是科学而有效的。比如"木"字旁的字都与树木有关系，但也出现"机器"的"机"的背离，其实，这是时代的因素造成的。本来古代的机器都是木头做的，祖先在造这个"机"的时候是没错的，但由于科学技术的日新月异，木头的"机器"反而被逐渐淘汰了。

我们现在理解汉字意思，不要轻易"望文生义"，而要"望文深义"，这样才不会出现"山压山（出）为重""千里（重）才是出"的别解。

2016. 6. 9

"咬标嚼点"话表达

十九世纪德国有个著名奥多尔·冯达诺在柏林当编辑时，曾收到一个青年的作家寄来的几首拙劣的诗，并附一信：对标点向来是不在乎的，请您用时自己填吧。冯达诺很快给那个青年退了稿，并附信说：我对诗向来是不在乎的，下次请您只寄些标点来，诗由我自己来填好了。

标点符号是文章内容重要的组成部分，一篇文章标点符号用好了，会给文章增色许多，反之，则会影响文章意思的表达。在语文教学中，我们不仅要分析文字，还要揣摩标点，这样才能准确把握文意，领悟作者的匠心。比如鲁迅作品《故乡》中"我"和母亲关于闰土的对话：

"这好极！他——怎样？……"

"他？……他景况也很不如意……"

这段对话，文字还没有标点多，把母子俩复杂的内心情感表达了出来。

学生作文中，最常见的标点毛病就是"一逗到底"，没有对话，没有疑问，没有感叹。名家告诉我们，"一段话至少应该出现六种标点"，比如"，。？！……："，加进去这些标点之后，你会惊喜地发现：意味深长的句子有了，人物语言描写加进去了，心理活动结合进去了，还会用反问句了！这样写出的文章当然生动起来。一位作家就曾用这种方法对自己作文写不好的孩子进行训练，收效明显，进步很快。

在写作中，我也经常会遇到在标点上举棋不定的情况，尤其是逗号和句号的使用，有时真不知道该用逗号还是句号，思考的时间比斟酌一个词还要耗时间，费脑筋。另外就是一些特殊格式的用法，一开始也是拿捏不

文
字

293

准。比如一段话的结尾是"总结如下"，此处该用"："还是"。"呢？还有选择疑问句中的标点"明天是你去，还是我去？"，这应该是正确的用法，而不是"明天是你去？还是我去。"或者"明天是你去？还是我去？"，在间接引用时，最后一句话的标点应该在后引号之外，而不是在内，如"沉舟侧畔千帆过，病树前头万木春"。

标点符号的作用太大了，有时甚至可以超越文字的表达效果。著名作家雨果完成了《悲惨世界》的手稿后，将其寄给了出版社，好久不闻讯息，于是，他给出版社写了一封信，内容只有一个标点符号"？"。出版社很快回了信，内容也只有一个标点符号"！"。不久，《悲惨世界》出版，轰动了整个欧洲文坛，而这标点书信的逸事也就流传至今，脍炙人口了。

2016. 6. 9

从"登攀"谈起

　　偶尔在校园闲转，来到了我校的文化长廊旁，这里有刚刚展示的我校"五好学生"事迹，每班推选一人，绝对是校园精英，在每个学生事迹简介下面有学生的座右铭，其中一个学生的座右铭引起了我的注意："世上无难事，只要肯攀登。"我觉得似乎有点不妥，我记忆中的好像是"世上无难事，只要肯登攀"，但略一思索，就更加坚定了我的答案，因为这句话出自毛泽东主席的一首词《水调歌头·重上井冈山》："三十八年过去，弹指一挥间。可上九天揽月，可下五洋捉鳖，谈笑凯歌还。世上无难事，只要肯登攀。"从押韵的角度看，只有"登攀"才行。

　　曾经听过一场专家讲座，那是让我"露脸"的一次讲座，为此，我还写了一篇随感。事情好像是四年前，全县的中小学语文骨干教师汇聚东海高级中学报告厅，这个专家不知是为了活跃现场气氛，还是防止老师听报告时走神，反正一边作报告一边提问。我当时听得很认真，觉得这是一个接地气的报告，对一线教师很有启发意义，他在讲授古诗词时，随口背了一首宋代诗人叶绍翁的古诗《游园不值》："应怜屐齿印苍苔，小扣柴扉久不开。春色满园关不住，一枝红杏出墙来。"他在背到"小扣柴扉久不开"时打住，提问后面的诗句是什么，一位女教师流利而又准确地回答了上来，他接着追问：为什么是"春色满园"而不是"满园春色"？这样不是也很好吗？那位女教师摇了摇头，表示不知道。这位专家向与会的其他语文老师继续追问，没有人举手，这时我举起了手，专家示意我回答。我站起来说：古代诗歌它不仅讲究押韵，还讲究平仄，假如换成"满园春色"就不符合"平仄"的要求了。专家让我坐下，肯定了我的回答。我当时还是蛮激动的，觉得在全县同行面前露了一回脸。

为什么有的人写的诗怎么写都像打油诗，这里面既有语言的雅俗问题、句式的对仗问题，更重要的还有格律诗的"平仄"问题。在该平声字的时候，你用仄声字，读起来要多别扭有多别扭，该仄声字的时候，你又变成了平声，给人的感觉是拖泥带水，很不利索。

掌握了一些古代诗歌的常识，能帮助我们辨析生活中的"小节"，还能让我们少犯一些低级错误。

2016. 5. 19

请多"关照"

　　曾经不远千里去过渤海之滨，探访过万里长城的东起点——山海关，今天又不远万里，来到它遥远的西终点——嘉峪关。历史的车轮驶过千年，嘉峪关往日的雄姿已不复存在，我们看到的只是它当年的修复品，在某些角落还保留着一些嘉峪关的影子。

　　"因水设关，因关设城"，嘉峪关旁边的九眼泉显得非常特别，在这个特别缺水的内陆地区，居然有这样一方湖面，带给我们的不仅仅是惊喜，更多的是不可思议。看着那湖水经过渠道哗哗地流淌，滋养了一片片树林，灌溉了一亩亩农田，更是哺育了那一方方人。

　　嘉峪关被誉为天下第一雄关，它最著名的景点就是关城了，关城分为内城和外城，与多数的城关功能一样，具有驻兵和巡防功能，相当于现在的边防检查站。现在的关城内每天都进行着长城军事文化表演。烈日炎炎下一群"古代"士兵将卒持刀舞枪，粉墨登场，演绎着一幕幕刀光剑影，我仿佛听到了战马的嘶鸣和冲锋的号角。

　　看完表演，登上嘉峪关的城墙，极目四望，四周景色尽收眼底，关外是一片茫茫戈壁，显得非常苍凉。关内却是另一番景象，村庄农田散落，一座关隘不仅阻断了外地与内地的交通，而且隔离了两个世界。

　　我们顺着导游的指引，也出了一回关。在出关路径的一角，"关照"一词引起我的注意，也开阔了我的眼界。"关"的本意为门闩，引申为关塞；"照"是公文、证件。"关照"即出入关塞的公文、证件。嘉峪关地处咽喉要塞，也是古代"丝绸之路"上的必经关隘、中西往来的国门，因此出入嘉峪关的手续极为严格，必须持有相当于现在护照的"关照"，方可

文
字

297

通行。"关照"的种类也很多，有屯民、客商、遣犯等，各持有不同要求和规范的"关照"。

历史发展到现在，"关照"已经被"护照"取代，"关照"一词更是发扬光大。"关照关照""多多关照"的使用频率有增无减，然而"关照"的历史价值不可取代，已成为嘉峪关这座六百多年古城传奇的见证。

各位文友，还请多多关照！

2016. 7. 3

跋——老书虫

说起"老书虫"，并不是说本人很老，在一些长者面前我是不敢倚老卖老的，自己本身也不想老。书虫是本人自况，不是别人给的封号，更不是什么荣誉表彰。之所以以"老书虫"自封，原因是本人比较喜欢看书，就像那小小的虫子只想一天到晚钻在书里。

本人不怎么喜欢热闹，偶尔除外；更不擅长辩论，几个人在一起插科打诨，我永远是弱者。于是我就当最好的听众，看着他们一个个眉飞色舞，听着他们一句句高谈阔论。我不掺和他们的"局"，也不发表自己的思想，但并不代表我认同他们的观点。事后，我会用笔把自己思考的东西用文字表达出来，算是另一种辩论吧，或许逻辑性更严，思想性更强，更有一种无可辩驳的说服力。

最近一年，埋头在故纸堆里，慢慢感觉有所发现。发现了不读书人不知道的东西，或者说发现了一般读书人想知道的东西，敞开来说，就是许多"官方材料"里没有的内容，这些内容颠覆了我对这些文人的传统认知。我上网搜索了一下，发现还没有人把这些内容完整地写出来，于是就准备把它们"汇编"在一起，书名都想好了，就是《古代文人背后的隐私》。

借着聚会，我征询了一些朋友的意见，他们不同意我的想法，一方面是与我身份不符，作为一名人民教师，去历史的角落里扒拉人家的隐私，虽然那也是事实，但总让人感觉有点不地道，就像现在的"狗仔队"到处用鼻子嗅嗅闻闻，大家比较反感；另一方面，扒拉名人的一些负面新闻，虽然读者诸君比较感兴趣，但也会产生一种反躬自身的感觉，天道轮回，说不定哪天就会轮到自己。第三方面，我是一个教书育人的人，在课堂上从来都是宣扬作家怎么怎么伟大，思想如何如何崇高，从而点燃学生的热爱崇敬之情，对学习诗词歌赋大有裨益，毕竟"亲其师信其道"，假如让学生知道名人耀眼的光环下还有那么不堪的过去，怎么让学生去好好学习他们的作品呢？所以说，缺乏正能量。最后，一个朋友还套用现在一句时髦的话说："谁还没有一点隐私啊！"

于是，我接受朋友的建议，开始搜集挖掘古代文人一些正面的资料，也就是"官方报道"的内容，从他们的友情、爱情、亲情入手，逐步想到了他们的爱、恨、情、仇，也想到了他们的仁、义、礼、智、信，想到了他们的温、良、恭、谦、让，想到了他们的妻、妾、父、兄，想到了他们的师、徒、亲、友，想到了他们的生、老、病、死，自然也想到了古代文人最重要的东西：学习、科场、仕途……由此，我也决定将书名改为《古代文人那些事儿》。

真正开始写作的时候，我又有了新的构思，把写作的内容再梳理一下，分成"文化""文人""文章""文旅"四个板块。"文章"板块是现成的，是我原来早就写好的内容——《老王读古文》系列，是我对初中语文课本中部分文言文的解读，我稍加修改，揉入其中。为了凑字数，最后加入了"文字"板块，就成了现在的五大板块，"文字"板块这几篇文章也是早就写好的，是我平时语文教学中对汉语现象的一点总结和思考，说它跟古代文人没有关系吧，但毕竟还是有千丝万缕的"联系"，换句话说，这些词汇毕竟是古代文人用过的，就"滥竽充数"了一下。

在写作的过程中，借鉴了许多资料，网上的，书本的，在此一并表示感谢。我认为，没有前人的肩膀，也就没有后人的进步。

愿望是良好的，但现实是残酷的，很多事情都是如此。现在，我把自己的想法和做法都摆在了大方之家面前，任由大家指指点点、评头论足，反正我尽力了。

当然，因为时间关系，以及水平所限，内容难免有疏漏之处，欢迎广大读者诸君批评指正。

写在后面

王兴明

我本一介书生，现已人生半百。平时读读闲书，写写闲文，专心儿女培育，致力教书育人。假期兴之所至，或游走于僻溪深谷，或问道于名山大川。平生"不戚戚于贫贱，不汲汲于富贵"，不逐名利，不慕富贵。

身在教育，心系天下。有时对教育教学指指点点，或知识，或方法，或规律，分析反思教育现状，本土实践他山之石，始终秉持自己教育理想，助力教师专业成长，服务学生成人成才。本人也对社会热点评头论足，或提醒，或点赞，或批评。虽为草民，但一直怀着"天下兴亡，匹夫有责"之心，热心国际时事，关注民生福祉。

努力做好自己的事。"低头拉车，不抬头看路"，不是自己做派；"脚踏实地，仰望星空"，才是我等风格。觥筹交错、鱼山肉海我可安然享受；烤牌油条、煎饼大葱，我也能一饱肚皮。不能说"今朝有酒今朝醉"，因为我本不好酒；只能是"明朝散发弄扁舟"，把握生命每一天。

天命之年，虽未完成儿女成家之事，但也坦然于日常凡人生活。几乎每天"朝五晚九"，行走两点一线。校园是我家，家里也工作。时时思考，处处谋划，偶有所得，录入备忘。天长日久，小有收获。兢兢业业是我天性使然，不断进步是我理想目标。

今天恰逢教师节，也是我从教三十五周年纪念日。注册微信公众号，乃我一向夙愿；分享自己文章，传递教育思想。文章若有不妥之处，欢迎私下指正；观点假如有失偏颇，期待商榷交流。

这是我的一块自留地，希望长成百花园。这里有我的劳动和汗水，也有我的思想和智慧，当然，还有你的呵护和善意，更有你的理解和支持。

三眼看教育，或许有所发现，或许有所惊喜，当然也会有所偏差，有所失误。三眼看教育，也看人间百态，看社会众生。

　　后记：这是一篇迟到的开场白，而且一迟就是四天。年龄虽大，但想问题还是有点天真，公众号名称审核迟迟不得通过，使我备受煎熬，但也只能安慰自己好事多磨。昨晚终于过关，对于我算是云开日出了。
　　一旦迈开双腿，脚步永不停歇！

——摘自"三眼教育"《写在前面》